WIE VIEL WENIG IST GENUG?

LEA-SOPHIE STEIFF

WIE VIEL WENIG IST GENUG?

MEIN AUSBRUCH AUS DER MAGERSUCHT

SCHWARZKOPF & SCHWARZKOPF

INHALT

PROLOG

Die folgende Geschichte beruht auf meinen subjektiven Wahrnehmungen und Eindrücken, zum Großteil unter dem Einfluss der Krankheit Anorexia nervosa. Ich habe nicht die Absicht, Personen zu verletzen oder bloßzustellen, denn es geht hier nicht um die Schuldfrage, die sich ohnehin nicht stellt. Alle an der Geschichte beteiligten Personen haben immer nach ihrem besten Wissen und mit guten Absichten gehandelt, um mir in irgendeiner Art und Weise vielleicht helfen zu können. Dafür bin ich jedem Einzelnen bis heute dankbar, und das möchte ich hiermit in aller Deutlichkeit ausdrücken.

Meine Erfahrungen, meine Sichtweise, meine Meinung und auch meine geäußerte Kritik an öffentlichen Therapieeinrichtungen haben keine Allgemeingültigkeit und beschreiben lediglich meinen persönlichen Umgang mit der Magersucht. Dennoch glaube ich, dass auch meine Ansichten ernst genommen werden sollten. Das bitte ich dich, liebe Leserin, lieber Leser, bei deiner Reise durch dieses Buch immer im Hinterkopf zu behalten.

Meine Geschichte möchte ich dir ein Stück weit erzählen, um dir Mut zu schenken, weil es dich vielleicht auch betrifft.

Mut, niemals aufzugeben, auch wenn alles hoffnungslos erscheint.

Mut, deinen eigenen Weg zu finden und zu gehen, egal wie ungewöhnlich er auch sein mag.

Mut, keine Angst vor dem Leben zu haben, sondern zu dir zu stehen und dich so anzunehmen, wie du bist: einzigartig, wunderbar und wertvoll.

Egal, wie viel oder wenig du wiegst: Du bist mehr als ein Gewicht, eine bloße Zahl auf einer Waage, die letztendlich nur die Anziehungskraft zwischen dir und dem Erdkern misst. Sie kann weder deinen Charakter noch deine Fähigkeiten und Talente messen. Und schon gar nicht dein Leben.

Akzeptanz und Selbstfürsorge nach einem jahrelangen, erbitterten Kampf gegen mich und meinen Körper waren das Schwerste. Es war ein sehr langer Weg hin zum Perspektivenwechsel und zur Dankbarkeit dafür, dass ich schlichtweg einfach am Leben sein darf. Ich weiß, wie naiv und simpel das klingt, und ich habe solche Aussagen auch lange belächelt. Bis ich es plötzlich an mir selbst erlebte und endlich verstand, was das wirklich bedeutete.

Ich kann jedem versichern: Wer wirklich den Willen hat, zum Leben zurückzufinden, findet einen Weg aus der Dunkelheit, egal welchen. Egal, wie lange es dauert, und egal, wie ungewöhnlich der Weg auch sein mag. Es braucht nicht immer eine Psychotherapie oder Klinikaufenthalte. Für manche Menschen ist dieses Konstrukt einfach nicht gemacht.

Das ist meine Geschichte. Sie beginnt im Jahr 2011.

KAPITEL 1

FRIEDE, FREUDE, EIERKUCHEN?

Mein Leben war das, was man als perfekte ländliche Idylle betiteln würde, und niemand hätte auch nur im Traum daran gedacht, dass so etwas wie eine Essstörung bei uns existieren könnte. Es wurde gegessen, was auf den Tisch kam, und fertig. Die Wahrheit ist: Niemand ist davor gefeit. Sicher gibt es Risikofaktoren, aber letztendlich kann es jeden treffen. So auch mich.

Ich bin behütet aufgewachsen in einer großen Familie und mit vielen Freunden. Geburtstage und Feste, bei denen die ganze Familie zusammenkam, liebte ich über alles, weil viel gespielt wurde und es immer leckeres Essen gab. Ich liebte es, mich mit meinen besten Freundinnen zu treffen, ob zum Reiten, zum Übernachten mit langen Fernsehabenden, zum Eisessen, Straßenkreidemalen oder Inline-Skater-Fahren, zum gemütlichen Basteln oder Baden im Schwimmbad. All das, was die meisten in ihrer Kindheit und Jugend taten: zusammen Spaß haben und sich nicht um morgen kümmern, sondern das Hier und Jetzt in vollen Zügen genießen.

Schon immer wurde mir nachgesagt, ich sei für mein Alter recht schlau und erscheine älter, als ich eigentlich bin, was wahrscheinlich daran lag, dass ich schon im Kindergarten lesen konnte und mir die Schule deshalb umso leichter gefallen ist. Im Sport war ich allerdings immer eine absolute Niete, fast schon Bewegungslegasthenikerin, aber bei allem anderen war ich es gewohnt, immer unter den Besten zu sein, sehr gute Leistungen abzuliefern und gelobt zu werden, ohne mich dafür großartig anstrengen zu müssen. Was anderes gab es für mich nicht, es war nahezu selbstverständlich.

Dennoch war ich mir dessen damals nicht wirklich bewusst und war eher bescheiden und schüchtern.

Gegessen habe ich gerne, nicht unbedingt immer das, was man als ungesund bezeichnen würde, aber alles in allem sehr viel. Da mir Sport absolut gar keinen Spaß machte, legte ich mit der Kombination aus wenig Bewegung und zu viel Essen in der Anfangszeit meiner Pubertät enorm schnell an Gewicht zu. Mama kochte fast jeden Tag frisch und bemühte sich immer, uns abwechslungsreiche Mahlzeiten zu bieten. Süßigkeiten waren immer vorhanden, und so kam es, dass ich jeden Tag nachmittags wie automatisch in unseren Vorratsraum spazierte und mir mindestens einen Schokoriegel und ein paar Kekse gönnte. Zu dieser Zeit kamen Oma und Opa auch oft zum Kaffee vorbei, ein festes Ritual bei uns. Meist gab es selbst gebackenen Kuchen, im Sommer auch mal Eis, in der Weihnachtszeit natürlich immer Plätzchen, Christstollen und andere Leckereien. Es waren schöne Stunden, in denen viele Geschichten erzählt wurden und gespielt wurde. Ich liebte diese Art von Familienleben und freute mich jeden Tag wie ein kleines Kind aufs Neue, wenn nachmittags die gemütliche Kaffeezeit da war.

Wenn ich zurückdenke, sehe ich mich, als ich fünf oder sechs Jahre alt war. Ich spiele im Wohnzimmer mit meinen beiden kleinen Brüdern auf dem Teppich mit Bauklötzen. Plötzlich ruft Mama: »Wollt ihr etwas essen?« Ich stolpere in die Küche und bekomme einen roten Babybreiteller mit frisch geschnittenen Bananen- und Apfelstückchen mitsamt Salzstangen in die Hand gedrückt. Zurück im Wohnzimmer füttere ich meine beiden Brüder, die gerade alt genug sind, um auf dem Boden zu krabbeln und Spielzeug in der Hand zu halten. Unsere Mama war immer sehr fürsorglich und darauf bedacht, dass es uns an nichts fehlte. An gutem Essen schon gar nicht.

In meiner Kindheit und Jugend entwickelte ich mich schneller, als mir lieb war. Schneller, als ich überhaupt registrieren konnte, was da gerade passierte, und vor allem viel schneller als meine Freundinnen. Meine Pubertät begann sehr früh, und schon mit zwölf Jahren bekam ich meine erste Periode, womit ich überhaupt nicht klarkam. Niemand hatte mich vorgewarnt, dass das jetzt schon passieren würde, bis zu dem Tag, an dem es so weit war. Fühlte mich irgendwelchen Naturlaunen hilflos ausgeliefert. Ich wollte das noch nicht! Wieso jetzt schon? Ich war doch noch gar nicht bereit dafür! Mir war das alles unendlich peinlich, weshalb ich auch nicht darüber sprechen wollte. Das regelmäßige Aufgeblähtsein verabscheute ich wie die Pest, die katastrophalen Bauchschmerzen, die tagelang anhielten, ebenfalls, und wenn meine Laune mir nichts, dir nichts plötzlich in den Keller sackte, wusste ich: Bald war es wieder so weit und ich würde zum blutenden Monster mutieren. Es kam einfach, und ich konnte absolut nichts dagegen tun. Ich schämte mich irgendwie dafür, obwohl ich wusste, dass es normal war und meine Freundinnen früher oder später auch da reingeraten würden. Dennoch fühlte ich mich allein gelassen und wie eine Außenseiterin, weil ich immer das Gefühl hatte, die anderen würden mich auslachen, wenn sie meine Entwicklung sähen. Im Sommer ging ich immer weniger gern ins Freibad, wenn ich meine Tage hatte schon mal gleich gar nicht, das war mir viel zu riskant. Und dann die Sache mit dem Gewicht. Meine beiden besten Freundinnen Hannah und Lisa gehörten zur schmalen Sorte Mädchen, ganz im Gegensatz zu mir. Sie waren zierlich gebaut, trieben viel Sport und aßen nicht sonderlich viel. Ich war das genaue Gegenteil. Bewegte mich kaum und aß wie ein Scheunendrescher. Wir waren die besten Freundinnen, und trotzdem fühlte ich mich oft wie das fünfte Rad am Wagen wegen meines kräftigen Körperbaus und meiner zu frühen Pubertät. Mit irgendwelchen Diäten setzte ich mich damals noch nicht auseinander, dennoch nahm ich mir so oft vor, es Hannah und Lisa gleichzutun, mich mehr zu bewegen und weniger zu essen, weil ich hoffte, dadurch etwas abnehmen zu können und mich dann besser und zugehöriger zu fühlen. Aber jedes Mal, wenn ich am

Essen war, warf ich diesen Plan wieder über den Haufen, weil es mir einfach so gut schmeckte und ich erst aufhören konnte, wenn ich schon eine Stufe über »pappsatt« war. Hinterher plagten mich Unzufriedenheit und schlechtes Gewissen, wenn ich mal wieder kritisch an mir runterschaute und nur speckige Oberschenkel und sich über den Hosenbund wölbende Speckrollen sah.

Ein warmer Sommertag. Meine Geschwister und ich spielen draußen im Garten im Planschbecken. Alles ist grün und voller bunter Blumen, Sommerduft, zwitschernder Vögel und summender Bienen. Da sehe ich Oma und Opa mit dem Fahrrad kommen. Freudig laufe ich auf sie zu und begrüße sie. »Hallo Oma, hallo Opa, heute gibt's Rhabarberkuchen!« – »Wirklich? Das ist ja toll! Der Rhabarberkuchen von eurer Mama ist der beste!« Wir setzen uns an den Tisch, ich mit nassen Haaren und an mir klebendem Badeanzug, sodass jede Speckrolle mehr als deutlich sichtbar ist. Dann gibt es Kuchen. Gierig schlinge ich ein Stück hinunter und schlürfe eine Tasse Kakao. Dann noch ein Stück Kuchen und noch mal einen großen Schluck Milch hinterher. Danach bin ich erst mal satt. Während ich so dasitze, betrachte ich meinen Bauch und sehe nur wieder die Speckrollen, die im Sitzen natürlich noch deutlicher zu sehen sind als im Stehen. Wieder denke ich mir: Mist, hätte ich es doch bloß bei einem Stück Kuchen belassen! Aber er ist doch so lecker! Du bist aber so fett! Da sagt Mama zu mir: »Hey, alles klar bei dir? Du schaust so komisch. Wenn du nicht mehr ins Wasser gehst, trockne dich mal ab und zieh dich um, bevor du dich noch erkältest.«

Ich begann, mich regelmäßig zu wiegen, was damals 52 Kilo bei einer Größe von knapp 1,60 Meter waren. Ich rechnete im Internet meinen BMI aus und stellte fest, dass das noch Normalgewicht war. Also kein Grund zur Panik. Meine Eltern sagten mir damals auch, dass mit mir doch alles in Ordnung sei und ich auf keinen Fall zu dick wäre. Trotz der Bestätigung von außen fühlte ich mich aber irgendwie nicht wohl in meinem Körper und begann, bestimmte Partien besonders zu bemängeln. Typische Partien wie Bauch, Beine und Po. Nahezu jeden Tag beäugte ich genau diese Stellen kritisch im Spiegel und hätte Stein und Bein schwören können, dass jeden Morgen ein bisschen mehr Speck dazugekommen war. Irgendwann begannen diese Körperstellen mich anzuekeln. Ich hasste meinen Bauch, der vor allem im Sitzen eigentlich nur aus Rollen bestand und über die Hose hinausquoll. Ich hasste meine Oberschenkel, die beim Gehen schwabbelten und sich bei jedem Schritt berührten. Dauernd waren mir meine Jeans zu eng, ich bekam sie nur noch im Liegen zu. Ich hasste meinen breiten, unförmigen Po, irgendwann auch meine Arme und mein breites Mondgesicht mit der dicken Kartoffelnase. Überall nur überschüssiges Fett! Und kein Ausweg. Ich dachte, ich sei für immer dazu verdammt, das Moppelchen zu sein.

Im März 2011 war ich 13 Jahre alt. Meine Mama begann damals, ihre Ernährung umzustellen, und für mich war das wie der perfekt gekommene Zeitpunkt, um endlich auch meine überflüssigen Kilos loszuwerden. Abends trank sie oftmals nur noch einen Eiweißshake. Allerdings erlaubte sie mir nicht, das Abendessen auch durch ein solches Pulver zu ersetzen. Macht nichts, sagte ich mir. Wenn ich einfach ihre Essensweise kopiere, wird das schon klappen! Außerdem will ich ja nicht so viel abnehmen wie sie, dann ist es auch nicht schlimm, wenn es bei mir vielleicht etwas langsamer vonstattengeht. Für Mama war es ein wichtiger gesundheitlicher Aspekt, einige Kilo abzunehmen. Mein Ziel waren erst mal fünf Kilo weniger und dann mal sehen, wie ich mir so gefallen würde. Mama fand das überhaupt keine tolle Idee, dass ich mit ihr zusammen Gewicht reduzieren wollte. Sie roch wohl schon damals das Unheil.

Morgens aß sie, wie normalerweise auch, Brot oder Brötchen mit Butter, Marmelade oder Honig. Dazu Naturjoghurt und frisches Obst. Mittags gab es nur noch eine kleine Handvoll Nudeln, Reis oder Kartoffeln, ansonsten viel Gemüse, Fleisch, Fisch oder Quark.

Abends dann noch den Shake und vielleicht noch mal einen kleinen Becher Naturjoghurt mit einer Handvoll Beeren. Ich fing an, mich einzulesen, und erfuhr, dass Kohlenhydrate der Feind Nummer eins waren. Morgens dürfe man sie noch essen, aber ab mittags solle man sie unbedingt einschränken oder am besten gleich ganz weglassen. Abends kohlenhydratreich zu essen wäre so ziemlich das Blödeste, was man überhaupt tun könne, wenn man abnehmen wollte. Langsam lernte ich, wo überall diese bösen, hinterlistigen Kohlenhydrate drin waren, und begann, diese Lebensmittel mittags und abends zu meiden. Stattdessen machte ich mich über Joghurt, Obst, Gemüse, Käse oder Wurst her und fing auch an, zwischendurch nichts mehr zu essen. Allerdings hielt ich das nicht sonderlich lange durch. Manchmal ein paar Tage am Stück, dann aß ich wieder eine Woche so wie früher, weil ich den aufkommenden Hunger kaum ertragen konnte und vor allem ein unglaubliches Verlangen nach Süßigkeiten hatte. Mein Höchstgewicht waren 58 Kilo bei einer Größe von 1,60 Meter.

Im April 2011 stand dann die Jugenduntersuchung bei der Kinderärztin an, und die warnte mich: »Pass auf, dein Gewicht liegt im oberen Grenzbereich. Du hast in letzter Zeit recht schnell zugenommen und solltest aufpassen, dass du in Zukunft nicht weiterhin so schnell an Gewicht zulegst.« Im Klartext hieß das: Ich war zu dick. Mein Gefühl hatte mich nicht veräppelt, ich war wirklich übergewichtig! Vielleicht noch nicht sehr viel, aber ich war es! Meine Eltern machten diese Aussage als Auslöser für meine folgende Essstörung mitverantwortlich. Für mich war es schlichtweg die endlich ersehnte Bestätigung von außen, dass ich mich nicht nur zu dick fühlte, sondern es tatsächlich auch war. So konnte ich Mama zumindest halbwegs davon überzeugen, dass es nicht schaden könne, wenn ich mit ihr zusammen ein paar Kilo abnahm. Widerwillig und skeptisch willigte sie schließlich ein, und ich habe noch den genauen Wortlaut im Ohr: »Papa und ich sind uns einig. Wenn du dich wirklich nicht wohlfühlst, dann kannst du ein paar Kilo abnehmen. Aber nicht mehr als fünf. Bei 52 Kilo ist Schluss. Sonst ist ja nichts mehr an dir dran.«

Heute lache ich nur darüber. Wieso habe ich damals die Einwilligung von meinen Eltern oder die Bestätigung der Kinderärztin gebraucht? Warum konnte ich mich nicht einfach selbst dafür entscheiden, dass es jetzt reichte, und selbst die Bremse ziehen? Ich fühlte mich doch schon seit geraumer Zeit unwohl in meinem Körper! Vielleicht, weil ich noch keine Willensstärke, geschweige denn Ehrgeiz entwickelt hatte und unsicher war. Vielleicht, weil ich noch nichts über Ernährung wusste oder wie man es am besten anstellte, abzunehmen. Das sollte sich aber schon sehr bald ändern.

PAPA

Eine ganz normale Familie? Das waren wir. Eingebettet in eine Großfamilie mit Großeltern, Geschwistern, Nichten und Neffen.

Mit vier Kindern waren wir außerhalb der »Norm« und mit Zwillingen etwas besonders – aber es war gut, wie es war. Ein eigenes Haus im Grünen und es fehlte an nichts – zumindest an nichts Existenziellem. Es gab Stimmen von außen, die uns gar als Musterfamilie sahen. Das waren wir sicherlich nicht. Zumindest hatten wir uns nie so gesehen. Unter jedem Dach ist ein »Ach«, sagt man und das »normale Leben« in einer sechsköpfigen Familie musste wohl organisiert sein – in unserem Fall war es mit einer klassischen Rollenteilung. Während ich voll im Beruf stand und die finanzielle Seite sowie Haus, Hof und Garten im Fokus hatte, war meine Frau auf das Wohlergehen der Familie konzentriert, abgesehen von allem, was organisatorisch zu stemmen war.

Was uns in den kommenden Jahren erwartete, sollte jede Vorstellung übertreffen. Lea-Sophie war 13, als alles begann, die Zwillinge zehn und die Jüngste sieben Jahre alt.

KAPITEL 2

KAMPFANSAGE AN MEINEN KÖRPER

Also fing ich an, Brot, Müsli, Nudeln, Kartoffeln und Reis zu reduzieren oder gleich ganz wegzulassen. Morgens und mittags so wie Mama, abends nur Wurst und Käse ohne Brot und noch einen Naturjoghurt mit ein bisschen Obst. Snacks zwischendurch waren ab sofort streng verboten. Allerhöchstens noch direkt nach dem Mittagessen ein kleines Stückchen Schokolade, doch irgendwann ließ ich auch das bleiben. Sonderlich schwer fiel mir das auf einmal nicht mehr, da diese Dinge in meinen Augen plötzlich das Böse in Person waren und ich so etwas nicht mehr essen wollte, auch wenn ich wusste, dass es für einen klitzekleinen Moment gut schmeckte. Noch dazu sagte ich mir immer wieder, dass es nur unnötige, nicht-sättigende Kalorien seien und diese zu meiden würde mich schneller zum Ziel bringen. Kurz im Mund, eine Ewigkeit auf den Hüften! Verächtlich stand ich vorm Süßigkeitenregal und starrte die Bösewichte an. Das war es mir absolut nicht mehr wert! Was hatte ich bis vor Kurzem nur getan, dieses Zeug so in mich reinzustopfen?!

Zu dieser Zeit hatten wir gerade unseren Golden Retriever Cara bekommen, die viel Auslauf und Bewegung brauchte. Also startete ich eine Jogging-Routine. Wenn schon, denn schon. Sechs Mal die Woche, drei Kilometer fürs Erste. Außerdem legte ich jeden Abend eine 30-minütige Minitrampolineinheit vorm Fernseher pünktlich zu meiner Lieblingsserie ein. Faul rumliegen war gestern, das war ab sofort nicht mehr drin! Ich hatte gelesen, dass Trampolinspringen sogar um einiges effektiver sein sollte als Joggen, weil es wohl jeden Muskel trainierte und dadurch noch mehr Kalorien verbraucht würden. Also genau das Richtige für mich!

Ich muss dazusagen, dass ich mich zu diesem Zeitpunkt noch nicht wirklich mit Kalorien beschäftigt habe, sondern einfach nur meiner Mama nachgeeifert habe, die das Minitrampolin auch benutzt hat. Allerdings nicht so oft wie ich, sie ist dann doch lieber in ein kleines Fitnessstudio zum Zirkeltraining gegangen. Damals hatte ich, was das anging, genau die gleichen Vorurteile wie so viele andere Frauen und Mädchen auch: Krafttraining macht zu muskulös. Zu männlich. Und wir wollen doch schlank sein ohne riesige Muskelberge! Ich sah an meiner Mama, dass das ihr Weg war und sie nach und nach immer besser aussah. Sie ging sehr regelmäßig und straffte nahezu ihren kompletten Körper. Trotzdem wollte ich nicht so muskulöse Oberarme und Oberschenkel bekommen. Das Einzige, was ich ab und an zur Kräftigung tat, war Pilates. Ich probierte ein paar Work-outs auf einer DVD und suchte mir die besten Bauchübungen heraus, in der Hoffnung auf einen flachen Waschbrettbauch. Ich machte diese Übungen erst jeden zweiten, dann irgendwann jeden Tag. Zwar bemerkte ich minimale Veränderungen, aber nicht so, wie ich sie mir gewünscht hatte. Dass sich mein Körper schon nach kurzer Zeit an die Abfolge der Übungen und die Wiederholungszahl gewöhnen und nicht mehr gefordert sein würde, kam mir nicht in den Sinn. Und so wurde auch das neben dem Joggen und Trampolinspringen zur festen Routine, weil ich einfach dachte, es brauchte eben seine Zeit, diese massive Speckschicht an meinem furchtbaren Bauch in Muskulatur umzuwandeln. Die Frage, ob sich Körperfett vielleicht gar nicht wie auf magische Weise in Muskeln verwandeln konnte, stellte ich mir nicht.

Heimlich blätterte ich hin und wieder in dem Ernährungsbuch meiner Mama und entdeckte ein kleines, kompaktes Heftchen. Darin waren so ziemlich alle gängigen Lebensmittel von A bis Z nach Ampelsystem sortiert, samt Erklärung der Inhaltsstoffe und Wirkung auf den Körper. So hatte ich ganz schnell den Bogen raus, was »gut« und »schlecht« für mich war. Schrieb mir die »grünen« Lebensmittel auf eine Liste, genauso wie die »roten«. Grün war okay, Rot war absolut schlecht und musste unbedingt um jeden Preis gemieden werden!

Ich las mich mehr und mehr in diese Diät ein, lernte auch biologische Dinge, wie zum Beispiel, dass die Bauchspeicheldrüse nach jeder Mahlzeit das Hormon Insulin ausschüttete, um die Nahrung zu verarbeiten, aber wenn die Ausschüttung zu hoch sei, speicherte man mehr Fett und bekam viel schneller wieder Hunger. Jedes Lebensmittel hatte einen anderen glykämischen Index, je höher dieser war, desto mehr werde die Fettverbrennung geblockt. Zuckerhaltige Lebensmittel, Weißmehl in Brot, Nudeln und Gebäck oder auch bestimmte Obstsorten hatten einen sehr hohen Index und förderten also die Insulinausschüttung und somit auch die Fetteinlagerung, vor allem, weil man von Heißhungerattacken heimgesucht werden würde und dadurch ja noch mehr aß. Kein Wunder also, dass ich von Nudeln nie richtig satt wurde und Süßigkeiten ein einziger Teufelskreislauf waren! Also aß ich fortan nur noch Vollkornbrot statt Weißbrot, und gab es mal wieder die von mir so verteufelten Nudeln, so plagte mich immer das schlechte Gewissen, denn ich war felsenfest davon überzeugt, mit jedem Bissen mehr Fett zuzunehmen. Je braunfleckiger die Banane, desto schlechter wegen dem vielen Fruchtzucker. Besser solche essen, die noch grün und unreif waren.

Bei den Fetten war es ähnlich, da gab es auch »gute« und »schlechte«. Olivenöl sollte wohl gut sein, genauso wie Avocado, Fisch und Nüsse. Das Fett in Butter, Wurst und Fleisch, genau wie Transfette in Fertigprodukten wurde als absolut schädlich abgeschrieben. Also mied ich diese Dinge, wo es nur ging. Wenn Mama mir ein Laugenbrötchen, bestrichen mit Butter und belegt mit Salami und Käse, mit in die Schule gab, aß ich es nicht mehr. Sobald ich es aufklappte und die Butterschicht sah, wurde mir augenblicklich schlecht. Ich nahm es wieder mit nach Hause, wo es von einem meiner Geschwister gerne gegessen wurde. Irgendwann sollte ich mir mein Pausenbrot doch einfach selbst machen. Eine Scheibe Vollkornbrot, dünn mit Frischkäse und einer einzigen Scheibe Käse. Plus ein Apfel. Das reichte mir. Gab es mal ein Mittagessen mit Sahnesoße, aß ich auch diese nicht mehr.

Ich fing an, nur noch fettarmes Fleisch zu essen, und als ich erfuhr, dass rotes Fleisch nicht nur schädliches Fett enthalten sollte, sondern auch noch ein Risiko für Herzkrankheiten sei, aß ich nur noch Geflügelfleisch und Fisch. Aber bloß nicht paniert, denn in der Panade versteckten sich wieder böse Kohlenhydrate, die ich ja auf gar keinen Fall essen wollte! Eiweiß hingegen war das Wichtigste, da es gut sättigte und schon während der Verdauung Kalorien verbrauchte. Gemüse durfte natürlich auch nicht zu kurz kommen, weil es sehr gesund war und einigermaßen satt hielt, wenn man größtenteils auf alle anderen Kohlenhydrate verzichtete.

Auf meinem Teller landete von nun an ausschließlich Vollkornbrot mit Frischkäse oder einfach nur ein wenig Marmelade oder Honig drauf. Nutella? Bloß nicht! Schokolade machte dick! Dass Honig und Marmelade auch Zucker enthielten, überlas ich damals, doch als ich es herausfand, hätte ich mir am liebsten eine Hand abgebissen. Wie zum Teufel konnte ich das nur übersehen haben?! »Wieso trinkst du eigentlich keinen Orangensaft mehr?« – »Ich mag halt Milch im Moment lieber.« Je mehr Eiweiß, desto besser, dachte ich. Auf den Fettgehalt achtete ich damals noch nicht, nur darauf, in meinen Augen »böse« Fette zu meiden, wo es nur ging. Mein Pausensnack in der Schule fiel immer spärlicher aus. Mittags aß ich das, was Mama kochte, wurde aber immer wieder ermahnt, mir noch etwas mehr Nudeln, Reis oder Kartoffeln auf den Teller zu holen. Manchmal tat ich es mit schlechtem Gewissen, manchmal auch nicht und bekam dann böse Blicke von meiner Mutter zu spüren. Ich stand im Zwiespalt, denn ich wollte ja einerseits mein Ziel verfolgen und sie andererseits aber nicht verärgern. Nachmittags, wenn alle Hausaufgaben und sonstiges Lernen endlich erledigt waren, trieb ich Sport. Erst die Joggingrunde mit Cara, dann die Pilates-Bauchübungen und abends noch Trampolinhüpfen, während glücklicherweise meine Lieblingsserie im Fernsehen lief, sonst hätte ich das womöglich nicht lange durchgehalten. Spaß machte es mir aber nicht wirklich, es war eher eine aufgezwungene Quälerei. Rückblickend kann ich sagen, dass ich zu schnell von null auf 100 gegangen bin. Wer Sport nur aus der Schule kennt, einmal in der Woche reiten geht und vielleicht mal mit dem Fahrrad in den Nachbarort oder ins Schwimmbad fährt, dem fällt eine solche Ausdauersportroutine, wie ich sie mir damals von heute auf morgen auferlegt habe, anfangs sehr schwer. Sechs Tage die Woche, einen Tag gab ich mir Pause. Das Einzige, was mich durchgebracht hatte, war der unbändige Wille, fast schon ein Pflichtgefühl, endlich dieses ekelhafte Schwabbelfett loszuwerden. Wie würde ich wohl aussehen, wenn sich diese widerliche Masse in Luft aufgelöst hatte? Stets das Ziel vor Augen, biss ich mich krampfhaft durch meine neue Routine, egal wie schwer es mir fiel. Egal, wie sehr ich beim Laufen schnaufte und schwitzte. Es musste einfach sein. In meinen Augen wirkte das Ganze, weil ich mich abends immer hungrig und erschöpft fühlte und mir einredete, dass das genauso zu sein hatte. Ein Zeichen dafür, auf dem richtigen Weg zu sein. Ich begann, den Gedanken zu entwickeln, dass ich mir mein Essen durch Sport erst verdienen müsse.

Das Abendessen war Konfliktpunkt Nummer eins, da wir dann meistens alle zusammen am Tisch saßen. Da es mittags immer ein warmes Essen gab, gab es abends eine Brotzeit mit verschiedenen Aufstrichen, Wurst, Käse und Kleinigkeiten wie Essiggurken oder Tomaten. Mit dem einzigen Unterschied, dass Mama von nun an öfter nur einen Eiweiß-Shake trank und ich nur Naturjoghurt mit Obst und ein paar Nüssen essen wollte. Für ein Plus an Eiweiß vielleicht noch etwas Wurst und Käse. Seit ich jedoch um die »bösen« Fette aus Wurst und Fleisch wusste, ließ ich auch irgendwann die Wurst weg, da sie nur aus »schädlichem« Schweinefleisch bestand und ich ja gelesen hatte, dass gerade das sehr ungesund sei. Und was ungesund war, machte schließlich auch dick! Auch wenn ich wusste, dass Mama in der Metzgerei im Nachbarort einkaufte, die ihre eigenen Tiere schlachteten, und bei uns kein Fleisch aus Massentierhaltung auf den Tisch kam. Natürlich wurde ich auch immer wieder darauf angesprochen: »Warum isst du denn kaum noch Wurst? Komm, wenn du schon kein Brot essen willst, dann nimm dir wenigstens noch ein bisschen von dem Kassler oder der Salami. Den Bierschinken habe ich übrigens auch extra für dich gekauft. Den mochtest du doch immer so gern!« Ja genau, *mochte*. Doch jetzt mag ich ihn nicht mehr! Wurst macht mich fett! Ich will kein Schweinefleisch mehr essen! Traute mich nicht, meine Gedanken auszusprechen. Gezwungenermaßen nahm ich mir doch noch ab und an ein oder zwei Scheiben auf den Teller, damit Mama und Papa zufrieden waren. Es dauerte eine ganze Weile, bis ich dann doch den Mut aufbrachte zu sagen, dass ich Wurst von nun an nicht mehr essen würde. »Ich will nicht mehr so viel totes Tier essen«, war das Erste, was mir als Argument einfiel. Darüber hatte ich noch gar nicht wirklich nachgedacht, doch irgendwie war das doch gar kein schlechter Grund. Sogar ein ziemlich guter! Ich hatte Angst, dass das Argument »ungesund« nur blöd belächelt und ich noch mehr kopfschüttelnd als gestört abgestempelt werden würde. Sowieso machte ich mir immer viel zu viele Gedanken, was andere über mich dachten, anstatt einfach das zu tun, was ich für mich als richtig empfand, und vor allem auch dazu zu stehen. Das musste ich erst noch lernen.

Und dann natürlich die Sache mit den Kohlenhydraten. Das war das am häufigsten und hitzigsten diskutierte Thema am Tisch. »Meinst du nicht, du könntest doch noch eine Scheibe Brot vertragen? Wenn ich mir anschaue, wie dünn deine Brotscheiben heute Morgen auf deinem Teller wieder waren und wie wenig du heute zu Mittag gegessen hast, werde ich echt sauer. Das ist nicht gut für dich! Du bist noch im Wachstum, du brauchst die Kohlenhydrate! Außerdem treibst du viel Sport! Brot und Getreide sind Grundnahrungsmittel bei uns. Wenn schon kein Brot, dann mach dir wenigstens noch eine Portion Haferflocken über den Joghurt.« Ich hasste diese Art von Konversation. Immer fühlte ich mich angegriffen und irgendwie schuldig. Ich verstand meine Eltern auf der einen Seite, sie wollten mir ja nichts Böses, ganz im Gegenteil. Sie waren einfach nur besorgt, dass es mir an etwas fehlen könnte. Aber andererseits war da dieser immer stärker anwachsende Wille in meinem Kopf, mein Abnehm-Vorhaben unbedingt durchzuziehen und nicht wieder aufzugeben, wie schon so viele Male zuvor. Und da passte Butterbrot mit Wurst eben nicht mehr rein! Genauso wenig wie Spaghetti mit Schinken-Sahne-Soße! Die Angst, wieder aufzugeben und moppelig zu bleiben, machte mich unglücklicher, als meine Eltern sauer zu sehen. Wieso verstanden sie denn nicht, dass das wichtig für mich war? Und dass sie mich durch ihr blödes Gerede nur von meinem Ziel abhielten? Konnten sie mich nicht einfach mal machen lassen?

Zu Beginn der Diät erzielte ich sehr schnell Erfolge, innerhalb eines Monats zeigte die Waage fünf Kilogramm weniger an, was mich natürlich stolz machte, da ich es endlich geschafft hatte. Die ganze Plackerei mit dem Sport zahlte sich endlich aus, und ich merkte auch langsam, aber sicher, wie sich meine Kondition steigerte und mir der Sport ein bisschen leichter fiel und mir dadurch auch mehr Spaß machte. Trotzdem hatte ich nach wie vor sehr oft Tage, an denen es ein einziger Kampf war. Ich gab meinem Körper auch kaum Regenerationszeit, das war für mich damals reinste Zeitverschwendung. Zeit, in der ich keine Kalorien und vor allem kein Fett verbrennen konnte! Obwohl ich Ergebnisse auf der Waage sah, war ich mit meinem Spiegelbild aber noch ganz und gar nicht zufrieden. Fortschritte konnte ich zwar wahrnehmen, aber gut genug war mir das noch lange nicht! Da war immer noch mehr als genug Speck am Bauch, und die Oberschenkel sahen immer noch ziemlich verbesserungswürdig aus, auch wenn ich schon wieder besser in meine Hosen passte und nicht mehr wie verrückt ziehen und zerren musste, um sie über die Schenkel zu bekommen. Als Mama und Papa herausfanden, dass ich die 52 Kilo erreicht hatte, achteten sie noch genauer auf mein Essverhalten. Ich sollte ja so bleiben und nicht noch mehr abnehmen! Sonst wäre ich ja bald eine Bohnenstange, um Himmels willen! Aber daran dachte ich gar nicht. Die ersten fünf Kilo waren ein guter Anfang und zeigten mir, dass Gewicht verlieren für mich nicht unmöglich war, wie ich es immer geglaubt hatte. Das war meine Motivation, die es zu behalten galt. Vom berühmt-berüchtigten Jo-Jo-Effekt hatte ich natürlich auch schon gehört, und der war das absolut Allerletzte, was ich wollte. Noch mal von vorne anfangen? Auf gar keinen Fall! Also musste ich weiterhin Sport treiben und gesund essen, das war ja wohl offensichtlich! Vielleicht könnte ich ja ab und an mal ein paar Zugeständnisse machen wie ein Stückchen Kuchen an einem Geburtstag oder zweimal die Woche nicht joggen gehen, aber alles in allem sollte ich meinen Lebensstil doch so aufrechterhalten, wie er momentan war, und nicht wieder zur faulen Leseratte mutieren.

Die siebte Klasse war für mich nicht mehr so einfach. Bis dahin war ich eine sehr gute Schülerin gewesen und lernte schnell, aber von nun an wurde es deutlich schwieriger und komplexer. Ich hatte viel mehr zu lernen als früher, was mir im Prinzip keine Schwierigkeiten machte, nur der Zeitaufwand störte mich. Sollte ich denn den ganzen Tag nur noch büffeln, oder was? Früher war mir buchstäblich alles zugeflogen, einmal durchgelesen wusste ich, was ich zu lernen hatte. Ab sofort kamen aber seitenweise Vokabeln dazu, was natürlich länger dauerte, bis es in meinem Kopf verankert war. Und dann die Algebra in Mathe und die komischen Formeln in Physik … Noch nie hatte ich mich so dumm gefühlt, weil ich einfach überhaupt nichts verstand. Ich kassierte meine ersten schlechten Noten, was einige Tränen kostete, aber ich nahm mir fest vor, besser und mehr zu lernen, und auch mein Papa half mir weiter, wo er nur konnte. Die Einserschülerin von früher konnte doch nicht eine Fünf nach der nächsten bekommen, sagte ich mir. Und tatsächlich wurde es langsam, aber sicher wieder, denn ich kniete mich buchstäblich in meine Schulbücher, beschäftigte mich stundenlang mit dem für mich furchtbar abstrakten und langweiligen Lernstoff, aus purer Angst vor schlechten Noten und erneutem Versagen. Manchmal schlief ich spätabends sogar am Schreibtisch über dem aufgeschlagenen Mathebuch ein. Versagen durfte ich einfach nicht! Unmöglich! Ich verstand, dass nun die Zeit begann, in der mein Hirn nicht mehr einfach alles wie ein Schwamm aufsaugen würde, sondern ich etwas Anstrengung und Disziplin an den Tag legen musste.

Dazu kam noch, dass wir in der siebten Klasse neu gemischt wurden. Nach der Orientierungsstufe in Klasse fünf und sechs folgte nun die Entscheidung: Gymnasium oder Realschule? Natürlich wurde ich aufs Gymnasium geschickt und meine beste Freundin Hannah damals auch. Lisa ging auf eine ganz andere Schule, sodass der Kontakt zu ihr langsam abbrach. Als aber nun einige neue Klassenkameradinnen dazukamen (ich war auf einer Mädchenschule), begann meine damals beste Freundin, sich mehr für die anderen als für mich zu interessieren. Das fand ich eigentlich nicht schlimm, schließlich sollte jede von uns so viele andere Freundinnen haben, wie sie wollte. Aber es enttäuschte mich doch sehr, dass ich nach ein paar Wochen völlig abgeschrieben war. Wir waren seit der ersten Klasse unzertrennlich gewesen! So viel Zeit hatten wir miteinander verbracht und Spaß ohne Ende gehabt! Warum ließ sie mich jetzt links liegen? Ich konnte nichts tun, außer ihr dabei zuzusehen, wie sie plötzlich alles an sich veränderte. Vom Musik- und Kleidergeschmack bis hin zur Ausdrucksweise. Irgendwie wurde sie mir fremd. Sie darauf anzusprechen, traute ich mich einfach nicht. Ich beschloss, auch nichts mehr mit ihr zu tun haben zu wollen, wenn sie es umgekehrt anscheinend auch nicht mehr wollte. Das machte mich einerseits furchtbar traurig, da ich meine beste Freundin verlor, aber zur neuen »Styler-Clique« wollte ich auf keinen Fall gehören. Das war nicht ich.

Seit 2009 spielte ich Klavier. Meine Klavierlehrerin wohnte in der Nachbarschaft, und das war ein Hobby, das mir sehr viel Spaß machte. Es fiel mir leicht, ich verstand die Dinge, die sie mir erklärte, sofort, und ich liebte es zu üben. Nicht nur die Stücke, die ich als Hausaufgabe bekam, sondern auch andere, die ich mir selbst ausgesucht hatte. Stücke, die meine Freundinnen spielten und schon ein paar Jahre lang Unterricht nahmen. So kam es, dass ich in sehr kurzer Zeit sehr weit kam. Klavierspielen war für mich wie ein ruhiger Zufluchtsort in all dem komischen Gewühl und Durcheinander um mich herum. Ein Ort, wo alles in Ordnung war, wo ich schnell Ergebnisse bekam und mich nicht erst total abmühen musste. Als meine Lehrerin mir dann aber nach einem Jahr mitteilte, dass sie ab sofort keine Zeit mehr für Klavierunterricht hatte, verzweifelte ich fast. Denn ich war mir sicher, niemanden wie sie wieder zu bekommen. Ich wollte niemand anderes! Wo doch die anderen immer von ihren furchtbaren Klavierlehrer-Professoren erzählten, die nie mit irgendetwas zufrieden waren, selbst wenn sie noch so viel geübt hatten! An so jemanden wollte ich um Himmels willen nicht geraten! Und ich dachte wirklich, es würde genau so kommen, denn sie sagte mir noch: »Ich kenne da jemanden, der wohnt nicht weit von hier, der könnte dir vielleicht weiter Unterricht geben. Er hat mit mir zusammen die Orgel- und Chorleiterausbildung gemacht und leitet selbst auch einen Chor. Er ist fantastisch, du wirst sehen!« Ich sah mich vor einem Einstein-ähnlichen Menschen sitzen, der mit dem Dirigentenstab herumfuchtelte und immer aggressiver wurde, je mehr ich falsch spielte. Keine Ahnung, wieso ich dieses Bild vor Augen hatte. Für mich war Klavierspielen bis jetzt etwas Wundervolles gewesen, für meine Freundinnen war es eher ein Muss, was sie von ihren Eltern aufgezwungen bekamen. Ich bekam große Angst, dass es bei mir nun genauso kommen würde, mit einem neuen Lehrer, der mir den Spaß am Spielen verdarb.

Mit großer Skepsis und keinerlei positiver Erwartungshaltung ging ich also im Mai 2011 das erste Mal zu Daniel, meinem neuen

Klavierlehrer. Und alle meine Befürchtungen lösten sich von der ersten Minute an in Luft auf. Es war absolut nicht so starr, wie ich befürchtet hatte.

Hellauf begeistert und beeindruckt war ich von seinen Improvisationskünsten, was er mir angeblich auch beibringen wollte. Wie er das wohl anstellte, konnte ich mir beim besten Willen nicht vorstellen. Permanent fragte ich mich: Wie konnte man einfach so aus dem Gehör ein Stück spielen, so ganz ohne Noten, ohne irgendwas Greifbares vor sich, was einem sagte, wo die Finger hin müssen? Ich liebte es, auf dem schwarzen Flügel in seinem Wohnzimmer zu spielen. Der absolute Wahnsinn! Von zu Hause war ich eben nur mein E-Piano gewohnt. Es war, als würde ich in eine völlig neue Klangwelt eintauchen. Eine andere Welt, ein anderes Leben, in dem anderes wichtiger waren als pure Selbstkritik den ganzen Tag über, dem Drang nach Perfektion und dem Druck, Aufgaben erledigen zu müssen. Daniel war das komplette Gegenteil von dem gängigen Klavierlehrer-Klischee, und ich hätte es definitiv niemals für möglich gehalten, dass ich noch mal so ein Glück haben würde!

Von meiner ehemaligen Lehrerin hatte ich immer sehr viel Lob bekommen, so auch von Daniel. Aller Anfang war aber doch nicht ganz so einfach, da ich die ersten »schweren« Stücke zu üben bekam. Die erste große Hausnummer war für mich die achte Invention von Johann Sebastian Bach, und ich wäre fast daran verzweifelt, weil es schlichtweg eine riesige Schwierigkeitsstufe nach oben gesetzt war im Vergleich zu dem, was ich vorher geübt hatte. Moderne Arrangements klingen oft beeindruckend, und man könnte denken, dass eine Mordsleistung dahinter stände, so etwas zu spielen. Von der Komplexität her sind sie aber bei Weitem nicht so wie Bachs Übungsstücke. Aber ich gab nicht auf. Das kannte ich ja schon von der Schule und meiner Diät. Kein Fleiß, kein Preis. Auch wenn es noch so lange dauerte, ich biss mich durch, und siehe da, nach zwei, drei Wochen konnte ich die Invention nahezu fehlerfrei spielen.

Im Juni 2011 gab Daniels Chor ein Hautnah-Konzert in einer ehemaligen Synagoge. Das meiste waren A-cappella-Stücke, hier und da begleitete mein Klavierlehrer am Flügel. Ich war zutiefst beeindruckt. Vom Chor, den Spiel- und vor allem Improvisationskünsten und vom genauen Dirigat. Alles wirkte so leicht und frei. So wollte ich auch Musik machen, ganz genau so! Nach dem Konzert ging ich zu Daniel und teilte ihm mit, wie sehr es mir gefallen hatte. Er antwortete: »Klasse! Wir bräuchten in Zukunft mal irgendjemand, der Klavier spielt, damit ich immer dirigieren kann und nicht dauernd hin und her springen muss. Das wäre doch was für dich!« Ich traute meinen Ohren kaum. Hatte er das wirklich gesagt? Das konnte er doch nicht ernst gemeint haben! Er spielte schon über 20 Jahre und ich nicht mal zwei, und da sollte ich seinen Chor am Klavier begleiten? Das würde noch etwas dauern … in zehn Jahren vielleicht! Doch seine Worte stachelten mich an, noch mehr zu üben. Denn plötzlich wusste ich, was ich unbedingt wollte. Ich wollte auch auf der Bühne mit dem Chor sein und spielen! Und es richtig gut machen! Trotzdem zweifelte ich, ob er es wirklich ernst gemeint hatte.

Es folgten unter anderem Stücke von Schumann, Beethovens Mondscheinsonate, der Türkische Marsch von Mozart und ein endlos langer Walzer von Frédéric Chopin. Ich liebte es. Die Herausforderung, die dahinterstand, die großen Zweifel zu Anfang, die sich aber in Zufriedenheit und Motivation wandelten, sobald die ersten paar Takte funktionierten, und das Lob meines Klavierlehrers. Zu Hause liefen die Dinge wegen meiner neuen Essgewohnheiten nach wie vor nicht gut, meine Eltern waren langsam, aber sicher ernsthaft besorgt, dass ich nicht mehr »normal« essen würde, obwohl ich doch jetzt meine besagten fünf Kilo losgeworden war. Ich fühlte mich oft ziemlich allein in der Schule und war quasi gefangen in meiner starren Alltagsroutine: aufstehen, Frühstück (aufpassen!), Schule, Mittagessen (aufpassen!), Hausaufgaben, Sport, Klavier üben (der schönste Teil des Tages), lernen, Abendessen (aufpassen!)

und nochmals lernen. Mein Tag bestand aus so vielen Pflichten, an denen ich mehr oder weniger kaum Spaß hatte. Einzig und allein mein Instrument konnte mich da rausholen und mir das Gefühl geben, doch noch etwas wirklich Schönes und Ungezwungenes im Leben zu haben. Aufgeben wollte ich die ganze Routine aber nicht, denn dann würde ich ja zurückfallen, wieder faul und pummelig werden, und das war das Schlimmste, was mir jemals wieder passieren könnte! Nur durch die Musik konnte ich das alles aushalten, sie gab mir das Gefühl, endlich einmal richtig gut in etwas zu sein, auch wenn ich dafür ein bisschen üben musste. Aber das Verhältnis von Aufwand und Ergebnis stimmte, und der Freitag, an dem meine Klavierstunde stattfand, wurde ab sofort mein Lieblingstag der ganzen Woche. Ich fing an, mir noch mehr Stücke zu suchen und diese zusätzlich zu üben. Alle paar Wochen fragte ich Daniel dann, ob er noch kurz Zeit hätte nach der Stunde, und meistens spielte ich ihm dann meine neueste Errungenschaft auswendig vor. Er war jedes Mal begeistert, zumindest sah es danach aus. Ich bekam Lob ohne Ende und merkte, dass mich das Klavierspielen irgendwie weiterbringen konnte. Nicht nur am Instrument selbst, sondern auch im Leben. Je geduldiger ich war und je mehr Einsatz ich zeigte, desto besser war das Endergebnis. Jede freie Minute verbrachte ich an den Tasten, und es zahlte sich definitiv aus. Meine Eltern waren jedoch eher zwiegespalten: »Es ist ja supertoll, wenn du so viel übst und es dir Spaß macht. Du spielst klasse, aber denkst du nicht, dass drei Stunden üben am Tag etwas viel sind?« – »Ich sag ja nicht, dass du aufhören sollst zu üben, aber geh doch mal mehr raus und unternimm was mit Freunden!« Keine Zeit für so was. Außerdem: welche Freunde? »Deine Alltagsroutine ist so was von starr. Du hast ja gar keine Zeit mehr für irgendwas anderes und bist total unflexibel, wenn mal ein Tag kommt, an dem es mal nicht nach deinem Plan läuft.« Na und? Das ist doch nicht euer Problem! Solche Sätze bekam ich andauernd zu hören. Und es nervte mich kolossal. Vor allem, weil ich insgeheim wusste, dass sie recht hatten. Und trotzdem: Ich wollte und musste diese neuen Dinge wie Sport, Klavier und mehr lernen für die Schule beibehalten, um nicht wieder in mein altes Ich zurückzufallen, das ich so sehr verabscheute und nie wieder sein wollte! Außerdem, wie stellten sie sich das eigentlich vor? Wie sollte ich bitte noch Freunde unter einen Hut kriegen, wenn ich jeden Tag bis mittags in der Schule hockte und nachmittags alles andere erledigen musste? Außer am Wochenende vielleicht? Die Wahrheit war: Ich wollte irgendwie gar keine Freunde mehr. Was brauchte ich die überhaupt?

Ich wollte einfach nur allein mein Ding durchziehen, unabhängig und ungestört von allen anderen. Aber das kam mir erst im Nachhinein. Dass es noch viel schlimmer werden würde und es erst der Anfang einer sehr schwierigen Zeit war, ahnte ich noch nicht.

Mein Gewicht stagnierte bei 52 Kilo. Irgendwo schnappte ich auf, dass man mit viel Sport Muskeln auf- und Fett abbaute und dass Muskulatur schwerer sei als Fettgewebe. Das tröstete mich ein bisschen, aber trotzdem sah ich überall noch schwammige Polster, die ich um jeden Preis noch loswerden musste. Das sah doch nicht schön aus! Mama und Papa bezeichneten mich nach ein paar Monaten Diät als »essgestört« und »dünn genug«, was mich unglaublich aufregte und aggressiv machte. Da war noch mehr als genug überflüssige Schwabbelmasse, sahen sie das denn nicht?! Was war daran bitte essgestört, wenn ich einfach nicht mehr alles aß, was mir in die Augen fiel, sondern vorher mal drüber nachdachte? Was war daran bitte essgestört, wenn ich schlichtweg nicht mehr so sein wollte, wie ich noch vor einigen Monaten war? Was war bitte daran verkehrt, regelmäßig Sport zu treiben? Ich joggte jeden Tag ja bloß drei Kilometer, keinen Marathon! Und die halbe Stunde Trampolinhüpfen am Abend war auch keine Megaleistung, die es notwendig machte, massenhaft Brot oder Nudeln in mich reinzustopfen! War ich Leistungssportler oder was? So ziemlich jeden Tag versuchten sie mir ins Gewissen zu reden und mich zu überzeugen, wieder mehr von »verbotenen« Dingen zu essen. »Merkst du denn nicht, dass es dir schadet? Wie kann man sich so kasteien? Du wirst auch immer ruhiger und bist total zurückgezogen. Lach doch mal wieder!« Ha ha. Was habe ich denn bitte für einen Grund zu lachen? Mein Leben ist eine einzige Anstrengung, die ich jeden Tag aufs Neue bewältigen muss! Überall muss ich so viel Aufwand und Energie reinstecken, Leistung bringen, alles dauert ewig und nahezu nichts macht Spaß! Der einzige Tag, an dem ich mal alles vergessen und glücklich sein kann, ist mein Klavierfreitag. Denn da bin ich bei jemandem, der es schafft, mich zu motivieren und mit nur einem Satz so hochzuziehen, dass es wenigstens für ein paar Tage reicht! Dort merke ich, dass ich bei einer Sache wirklich gut bin. Dort kann ich einfach mal für eine Stunde mein restliches Leben vergessen, was ihr mir übrigens noch schwerer macht, als es eh schon für mich ist!

Trotzdem wollte ich mir nicht länger anhören müssen, ich hätte eine Essstörung. Das ging ja wohl eindeutig zu weit! Von Magersucht hat damals noch niemand gesprochen, und dazu wollte ich es auch nicht kommen lassen. Schlank sein wollte ich, aber doch nicht magersüchtig! Unvorstellbar, so dünn würde ich doch ohnehin niemals werden, das konnte mein Körper doch gar nicht! Auf gesunde Weise Gewicht verlieren, also lieber langsamer, aber dafür stetig. Crash-Diäten, bei denen man tage- oder wochenlang nur Kohlsuppe aß oder Smoothies trank, brachten nur eins: den Jo-Jo-Effekt. So viel hatte ich mir mittlerweile angelesen. Also lieber die Gewohnheiten so ändern, dass sie langfristig umzusetzen waren. Im Prinzip ein guter Ansatz. Doch ich sah nicht, dass ich meine Gewohnheiten zu schnell geändert hatte. Es wäre besser gewesen, mir jede Woche eine neue »Baustelle« vorzunehmen, anstatt alles auf einmal auf den Kopf zu stellen. Denn mein Leben machte mir so eigentlich keinen Spaß mehr. Ich fühlte mich überrumpelt von all den »Pflichten«, die ich mir selbst auferlegt hatte. Ich musste jeden Tag laufen gehen, Trampolin springen und meine Bauchübungen machen. Ich durfte nicht viel Brot, Nudeln, Reis oder Kartoffeln essen, geschweige denn fettige Soßen oder Süßigkeiten. Am besten gar nichts mehr davon. Ich durfte nicht zu spät abends essen, denn das hemmte die Fettverbrennung in der Nacht, konnte man überall nachlesen! Und dennoch: meine Überforderung hätte ich damals um keinen Preis zugegeben. Nie wieder wollte ich 58 Kilo wiegen. Also blieb mir eigentlich keine andere Wahl, außer so weiterzumachen. Dachte ich zumindest.

Von den 52 Kilo kam ich aber einfach nicht weg. Alles stagnierte nach ein paar Monaten, das Gewicht wollte nicht mehr weiter runter, ich hatte kein Hungergefühl mehr, was mich extrem verunsicherte, denn durfte ich dann überhaupt noch essen, wenn mein Körper keinen Hunger hatte? Der Sport strengte mich auch nicht mehr so an. Mein Körper hatte sich also daran gewöhnt und war nicht mehr genug gefordert. Also musste eine neue Strategie her. Ich begann, wieder in dem Ernährungsbuch zu blättern und noch mehr Informationen über einzelne Lebensmittel aufzusaugen, sodass ich wieder einiges dazulernte und bestimmte Dinge wieder reduzierte. Milchprodukte zum Beispiel. Wie konnte ich nur darüber hinwegsehen, dass sie so viel Fett und Kalorien beinhalteten? Fettarme Produkte kaufte Mama nicht, wir hatten immer alles in der normalen Variante. Kein Wunder also, dass ich nicht weiter abnahm, wenn ich jeden Tag ein großes Glas Milch trank, zwei Becher Joghurt und zwei oder drei Scheiben Käse aß! Vom Frischkäse, den ich entweder als Brotaufstrich benutzte oder ihn einfach so löffelte, ganz zu schweigen. Das waren einfach zu viele Kalorien! Reduktion war das neue Stichwort. Nur noch ein halbes Glas Milch trinken, höchstens zwei Scheiben Käse und den Brotaufstrich so dünn wie möglich halten! Aber dann würde ich ja auch weniger Eiweiß essen, was ja so wichtig war … Wieso hatten wir denn nur keine fettarmen, eiweißreichen Lebensmittel? Magerquark oder fettreduzierten Käse zum Beispiel? Das machte mich wütend, aber ich sprach nicht darüber, denn ich wusste, dass es zu nichts führen und nur noch mehr Streitereien mit sich bringen würde. Auch an der

Kohlenhydrat-Front versuchte ich, weiter einzusparen, was möglich war. Jeden Morgen beäugte ich den Brotkorb äußerst skeptisch und suchte nervös nach der schmalsten Scheibe. Wenn niemand guckte, nahm ich sie alle nacheinander raus, um zu sehen, wo mein dünnster Favorit war. Natürlich erwischten meine Eltern mich oft dabei, und ich bekam jedes Mal mächtig Ärger dafür. Jedes Stückchen Kartoffel, jede Nudel, jeder Löffel Reis oder Haferflocken war einer zu viel, den ich notgedrungen herunterwürgen musste. Wo ich mir zuvor noch an Geburtstagen mit gutem Gewissen ein Stück Kuchen gönnen konnte, war dies fortan eine lästige Pflicht. Wie ein ungeschriebenes Gesetz. Jeder isst Kuchen. Du auch. Wie könnt ihr nur massenhaft dieses pappsüße Zeug essen, ohne zu kapieren, dass es nur leere Kalorien sind, die einen nur noch hungriger machen? Wieso muss ich das auch tun? Ich will das nicht mehr! Ich will von diesem verseuchten Süßkram nicht fett werden! Jeden Tag strenge ich mich so an, und dann kommt ein Geburtstagskuchen und macht alles kaputt! Du fette Kuh! Solche Gedanken hatte ich immer öfter. Ich malte mir ein abartiges Kopfkino aus, was für komische Blicke oder Kommentare ich wohl ernten würde, wenn ich dies und jenes tat oder eben nicht. Ich war mir absolut sicher, was die anderen über mich dachten und dass keiner mich mehr gern hatte. Das zog mich innerlich runter, ich fühlte mich ungeliebt von meiner ganzen Familie, obwohl diese wirren Szenarien in meinem Kopf nie genau so in der Realität stattfanden. Von da an begann ich mich mehr und mehr zurückzuziehen. Die anderen verstanden mich ja sowieso nicht, und ihnen zu erklären, wieso ich keinen Kuchen mehr essen wollte, war ohnehin zwecklos. Sie würden es nicht verstehen. Ich begann, eine irrationale Angst und Abneigung gegen Geburtstage und andere soziale Events zu entwickeln, wo Essen mit im Spiel war, und mein Rückzug wurde immer deutlicher. So was passiert nicht von heute auf morgen. Das ist ein schleichender Prozess. Mal waren bessere Tage da, mal schlechtere. Aber die schlechteren häuften sich.

Ende 2011 hatte meine Mama ihr Wunschgewicht erreicht, einen neuen Lebensstil entwickelt mit regelmäßigem Sport und bewussterem Essen. Und das wollte sie natürlich so beibehalten, was ihr auch gelang. Alles in allem konnte ich ja auch mit mir zufrieden sein, immerhin wog ich jetzt 50 Kilo und fühlte mich auch viel besser als zu Beginn des Jahres. Acht Kilo weniger, ich sah auch den Unterschied, aber zufrieden war ich immer noch nicht. Ich war besessen von Zahlen, besonders die auf der Waage und meinem Body Mass Index. Früher lag dieser bei 22, was in den oberen Normalgewichtsbereich fällt. Jetzt war er bei 19,5. Alles über 18,5 war noch normal, also konnte ich ruhig noch zwei Kilo runtergehen, denn mit 48 Kilo hätte ich meinen angestrebten BMI und würde dann auch bestimmt so aussehen, wie ich es mir vorstellte! Nur noch so viel Gewicht wie nötig bei meiner ohnehin geringen Körpergröße von mittlerweile 1,62 Meter. Und kein einziges Gramm mehr! Mama fragte mich irgendwann, wie weit ich denn nun schon unten wäre und wie viel ich noch weghaben wollte. Als sie mein neues Ziel von 48 Kilo hörte, wurde sie stocksauer. »Sag mal, geht's eigentlich noch?! Du bist so gestört mit deinem ganzen Sport- und Essprogramm! Wenn du unter 50 Kilo gehst, schicken wir dich in Therapie!« Nun wurde ich zornig. »Geht's bei euch eigentlich noch? Wieso muss ich mit Normalgewicht bitte in Therapie? Mein BMI liegt bei 18,5, wenn ich 48 Kilo wiege, und das ist kein Untergewicht bei meiner Größe! Außerdem gibt es Leute, die total viel essen, trotzdem Untergewicht haben und nicht zum Psychodoktor rennen!« – »Die haben auch alle keine Essstörung so wie du!« Ich kochte förmlich. Brodelte wie ein Vulkan. »Ich bin nicht gestört, verdammt noch mal! Ihr habt überhaupt keine Ahnung von auch nur irgendwas!«

Türknallen, wütendes Treppengestampfe, unbändiger Zorn in mir. Solche Auseinandersetzungen fanden immer öfter statt, und ich hasste es, wenn wir uns gegenseitig so in Rage redeten. Vor allem war es schlicht komplett sinnlos, weil es zu nichts, aber auch wirklich gar nichts führte, außer zu noch mehr Abneigung gegen jegliche Art von Konversation. Also beschloss ich, mich noch mehr abzukapseln und meine Abnehmpläne fortan geheim zu halten. Ich war doch keinem hier Rechenschaft schuldig! Es war mein Körper, über den ganz allein ich bestimmen würde und niemand anderes! Niemand hatte mir vorzuschreiben, wie viel ich wiegen musste! Wie krank war das denn bitte?! Irgendwie würde ich es schon noch hinbekommen, unbemerkt und ganz nebenbei das ein oder andere Kilo zu verlieren, ohne dass es irgendjemand mitbekam, dachte ich. Dann musste es eben langsamer gehen, wenn es keiner mitkriegen sollte!

Nach wie vor waren Kohlenhydrate der Übeltäter Nummer eins für mich, was für jeden offensichtlich war, da man sie auf meinem Teller nur noch in geringsten Mengen fand. Meine Eltern versuchten mir immer wieder logisch zu erklären, dass Kohlenhydrate ein essenzieller Nährstoff für den Körper seien und man unmöglich für immer darauf verzichten könne, da einem sonst etwas sehr Wichtiges fehle. Vor allem für mich als Jugendliche seien sie doch so immens wichtig, weil ich ja noch im Wachstum war! Sie sprachen wohl auch mit einigen Verwandten über meine neuen Essensmuster, und berichteten mir deren Meinung. Es fuchste mich, was da wohl hinter meinem Rücken abging. Dass zwei meiner Onkel, die an Marathonläufen oder Triathlons teilnahmen, wohl genau der gleichen Sichtweise wie Mama und Papa waren, ließ mich dann doch aufhorchen. Das waren Sportler, die trainierten sehr hart für ihre Wettkämpfe, zeitweise mehrere Stunden am Tag. Die würden wohl wissen, worauf es ankam, schließlich waren sie auf ihr Essen als Treibstoff für ihre Leistungsfähigkeit angewiesen! Aber ich trieb doch bei Weitem gar nicht so viel Sport wie die … Als dann noch Beispiele dazukamen von wegen man bekäme Osteoporose, der Hormonhaushalt spiele verrückt, man sei energielos und anfälliger für Krankheiten und das alles nur, weil ein so unheimlich wichtiger Bestandteil namens Kohlenhydrate fehlte, kam ich noch mehr ins Grübeln. Ich wollte weder mit 14 noch in ein paar Jahren solche Probleme haben. Also fing ich dann doch langsam an zu glauben, dass ich wieder etwas mehr Kartoffeln und Brot vertragen könnte und meine neue Figur mit 50 Kilo doch eigentlich ganz okay war, wenn auch nicht so perfekt, wie ich sie mir wünschte. Zum Abnehmen war ich wohl fähig, aber zum Waschbrettbrauch wohl nicht. Ich akzeptierte es so halb, war trotzdem froh um das, was ich geschafft hatte, und fand mich damit ab, dass ich wohl nie vollends meine Traumfigur erreichen würde, egal was ich auch unternahm.

Es gab aber noch ein anderes Ziel. Meine frühere Klavierlehrerin hatte mir vorgeschlagen, so wie sie früher eine Nebenausbildung zur Chorleiterin und Organistin zu machen. »Du hast so ein unglaubliches Talent für die Musik, das wäre bestimmt das Richtige für dich! Was wir in so kurzer Zeit erreicht haben, ist wirklich erstaunlich, und ich kann dir versichern, dass du in dieser Ausbildung noch so viel mehr lernen wirst, was dich unheimlich weiterbringen wird! Da kannst du was draus machen!« Ich informierte mich darüber, man konnte ab 15 Jahren zur Aufnahmeprüfung, unterrichtet wurde die Theorie immer samstagvormittags, und der musikalische Unterricht fand unter der Woche statt. Praktischerweise konnte ich auch zu einer Außenstelle gehen, die gegenüber meiner Schule lag. Der Orgelunterricht wäre sogar in der Schulkapelle! Mein Cousin war zu diesem Zeitpunkt auch gerade dabei, dieses Examen zu machen, und so unterhielt ich mich auch mit ihm viel darüber. Ob es sehr schwer war, wie viel man üben und lernen musste, ob es sich lohnte und was genau man hinterher mit dem sogenannten C-Examen machen könnte. Auch Daniel fragte ich danach, denn auch er hatte diese dreijährige Ausbildung damals abgeschlossen, und auch er war der Meinung, dass ich das durchaus schaffen und es mir viel für meine musikalische Zukunft bringen würde. Ich stellte mich mir vor als Chorleiterin und Organistin … zuerst etwas ungewohnt, denn so was machte nicht gerade jeder, und von selbst wäre ich wahrscheinlich nie auf die Idee gekommen, so etwas anzufangen. Damit wäre ich wahrscheinlich etwas Besonderes und könnte so einiges, was viele andere nicht können! Und wenn alle sagten, ich hätte das Zeug dazu, dann sollte ich das vielleicht auch mal glauben! Dachte ich.

Anfang 2012 war dies mein Ziel für das Jahr: Im August würde ich 15 werden, im September fand die Aufnahmeprüfung statt, und im November würde die Ausbildung losgehen, wenn ich denn genommen werden würde. Ich stellte mir das alles ziemlich ernst und schwierig vor, schließlich musste ich für den Aufnahmetest drei verschiedene Stücke von unterschiedlichen Komponisten vorspielen, ein vorher ausgewähltes Kirchen- oder Volkslied und ein unbekanntes Lied vorsingen! Außerdem eine schriftliche Prüfung, in der es um das Gehör und Harmonielehre ging. Das alles erschien mir wie eine riesengroße Aufgabe, ich zweifelte und bekam richtig Angst davor, aber mein damaliger Klavierlehrer beruhigte mich. »Die wollen einfach nur sehen, dass du ein klein bisschen Ahnung von Musik hast und mit zwei Händen Klavier spielen kannst. Alles andere kriegst du beigebracht. Mach dir da mal keine Sorgen, du schaffst das. Du bist mehr als gut genug! Außerdem suchen die immer Leute, und ich wüsste keinen einzigen Grund, weshalb sie dich nicht nehmen sollten. Du wirst mit offenen Armen empfangen werden, weil du ein ziemlich großes Potenzial hast, und das werden die bei der Aufnahmeprüfung sehen, glaub mir!« An diesen Worten klammerte ich mich fest und behielt sie fest in meinem Gedächtnis. Dennoch überlegte ich fieberhaft, ob ich das wirklich drei Jahre lang neben der Schule durchziehen wollte. Drei Jahre lang samstagvormittags Theorieunterricht, jeweils eine Orgel- und Klavierstunde pro Woche, inklusive zusätzliches Lernen für Prüfungen und regelmäßiges Üben, nicht nur zu Hause am Klavier, sondern auch in der Kirche oder Kapelle an der Orgel. Und so ganz nebenbei noch die Schule. Konnte das wirklich funktionieren?

Ich entschied mich letzten Endes dafür, obwohl mir mein Gefühl nicht hundertprozentig bestätigte, dass es die richtige Entscheidung war. Aber alle anderen behaupteten es, und dann musste es doch wohl so sein! Wir begannen, mich auf die Prüfung vorzubereiten. Übten Harmonielehre, Intervalle hören und suchten schon mal die Stücke aus, die ich präsentieren könnte. Ich hatte noch ein paar Monate, wir lagen also mehr als gut in der Vorbereitungszeit. Mir widerstrebte es völlig, einen neuen Klavierlehrer zu bekommen, aber das war wohl der Preis, den ich zahlen musste, wenn ich musikalisch weiterkommen wollte. Daniel bot mir auch seine Hilfe an, wenn ich irgendwelche Probleme in der Ausbildung haben sollte. Zu diesem Zeitpunkt kannte ich ihn schon über ein Jahr, und irgendwie war er für mich wie ein guter Freund geworden. Im Herbst besuchte ich wieder eines der Konzerte seines Chors und malte mir aus, dass ich mit dem Orgel- und Chorleitungsunterricht vielleicht annähernd so gut wie er werden könnte. Ich musste diese Ausbildung einfach machen, ich musste unbedingt! Wieso war da aber noch so ein kleiner, letzter Rest an Unsicherheit in mir, der sich einfach nicht verziehen wollte, obwohl ich mich doch schon längst entschieden hatte? Nach dem Konzert kündigte er mir an: »Nächstes Jahr bist du dran!« Was?! Nächstes Jahr schon? War ich da wirklich schon so weit, für den Chor zu spielen? Ich dachte, ich sollte erst mal das C-Examen machen!

Meine Eltern sahen meinen Eifer und Ehrgeiz, mit dem ich mich auf diese Aufnahmeprüfung vorbereitete, und stellten mir das unsinnigste Ultimatum, das ich mir nur vorstellen konnte: »Du wiegst 50 Kilo, und das ist zu wenig. Du wirst mit dieser neuen Sache, die du neben der Schule machst, viel mehr Stress haben, und das wird an deinen Kräften zehren! Entweder du nimmst zwei Kilo zu und wir lassen dich hin, oder eben nicht.« Ich dachte, mir platzte der Kragen doppelt und dreifach. Was sollte dieser Mist denn jetzt? Wieso machten sie so ein Theater wegen zwei Kilo? 50 Kilo waren doch mehr als genug! Selbst wenn ich noch zwei Kilo weniger hätte, wäre ich immer noch im Normalgewicht! Und diese Nebenausbildung war ja wohl kein Sport-Trainingscamp, wo ich auf einmal jeden Tag 2000 Kalorien mehr essen musste, um Leistung abzuliefern! Im Gegenteil, ich musste viel mehr lernen und üben, und das würde ich ja wohl meistens im Sitzen tun! Was ja unglaublich viele Kalorien verbrannte … Dieses Ultimatum ging mir dermaßen gegen den Strich und machte mich megawütend, aber ich erzählte meinem Klavierlehrer nichts davon. Was interessierten ihn schon meine Probleme zu Hause? Außerdem verstand ich es ja selber nicht. Ich machte also gute Miene zum bösen Spiel und aß immer dann ein bisschen mehr, wenn meine Eltern dabei waren, strengte mich aber beim Sport noch mehr an, um das Mehr an Energie sofort wieder auszugleichen. Ich würde nicht zunehmen, nur weil sie das wollten! Ich war ja immer noch nicht zufrieden mit meinem Körper, da musste sowieso noch ein bisschen was an Fett weg! So oft es ging versuchte ich, alleine und unbeobachtet zu essen. Zum Beispiel am Wochenende morgens, mit der Begründung, ich wäre schon so früh wach gewesen, hätte Hunger gehabt und wollte nicht so lange auf die anderen warten. Oder abends, denn zu spät essen wollte ich ja auch nicht. Mein obligatorisches Pausenbrot aß ich auch immer seltener, entweder schmiss ich es in die Mülltonne, was mir immer sehr wehtat, denn jeder normale Mensch wusste, dass man Essen nicht wegwarf. Es gibt so viele hungernde Menschen auf dieser Welt, die alles dafür geben würden, auch nur ein einziges Mal in mein Käsebrot beißen zu können, und ich blöde Nuss warf es einfach so weg! Ich überlegte fieberhaft, wie ich dieses Problem lösen konnte, und begann, es meinen Klassenkameradinnen anzubieten. Meistens fand sich tatsächlich jemand, der Hunger hatte und meinen Pausensnack dankend annahm. Das war mir sehr recht, denn ich war es los und musste kein schlechtes Gewissen mehr haben, weil es nicht verschwendet wurde. Ab und an fand ich aber keinen Abnehmer, und da kam mir die Idee, das böse Brot einfach an meinen Hund zu verfüttern, sobald ich mittags nach Hause kam. Wenn ich meine volle Brotdose wieder mitbrachte und im Kühlschrank deponierte, in der Annahme, irgendjemand würde es schon finden und essen, war der Teufel los. »Isst du jetzt nicht mal mehr was in der Schule? Du spinnst doch wirklich! Du frühstückst morgens um halb sieben und kommst um 14 Uhr nach Hause zum Mittagessen. Das sind mehr als sieben Stunden, da kannst du dich doch unmöglich richtig konzentrieren, wenn du die ganze Zeit über nichts isst! Verdammt noch mal, du bist noch im Wachstum, und auch dein Kopf braucht Energie!« – »Mir reicht es, wenn ich einen Apfel esse.« – »Ein Apfel ist gar nichts, der macht doch nicht satt! Den kannst du zusätzlich essen, aber du brauchst doch was Richtiges im Magen!« Woher wollt ihr bitte schön wissen, was ich brauche? Das weiß einzig und allein ich! In der Schule habe ich nun mal keinen Hunger! Wer die ganze Zeit nur rumsitzt und dabei nicht fett werden will, der isst auch nichts! Ich hasste diese Streitereien abgrundtief. Und liebte das Gefühl eines in der Kniekehle hängenden, knurrenden Magens, wenn es aufs Ende eines Schultages zuging, umso mehr. Das war die Bestätigung: Ich durfte jetzt bald etwas zu Mittag essen. Wieso konnte ich nicht einfach essen, was ich wollte, ohne dass es dauernd nervige Kommentare oder Ratschläge gab?

Die Zeit zur Aufnahmeprüfung rückte näher, und ich wog keine 52 Kilo. Meine Eltern machten mit mir einige Wochen vorher einen Tag in der Woche zum Wiegen aus. Montag. Fieberhaft überlegte ich, wie ich wohl an der Waage herumschummeln konnte, sodass sie jede Woche auf magische Art und Weise ein paar Hundert Gramm mehr anzeigte, während ich eigentlich weiter mein Gewicht reduzierte. Da gab es eigentlich nur eine einzige Möglichkeit: vorm Wiegen Wasser trinken. Und zwar so viel, wie nur irgendwie in meinen kleinen Magen hineinpasste. Sonntagnachmittags versteckte ich fortan eine große Flasche Wasser mit anderthalb Litern in meinem Schrank. Montagmorgens stellte ich mir den Wecker sehr früh, um mich nüchtern alleine im Bad zu wiegen, bevor alle anderen hereinspazierten. Damit wusste ich, wie viel Gewicht ich mir noch antrinken musste. Anfangs war das okay, da es nur ungefähr 500 Gramm waren, um ein bisschen »Fortschritt« auf der Waage zu zeigen. Zuerst waren meine Eltern auch ganz zufrieden, aber nach ein paar Mal wiegen wurden sie stutzig. »Da geht doch was nicht mit rechten Dingen zu! Du isst nicht anders als vor ein paar Wochen, wo soll denn dieses zusätzliche Gewicht plötzlich herkommen? Das kann doch nicht sein!« – »Natürlich esse ich mehr, wie könnte ich denn sonst jede Woche ein paar Hundert Gramm mehr haben? Könnt ihr einfach mal aufhören, mich so unter Druck zu setzen?! Ich hab schon genug Stress mit dem ganzen Zeug, was ich bis Anfang September draufhaben muss, und dann kommt ihr mit euren blöden zwei Kilo mehr! Zwei Kilo werden mich dort nicht vorm Zusammenbruch retten, wenn es stressig wird! Warum macht ihr mir es denn immer schwerer, als es eigentlich sein muss?!« Mit diesen Worten rannte ich heulend in mein Zimmer. Die ganze Welt war gegen mich! Diesen Gedanken sollte ich in Zukunft noch öfter haben.

Es wurde noch schwieriger. Mama und Papa rückten von ihrem Ultimatum nicht ab, und die Zeit wurde langsam, aber sicher echt knapp. Mein Gewicht war immer noch gleich bei 50 Kilo. Ich trank montagmorgens einen Liter Wasser auf ex und ging vorher nicht aufs Klo. Ich musste fast kotzen, so schlecht wurde mir davon. Aber: 51,5 Kilo zeigte die Waage danach an. Das, was ich wollte. Eine Woche später das Gleiche. Nicht auf die Toilette gehen und dann 1,5 Liter Wasser runterspülen. Mein Bauch und meine Blase platzten fast, ganz zu schweigen von der stundenlangen Übelkeit, die mich hinterher quälte. In der Schule rannte ich an diesen Tagen bestimmt zehn Mal auf die Toilette. Meinen Klassenkameradinnen entging das nicht, da ich auch während des Unterrichts öfter raus musste, und ich wurde irgendwann gefragt, ob ich an Blasenschwäche litt. »Nein, so was Ähnliches …«, murmelte ich vor mich hin. Knapp 52 geschummelte Kilo hatte ich am letzten Wiegetag vor der Aufnahmeprüfung. Ich war zufrieden. Wegen ein paar Hundert Gramm würde es jetzt bestimmt nicht scheitern … und genau so war es, jedoch etwas anders, als ich es mir vorgestellt hatte. In der Woche vor der Prüfung gab es mal wieder eine Familien-Krisensitzung nach dem Abendessen. Ich hasste es, wenn sie mich nach dem ohnehin für mich schon stressigen Essen baten, noch kurz dazubleiben. Jetzt würde ich mir wieder einen ewigen Monolog anhören müssen … »Hör mal zu. Wir wissen, was du gemacht hast. Wir wissen, dass du nicht 52 Kilo wiegst und immer Wasser in deinem Schrank versteckt hast. Es ist uns ehrlich gesagt ein ziemliches Rätsel, wie man es schaffen kann, so viel auf einmal zu trinken, dir muss ja hinterher schlecht gewesen sein ohne Ende. Wir sehen, mit wie viel Wille und Ehrgeiz du hinter diesem ganzen Thema stehst. Nicht nur wegen der Tatsache, dass du übst und lernst wie verrückt, sondern auch, dass du uns deswegen so hintergangen hast, was wir beide absolut nicht gut finden. Aber wir wollen dir nicht im Weg stehen. Geh da hin, mach die Prüfung, und wenn sie dich nehmen, geh deinen Weg. Wir sind nach wie vor deine Eltern und immer noch ein paar Jahre verantwortlich für dich, und wir können dir nur ans Herz legen, auf dich und deinen Körper gut aufzupassen.« Ich schluckte schwer. Damit hatte ich jetzt nicht gerechnet. Es folgte eine kleinlaute, stotternde Rechtfertigung von mir, jedoch mehr schlecht als recht. Dabei beließen wir es, und ich durfte zur Aufnahmeprüfung.

Ultranervös war ich an diesem Tag und glaubte, nur Mist aufs Papier gebracht zu haben. Beim Vorspielen war ich fast als letzte dran, was meine Aufregung nur verschlimmerte. Ich war mir ziemlich sicher, dass es in Ordnung gewesen war, aber beim Singen zitterte meine Stimme unglaublich. Ob es wohl gereicht hatte?

Ein paar Tage später bekam ich die lang ersehnte E-Mail: Ich wurde aufgenommen! Im November ging es los! Doch irgendwie zeigte ich keine Reaktion. Auf der einen Seite war ich schon irgendwie glücklich und stolz darüber, andererseits hätte es aber auch etwas Gutes gehabt, wenn ich durchgefallen wäre, schließlich hätte ich dann meinen Klavierlehrer behalten können. Aber es war nun so, wie es war, und ich freute mich mit Vorsicht und Skepsis darüber, welche Möglichkeiten sich mir nun öffneten.

Im November 2012 begann der Unterricht. Anfangs war ich voller Neugier und Vorfreude, was sich aber ziemlich schnell in Missmut wandelte. Der Montag fing schon mal an mit einem langen Nachmittag, da hatte ich Orgel- und Klavierunterricht nach der Schule. Meinen Orgellehrer mochte ich ziemlich, er war immer gut drauf und lustig, nahm es mir nie krumm, wenn ich mich verspielte, und hatte einen guten Sinn für Humor. Noch dazu lobte er mich für so viele Kleinigkeiten, von denen ich dachte, dass so was eigentlich jeder Orgelschüler können oder wissen musste. Er sagte mir, dass er sich freue, mit mir als Schülerin so schnell so weit zu kommen und wo wir wohl erst in einem Jahr wären, geschweige denn bei den Zwischenprüfungen! Und bei der Abschlussprüfung erst! Er hatte so viele wunderbare Stücke, die er schon lange keinem Schüler mehr geben konnte, weil sie sich alle nicht genug angestrengt hatten und damit ihre Prüfungen versaut hätten, aber mit mir konnte er diese anspruchsvollen Dinge endlich wieder unterrichten. Einerseits freute mich das, denn es war ja ein Kompliment. Andererseits setzte mich das auch wieder unter Druck, weil es mir vorkam, als hätte ich es immer schwerer als die anderen und wollte aber meinem Ruf als »die gute Schülerin« treu bleiben. Mit meiner neuen Klavierlehrerin kam ich überhaupt nicht klar. Von Anfang an kritisierte sie mehr als mein Orgellehrer, geschweige denn als Daniel. Lob war die absolute Ausnahme. Meine Fingerhaltung sei nicht gut, ich müsse sie viel mehr runden, und man höre es immer viel zu penetrant raus, wenn mein Daumen eine Taste drückte, was viel zu betont klang. Die Stücke, die ich als Hausaufgabe bekam, begleiteten mich wochen- und monatelang. Immer und immer wieder scheiterte ich an Kleinigkeiten, nie spielte ich es perfekt genug, um es endlich ablegen zu können. Alle Klavierstücke, die sie mir gab, kamen mir in dieser Zeit zu den Ohren raus, und ich fing an, das Üben zu verabscheuen, da es so eintönig und langweilig war. Noch nie hatte ich mich so dermaßen ans Klavier zwingen müssen. Natürlich ging ich auch fast jeden Tag in die Kirche oder Schulkapelle und spielte dort an der Orgel, was mir damals viel mehr Spaß machte als das Klavier. Dennoch herrschte die dunkle Jahreszeit, und ich hatte oft Angst, wenn ich nachmittags bei Dämmerung oder gar schon Dunkelheit alleine in der kalten Kirche saß und bei jedem Geräusch befürchtete, gleich gekidnappt zu werden. Noch dazu froren mir die Finger fast ab. Der Samstagsunterricht war unglaublich anstrengend. Es war wie ein zusätzlicher Tag Schule in der Woche, und gerade im Winter fiel mir das Aufstehen da noch schwerer als sonst.

Eines grauen Morgens lag Schnee und Eis, doch ich war spät dran, also beschloss ich, das Risiko einzugehen und mit dem Fahrrad zur Bushaltestelle zu fahren. Natürlich flog ich in hohem Bogen vom Rad, als ich um die Kurve zu fahren versuchte. Ich prallte so stark auf dem eisigen, gefrorenen Boden auf, dass ich zuerst dachte, ich wäre auf meinen blanken Knochen gelandet. Unfähig aufzustehen, blieb ich von meinem Fahrrad begraben erst mal liegen und fing an, leise zu weinen. Weniger wegen der Schmerzen, sondern eher, weil mir langsam, aber sicher alles zu viel wurde. Was musste ich mir hier eigentlich antun? Hier lag ich auf der gefrorenen Straße, samstagmorgens um kurz vor sieben. Was war das für ein scheiß Leben, dass ich jedes Wochenende Stunde um Stunde in diesem alten, miefenden Gebäude verbringen und mir irgendwelche merkwürdigen Dinge anhören musste?! Es waren zwar einige interessante Fächer dabei, wie Harmonielehre oder Chorleitung, jedoch fand ich ziemlich schnell heraus, wo meine Stärken und Schwächen lagen, und ich hasste es, Fehler zu machen. Vor allem mein Gehör war einfach noch lange nicht so gut wie das meiner Klassenkameraden, und das regte mich richtig auf, obwohl ich so viel Energie reinsteckte und zu Hause regelmäßig und viel übte. Doch es wollte und wollte einfach nicht besser werden! Mit den anderen Leuten dort verstand ich mich gut, aber Freunde fand ich trotzdem keine. Es waren immer viele Hausaufgaben zu erledigen, die meist abgegeben und benotet wurden. Manchmal war es so langweilig, dass ich wirklich im ständigen Kampf war, nicht einzuschlafen. Im Fach

Chorleitung überkam mich jedes Mal eine Heidenangst, wenn ich dran war, nach vorne zu gehen, Einsingübungen vorzumachen oder ein einfaches Kirchenlied zu dirigieren, nachdem ich nur mit einer Stimmgabel bewaffnet den richtigen Ton finden musste. Wie zum Henker sollte ich das jemals richtig können? Ich übte und übte, und doch klappte es einfach nicht! Es gab noch so viel zu lernen, und es war mein Fehler, dass ich immer nur meine Schwächen sah und mich dafür fertigmachte. Ich hatte wohl gedacht, mir würde alles einfach so zufliegen, wie schon so oft in der Schule oder beim Klavierspielen früher. Dank dem Sturz vom Rad lief ich eine knappe Woche mit einer blauen und unglaublich schmerzenden Körperhälfte durch die Gegend. Ich fühlte mich, als hätte mein Leben mich verprügelt.

An meinen Ess- und Sportgewohnheiten hatte sich zu dieser Zeit nicht wirklich etwas geändert. In der Pause beim Samstagsunterricht gab es oft Kuchen, und jeder hatte mindestens zwei belegte Brote dabei. Anfangs aß ich mein Mitgebrachtes auch, den Kuchen lehnte ich immer dankend ab, denn diese Kalorien brauchte ich ja nun wirklich nicht, und wurde dafür immer angeschaut, als sei ich eine Außerirdische. »Isst du denn gar keinen Kuchen?« – »Probier doch mal ein Stück, der ist total lecker!« – »Sicher, dass du nicht willst?« Ja, ich bin mir absolut sicher, dass ich mir keine unnötige Zucker- und Fettbombe einverleiben möchte, die spätestens morgen als Speckrolle an meinem Bauch haftet! Irgendwann ließ ich auch das Käsebrot wieder weg und nahm nur noch einen Apfel mit. Mama sah es ja sowieso nicht, ob ich mir samstagmorgens ein Brot schmierte oder nicht, denn sie war ja noch gar nicht wach, wenn ich um Viertel vor sieben aus dem Haus ging. Also kratzte ich vom Brot einfach ein paar Alibi-Krümel auf einen Teller und in die leere Brotdose, damit es so aussah, als hätte ich mir etwas Essbares mitgenommen. Ich glaubte fest daran, dass lange Essenspausen von mindestens fünf Stunden gut für die Fettverbrennung seien, und ließ auch meinen Apfelsnack irgendwann aus. Hunger hatte ich eh keinen, also wozu? Nicht nur am Wochenende, sondern auch unter der Woche in der Schule. Stattdessen aß ich ihn, wenn ich nach Hause kam, denn so war er in mein Mittagessen integriert, und ich umging eine Unterbrechung meiner Fettverbrennung vormittags. Manchmal legte ich ihn auch einfach wieder unbemerkt zurück in den Apfelkorb. Der Unterricht samstags strengte mich aber auf Dauer doch mehr an als die Schule, sodass ich immer mit schon schmerzendem Magen und vernebeltem Gehirn zu Hause ankam, was ich aber natürlich niemandem erzählte. Kein Wunder, denn mein Frühstück fiel samstags ohnehin um einiges spärlicher aus als unter der Woche. Wenn niemand dabei war, der kontrollierend in meine Müslischüssel starrte, ob auch ja ein paar Haferflöckchen vorzufinden waren, musste ich das doch ausnutzen! Ich fing an, dieses Gefühl der innerlichen Leere und des ständigen Magengrummelns zu mögen, denn es signalisierte mir, dass ich es richtig machte. Mein Körper wollte Essen, und ich verwehrte es ihm. Also musste er an die Reserven gehen, bis es eben wieder etwas gab! In anderen Worten: Ich verbrannte mein lästiges, unschönes Körperfett! Natürlich zehrte das alles an mir. Ich war ständig müde, musste mich ordentlich zur Konzentration zwingen. Aber es irgendwie anders und angenehmer zu gestalten kam mir nicht in den Sinn. Wie sollte es denn sonst gehen, ohne dass ich wieder zunahm?

Meine Alltagsroutine veränderte sich, und ich war sie noch mehr leid als jemals zuvor, konnte es aber um keinen Preis zugeben. Das hatte alles so zu sein, ich durfte mich nicht beschweren! Aufstehen, zur Schule gehen, nachmittags unter Zeitdruck Sport, Orgel, Klavier üben und natürlich die Hausaufgaben und das Lernen für die Schule abarbeiten. Nicht zu vergessen, dass mehr Essen auf gar keinen Fall drin war, auch wenn ich mehr Hunger hatte als noch vor ein paar Wochen. Das zeigte mir, dass meine Eltern wohl doch recht hatten und ich ein kleines bisschen mehr Energie brauchte, aber die Angst vor einer Gewichtszunahme war mir zu groß. Abends fiel ich wie erschlagen todmüde ins Bett, nur um am nächsten Morgen wieder das deprimierende Hamsterrad meines Lebens zu betreten. Zeit für »schöne Dinge« oder Freunde nahm ich mir nicht, das ließ mein Tagesablauf einfach nicht zu. Ohnehin wusste ich überhaupt nicht mehr, was das Wort »Freizeit« eigentlich bedeutete. Meine To-do-Liste war ellenlang, konnte ich eine Sache abhaken, kam die nächste dazu! Wo sollte ich denn »Freizeit« auch bitte schön noch unterkriegen? Dass ich damit meine ganze Jugend verpasste, wurde mir zwar immer wieder gesagt, aber es war mir egal. Ich musste lernen und üben, hatte ich mich doch für diese Nebenausbildung entschieden, also wurde das jetzt auch durchgezogen und zwar so gut wie nur irgendwie möglich! Immer wieder fragte ich mich, wie meine Eltern es denn an meiner Stelle angehen würden. Hauptsache mich ständig kritisieren und »gute« Ratschläge geben, aber selbst überhaupt keinen blassen Schimmer davon haben, was ich da eigentlich alles unter einen Hut kriegen musste!

Dennoch bekam meine Laune langsam, aber sicher depressive Züge. Dauernd bekam ich zu hören, wie miesepetrig ich durch die Gegend lief. Mein ganzes Leben machte mir so absolut keinen Spaß, das wollte ich aber um Gottes willen vor niemandem zugeben, sonst kämen nur wieder schlaue Sprüche wie: »Wir haben es dir doch gleich gesagt, dass das mit deiner Lebensweise so nichts ist, was du da angefangen hast!« So was konnte ich absolut nicht gebrauchen! Ich sah keinen anderen Weg, als es durchzubeißen bis zum bitteren Ende in drei Jahren. Mein Gewicht hatte sich wieder um zwei Kilo reduziert, ich hatte also meinen Wunsch vom niedrigstmöglichen Normalgewicht für meine Größe erreicht. 48 Kilo. Und immer sah ich noch nicht so aus, wie ich es gerne hätte! Auch wenn ich deutliche Veränderungen zu meinem Anfangsgewicht sehen konnte, immer noch war da die hartnäckige Speckrolle am Bauch, und meine Oberschenkel blieben wohl auch für immer dick und schwabbelig. Das frustrierte mich zwar, aber eine große Traurigkeit überschattete alle anderen Gefühle irgendwie noch mehr. Ich war so traurig und enttäuscht, dass mir das Klavierspielen, das ich doch mal so geliebt hatte, plötzlich überhaupt keinen Spaß mehr machte und es vielmehr eine lästige Pflicht geworden war. Niemals hätte ich gedacht, einmal diesen Gedanken zu haben, das Spielen zu hassen und am liebsten einfach aufzuhören. Für immer. Jeden Tag weinte ich still den alten Zeiten hinterher und versank in Selbstmitleid. Meine Eltern bemerkten, dass etwas ganz und gar nicht stimmte, fragten, was los war, aber ich antwortete meistens mit: »Nichts, schon in Ordnung.« Natürlich glaubten sie mir kein Wort und suchten das Gespräch, aber ich blieb stur. Bloß nichts zugeben! Sonst käme nur der blöde Spruch: »Wir haben es dir ja gleich gesagt.« Darauf konnte ich gut und gerne verzichten! Ich musste jetzt stark sein und es durchhalten! Ich wollte das, also musste ich da jetzt durch!

Ab Januar 2013 bekam ich jedoch wieder einmal im Monat Klavierunterricht bei Daniel, denn ich durfte in diesem Jahr bei den Herbstkonzerten mitspielen. Als er mich das fragte, konnte ich mein Glück kaum fassen. Wie ich das noch in meinem Alltagspensum unterkriegen würde, keine Ahnung, aber irgendetwas in mir wollte das unbedingt und nahm den zusätzlichen Zeitaufwand gerne in Kauf. Einmal pro Monat war zwar nicht so oft, aber es hob meine Laune sofort an. Plötzlich war es einfacher, all die zähen Unterrichtsstunden durchzuhalten, denn ich hatte etwas, worauf ich mich wirklich freuen konnte! Gleich in der ersten Klavierstunde bekam ich einige Noten für die Herbstkonzerte im November des Jahres. Ich konnte es kaum glauben. Wirklich und wahrhaftig, ich durfte dieses Jahr ans Klavier mit dem Chor! Stimmung und Energielevel stiegen von einem Tag auf den anderen um ein Tausendfaches, es fühlte sich so gut an, vermeintlich wieder glücklich zu sein und etwas zu haben, worauf ich mich unheimlich freute! Dennoch nagten mal wieder große Selbstzweifel an mir, ob ich das wirklich so gut konnte, wie es alle erwarteten. Natürlich würde ich mich anstrengen und mein Allerbestes geben, aber reichte das? Das Letzte, was ich wollte, war, dass ich dem Chor das Publikum vertrieb oder ihn blamierte! Wenn ich mich dauernd und offensichtlich verspielte, würden die Leute doch garantiert denken: Wie kann man einen Teenager da hinsetzen und davon ausgehen, dass sie das hinbekommt? Viel zu viele Gedanken darüber, was andere wohl denken würden, wenn ich Mist zusammenspielte. Die schlimmsten Szenarien hatte ich im Kopf, träumte sogar nachts davon, erzählte es Daniel, und er schaffte es, mich wenigstens ein bisschen zu beruhigen. Wenn er sagte, ich könne das, dann konnte ich das auch! So versuchte ich zu denken, was mir allerdings äußerst schwerfiel.

Die Nebenausbildung zog ich nach wie vor mit wenig Freude und innerlichem Widerwillen durch, dachte mir aber dabei nur, dass ich mich wohl immer noch dran gewöhnen müsste, bis es mir vielleicht doch irgendwann Spaß machte, wenn mir alles etwas leichter fiele. Doch das war ein Irrglaube. Ich übte also parallel für meinen Klavier- und Orgelunterricht und die Konzerte im November. Zehn bis zwölf Stücke als Hausaufgabe waren keine Seltenheit. Auch wenn ich für einige noch mehr als genug Zeit hatte. Insgesamt würde ich bei den Konzerten wohl neun von 15 Stücken begleiten, was schon eine ordentliche Menge für mein allererstes Konzert war! Das Spielen machte mir wieder mehr Spaß, es wurde einfacher, mich zu den Pflichten durchzuringen mit den vorfreudigen Gedanken im Hinterkopf. Ich konnte es kaum abwarten und bastelte mir einen Kalender, den ich an meinen Schrank klebte. Jeden Tag wurde ein Kästchen mit einer Zahl durchgestrichen, und so ich wusste immer, wie viele Tage es noch bis zu meinem großen Tag dauerte. Noch dazu würde es ja nicht nur ein Konzert geben, sondern zwei im Abstand von einer Woche! Ich freute mich so, so sehr und glaubte, dass mein Klavierlehrer gar nicht wusste, was für ein großartiges Geschenk er mir damit gemacht hatte.

So verging die Zeit bis zum August 2013. Es veränderte sich nichts großartig, ich lernte, übte, trieb Sport und passte nach wie vor penibel auf meine Ernährung auf. Ab und an gab es ein paar ernstere Gespräche, weil meine Eltern wussten, dass ich die 50-Kilo-Marke deutlich unterschritten hatte. Mittlerweile war ich bei 47 Kilo angelangt und wog nun mehr als zehn Kilo weniger als noch vor zwei Jahren! Es fühlte sich gut an, ein kleines bisschen mehr erreicht zu haben als eigentlich geplant, und ich wollte auch um jeden Preis so bleiben. Bei den allwöchentlichen Standpauken, in denen an meine Vernunft appelliert wurde, ich müsse doch dringend etwas ändern an meinem gestörten Essverhalten, blieb ich still. Kommentieren war ohnehin zwecklos, mir wurde doch sowieso nur das Wort im Mund umgedreht! Also ließ ich ihr Gerede einfach über mich ergehen und verzog mich, sobald es endlich vorbei war. Immer öfter stattete ich auch abends der Kirchenorgel einen Besuch ab, um den Gesprächen zu entgehen, die meistens nach dem Abendessen stattfanden, wenn Mama und Papa zusammen am Tisch saßen. Gestritten wurde wieder um die altbekannten Kohlenhydrate und einen Wiegetag in der Woche, auch um meine Ich-will-keinen-Kuchen-essen-Mentalität, was für Mama und Papa schon an echte Unverschämtheit grenzte. »Wir sind eingeladen, weil jemand Geburtstag hat und derjenige mit uns feiern möchte! Und da gehört Essen und Trinken nun mal eben dazu! Also setz dich hin und iss wenigstens ein kleines Stückchen Kuchen! Wie würdest du es denn finden, wenn du deinen Geburtstag feierst, alle dasitzen und nichts von dem essen, was du hinstellst?« – »Wie ich das finden würde? Wenn sie mir einen guten Grund nennen würden, wie ich ihn habe, fände ich das absolut nicht schlimm! Kuchen ist ungesund, voller Fett und Zucker und macht dick! Außerdem essen die meisten Leute gern Kuchen, es bin ja schließlich nur ich, die sich keine unnötigen Kalorien mehr reinpfeifen will!« Verständnisloses »Pff …« und Kopfschütteln waren das Einzige, was zurückkam. War ja klar. So fing ich an, Geburtstage und Familienfeiern, die ich einst so geliebt hatte, noch mehr zu umgehen. Ausreden wie »Ich muss lernen« oder »Ich habe noch dies und das zu tun« waren an der Tagesordnung. Ich fühlte mich wie die größte Lügnerin dabei, und wenn ich doch mal mitkam, drückte ich mich immer irgendwie ums Kuchenessen herum. Verbrachte eine gewisse Zeit auf der Toilette, stand in der Küche oder auf dem

Balkon und unterhielt mich mit meiner Verwandtschaft, huschte ins Wohnzimmer, inspizierte aufmerksam das Bücherregal oder die Hefte auf dem Couchtisch. So lange, bis ungefähr jeder mit der Süßkramschlemmerei fertig war und es nicht mehr auffiel, dass ich ohne etwas zu essen, nur mit einer Tasse Tee oder einem Glas Wasser, mit am Tisch saß. Irgendwann wurde es endlich akzeptiert. »Okay, hör zu. Du willst keinen Kuchen essen, weil es nicht in dein Programm passt. Dann ist es eben so. Ich kann absolut nicht verstehen, wie man sich so kasteien kann und auf so viele schöne Dinge im Leben verzichtet wie du. Und damit meine ich nicht nur das Essen, sondern auch dein soziales Leben. Deine Tagesabläufe sind immer gleich: Schule, lernen, üben, Sport. In den Ferien eben keine Schule, aber dann lernst und übst du trotzdem den ganzen Tag und triffst dich so gut wie nie mit anderen oder gehst mal weg. Ich weiß, du hast viel zu tun, aber du kannst doch nicht Tag und Nacht immer nur für deine Pflichten da sein und deine ganze Jugend verpassen! Du lebst doch gar nicht mehr!« Wenn es aber nicht anders ging? »Mein Leben und meine Freizeit sind momentan auf der Prioritätenskala ganz unten, ich hab nur eins zu tun: zusehen, dass ich das Orgelding durchkriege, und hinterher geht's schon mit großen Schritten auf das Abi zu! Wie stellt ihr euch das eigentlich vor? Außerdem habe ich etwas, worauf ich mich sehr freue, und das nennt sich Herbstkonzerte im November.« – »Du verstehst nicht, wie ich das meine.« – »Oh doch, das tue ich. Lasst mich doch einfach in Ruhe mein Ding machen. Warum meckert ihr alle immer nur an mir herum? Das macht es nicht leichter für mich! Außerdem habt ihr keine Ahnung von gar nichts!«

Im August ging es dann auch schon direkt auf die ersten Zwischenprüfungen nach dem ersten Jahr zu. Ich wollte mich enorm anstrengen, um das bestmögliche Ergebnis zu erzielen, doch es kam alles ganz anders. Ich setzte mich so unter Druck, dass meine Gedanken nur noch um dieses Thema kreisten, Tag und Nacht. Dauernd juckten mir die Füße, ich kratzte mich überall, manchmal auch blutig, biss mir die Fingernägel ab, hatte nachts Albträume, tagsüber dauernd das Kopfkino, was alles passieren könnte, es wäre ein Weltuntergang, wenn ich durchfiele! Noch dazu rückten meine lang ersehnten Konzerte immer näher, somit auch die Orchesterproben, denn es spielten noch ungefähr zehn andere Instrumente mit. Ich konnte die Stücke fast auswendig, und meine Aufregung stieg mit jedem Tag. War ich dazu fähig, mich in ein kleines Orchester einzugliedern, ohne zu viele Fehler zu machen? Verdammt, es war eine riesige Aufgabe für mich. Vielleicht auch zu riesig. Oder hatte ich sie mir zu riesig gemacht?

Anfang September 2013, ein grauer, trister Montag. Schule geschafft, genauso wie der furchtbar öde Orgel- und Klavierunterricht. Wieder hat sie nur gemeckert, was ich alles falsch mache, mich fast schon angeschrien! Ich komme mir so blöd vor. Bei Daniel denke ich immer, ich kann wenigstens ein bisschen was, aber dort? Ich will da nicht mehr hingehen müssen! Aber ich muss es noch ganze zwei Jahre aushalten … wie soll ich das nur alles schaffen? Wieso hat mir niemand gesagt, dass es so viel und so schwer wird? Warum können die anderen alles besser als ich? Bitte, ich kann nicht mehr … ich will nicht mehr … lasst mich alle in Ruhe … so stehe ich einfach nur im leeren Hausflur, als ich heimkomme. Niemand ist zu Hause. Mitsamt meiner Schultasche auf dem Rücken sinke ich auf den Boden und fange an zu weinen. Druck. Druck. Druck. Ich muss. Ich muss. Ich. Muss. Da. Durch. Muss. Das. Schaffen! Für was und für wen eigentlich? Für mich? Keine Ahnung, ob ich das noch für mich will. Plötzlich eine kalte Schnauze an meinem Gesicht. Cara war gekommen, um mich zu trösten. Liegen bleiben. Hier. Für immer. Ich brauche minutenlang, um mich aufzurichten, aufzustehen und wieder neue Kraft zu sammeln. Was ich mir im Übrigen auch nur einbilde, denn Kraft habe ich eigentlich keine mehr. Zu viel. Zu viel Druck. Ich kann das nicht mehr! Aber irgendwie muss es doch gehen …

Genau an diesem Abend suchte mein Papa mal wieder das Gespräch mit mir. Das fehlte mir gerade noch. Eigentlich müsste ich für Geschichte lernen, und meine Hausaufgaben in Harmonielehre wollte ich auch erledigt haben! Noch dazu an meinem Gehör arbeiten. Aber er ließ sich nicht davon abbringen, so sehr ich ihn auch abzuwimmeln versuchte. Ich erwartete unter angsterfülltem Herzrasen und Schweißausbruch einen Monolog von wegen: »Uns ist mal wieder aufgefallen, dass du dich noch einseitiger ernährst und deine Hosen noch mehr schlackern. Wir wollen dein aktuelles Gewicht wissen.« Aber stattdessen sprach er mit mir über das ganze Musikthema. »Es ist deine Sache und deine Entscheidung. Du wolltest da hin, du bist hingekommen. Du kannst es durchziehen oder nicht. Wir zwingen dich nicht dazu. Wegen uns musst du das alles nicht machen. Und auch nicht wegen Oma und Opa, auch wenn sie dir dauernd sagen, wie sehr sie sich freuen, wenn du mal am Sonntagmorgen die Orgel in der Kirche spielst. Deine körperliche und psychische Gesundheit gehen vor. Beides leidet momentan ganz gewaltig unter dem Stress, den du hast und den du dir zum Teil aber auch selber auferlegst. Den Perfektionismus hast du wahrscheinlich von mir. Ich sehe das, glaub mir. Du hast immer Angst, nicht gut genug zu sein, und machst dir zu viele Gedanken darum, was andere wohl über dich denken. Es geht dir überhaupt nicht gut, auch wenn du das behauptest, wenn man dich fragt. Du bist traurig, gestresst, knochig, leichenblass, lachst nicht mehr. Wieso tust du dir das an? Wir können dir die Entscheidung nicht abnehmen, aber bitte überleg wenigstens, ob es dir das wirklich wert ist! Ob du das tatsächlich durchziehen willst zu diesem Preis und wenn ja, für wen oder was. Es ist nicht zu spät, die Reißleine zu ziehen, du kannst jederzeit aufhören! Man muss im Leben nicht alles durchbeißen, was man anfängt. Fehlentscheidungen gehören dazu, und manche lassen sich sogar korrigieren. Deine Mutter und ich möchten einfach nur, dass es dir gut geht.« Mit diesen Worten verließ er mein Zimmer, und ich hatte absolut keinen Kopf mehr fürs Lernen.

Insgeheim musste ich zugeben, dass mein Papa recht hatte. Ich hatte das Kirchenmusikding angefangen, weil mir einige Menschen, die ich mochte und denen ich vertraute, gesagt hatten, sie glaubten, es sei etwas für mich. Dass es mich musikalisch weiterbringen könnte. Diese Menschen hatten es einfach nur gut gemeint, es war ja nicht ihre Schuld, dass es mir heute so ging! Und wenn ich ganz ehrlich zu mir selbst war: Es machte mir absolut keinen Spaß. Das hatte ich von Anfang an gemerkt, doch wollte es nicht wahr haben. Nächsten Samstag stand die erste Prüfung nach dem ersten Jahr an, und immer noch glaubte ich, in der Eingewöhnungsphase zu sein und dass es mir schon irgendwann noch Spaß machen würde. Wie blind und blöd war ich eigentlich? Schon viel früher hätte ich merken müssen, dass die ganze Sache einfach nicht meine Welt war! Ich stellte mir plötzlich vor, wie es wäre, aufzuhören. Einfach so, von heute auf morgen. Wie viel mehr Freiheit ich da wieder hätte! Ein angenehmes Gefühl der Erleichterung durchzog mich. Dann die Vorstellung, wie es wäre, es noch zwei Jahre lang durchzuziehen. Da krampfte sich mein Magen schon zusammen, das Schwere- und Engegefühl nahm wieder zu. Okay, es war Zeit, eine Entscheidung zu treffen, denn so konnte es definitiv nicht weitergehen! Ich hielt das nicht mehr aus! Gedankenrattern. Vorhin habe ich eine Viertelstunde lang auf dem Boden gelegen, habe geheult wie ein Schlosshund, weil ich doch eigentlich weiß, dass das alles zu viel für mich ist und ich restlos überfordert bin … Wieso sollte ich es für andere durchziehen, nur damit diese Menschen stolz auf mich sind? Das ergab keinen Sinn. Nachdenklich schlief ich ein, nahm mir vor, die nächsten Tage noch einmal gründlich darüber nachzudenken, doch eigentlich war meine Entscheidung schon gefallen.

Vielleicht hatte ich das gebraucht. Einfach gesagt bekommen, dass es okay war, aufzuhören und mir vor Augen zu führen, wie schlecht es mir eigentlich bei der ganzen Sache ging und wie wenig Freude ich noch am Leben hatte. Als ich am nächsten Morgen aufwachte, wusste ich es wirklich. Mein erster Gedanke war glasklar:

Ja, es ist richtig, aufzuhören. Trotzdem wartete ich noch ein paar Tage ab, ob sich dieser Entschluss auf Dauer gut anfühlen würde, denn ich wollte nichts überstürzen, was ich später eventuell bereuen würde. Doch mit jedem Tag fühlte es sich besser und richtiger an, alle Zweifel fegten sich aus meinem Kopf. Am nächsten Samstag würde ich das letzte Mal zum Unterricht gehen, die Prüfung nicht ablegen, sondern allen verkünden, dass ich gehen würde.

Natürlich hatte ich ein bisschen Schiss, wie meine Großeltern wohl darauf reagierten, denn ich wusste, wie sehr sie sich freuten, dass ich so wie mein Cousin das C-Examen machen wollte. Sie waren sehr religiös, gingen jeden Sonntag in die Kirche, sangen im Kirchenchor und beteten vor jedem Essen. Enttäuscht über meinen Abbruch würden sie wahrscheinlich sein, aber meine Entscheidung trotzdem akzeptieren müssen. Schließlich war ich immer noch ihre Enkelin, die sie auch geliebt hatten, bevor sie auf die Idee kam, Orgel spielen zu lernen! Mama und Papa zeigten sich sichtlich erleichtert über meinen Sinneswandel und glaubten so wie ich, dass von nun an alles besser werden würde. »Es ist keine Schande, eine Fehlentscheidung zu korrigieren. Und du hast ja auch ein paar Tage lang überlegt. Du hast garantiert die richtige Entscheidung für dich getroffen!« Jetzt konnte ich mich auch ganz in Ruhe auf meine heiß ersehnten Herbstkonzerte mit dem Chor freuen, ohne die ganze Zeit über Orgel- und Chorleitungsgedanken im Hinterkopf zu haben. Auf Daniels Reaktion war ich auch sehr gespannt, ich war mir hundertprozentig sicher, dass er mir ausreden wollte, aufzuhören. Doch da hatte ich mich mal wieder geirrt. Er fand es völlig okay. Wenn es mir keinen Spaß machte und ich mich nur unter Druck setzte, hatte es absolut keinen Sinn, das Ganze noch mal zwei Jahre lang durchzubeißen. Meine Entscheidung war endgültig gefallen.

Am folgenden Samstag reagierten alle ziemlich bestürzt. Meinen Mitschülern sagte ich es noch vor der anstehenden Prüfung. Nachdem sie mich mit den Warum-Fragen gelöchert hatten, kam die Verständnislosigkeit. »Du bist doch so gut! Du kannst doch jetzt nicht einfach so abbrechen!« Ha ha. Dass ich nicht lache. Klar konnte man nicht überall die Beste sein, aber ich erklärte ihnen, dass es mir einfach keinen Spaß machte und ich es unter gar keinen Umständen noch länger durchziehen konnte, geschweige denn wollte. Dann verstanden sie es endlich so halbwegs. Den Lehrern war der Schock ins Gesicht geschrieben, wollten sie mich an dem Tag doch eigentlich prüfen, und ich betrat den Raum mit einer völlig anderen, gelassenen Absicht. Es war schon fast witzig, ihre fassungslosen Gesichter zu sehen. Auch hier pure Verständnislosigkeit. »Aber du bist doch eine von den Besten!«, »Du hast so viel Potenzial!«, »Tu das nicht, du wirst es bereuen!«. Oh nein, garantiert würde ich das nicht! Dann kam der Vorschlag, zumindest die Prüfungen vom ersten Jahr noch abzulegen, denn falls ich irgendwann doch wieder einsteigen wollte, könnte ich direkt ins zweite Jahr, ohne noch mal das Erste wiederholen zu müssen. Doch ich lehnte tiefenentspannt und entschlossen ab. Bestimmt vier oder fünf Mal versuchten sie alle, mich noch irgendwie rumzukriegen, aber ich verneinte scheinheilig dankend und lächelnd. Als würde es denen oder mir wirklich so leidtun! »Es tut mir leid, aber ich möchte nicht. Wirklich nicht! Und ich weiß, ich werde nicht wieder anfangen wollen. Ich habe gemerkt, dass das alles hier einfach doch nicht mein Ding ist. Das hätte ich schon viel früher sehen sollen, aber lieber jetzt als nach dem zweiten Jahr oder noch später.« Immer noch lange Gesichter, aber zwingen, hierzubleiben, konnten sie mich ja wohl kaum. Somit entließen sie mich also und beteuerten noch mindestens zehn Mal, wie schade es doch war, aber letztendlich lag der Entschluss ja bei mir. Befreit wie nie stolzierte ich gefühlte 100 Kilo leichter aus dem Unterrichtsgebäude. Und sah nicht mehr zurück. Kein einziges Mal. Auf in die Freiheit! Dass das mal wieder ein Trugschluss war, sollte ich jedoch erst später erfahren.

KAPITEL 3

NUR NOCH ZWÄNGE, ZAHLEN UND MUSIK?

Nun hieß es: volle Kraft voraus Richtung Konzerte! Ich übte meine Stücke wie verrückt, genoss aber auch meine neu gewonnene Freizeit wieder. Endlich konnte ich abends mal wieder mit meiner Familie einen Film schauen, hatte wieder Zeit zum Lesen oder einfach nur Schlafen. All das, was das ganze letzte Jahr über zu kurz gekommen war. Aufregung und Vorfreude stiegen mit jedem Tag, ich hatte auch schon ein schwarzes Konzertkleid bekommen und hohe Schuhe, auf denen ich fast jeden Tag laufen übte. Schließlich wollte ich ja nicht über die Kabel fallen, wenn ich zur Bühne lief! Das Kleid liebte ich, noch nie hatte ich Anlass dazu gehabt, so etwas Schönes zu tragen. Skeptisch beäugte ich mich im Spiegel. Es sah schon nicht schlecht aus, aber mit Sicherheit würde es noch besser aussehen, wenn ich noch ein kleines bisschen schmaler wäre, vor allem meine Arme könnten noch etwas straffer werden! Zu dieser Zeit wog ich immer noch 47 Kilo. Ich rechnete online meinen aktuellen BMI aus und schaute dann, wie weit ich noch runtergehen konnte, ohne im Untergewicht zu sein, und fand heraus, dass alles unter einem BMI von 17,5 als magersüchtig galt. Das wollte ich nicht, aber leicht drüber war dann ja wohl noch in Ordnung, wenn vielleicht auch etwas wenig. Aber immer noch nicht im gravierenden Untergewicht, also wieso nicht, wenn es noch besser aussehen würde? Neues Ziel: 45 Kilo! Zwei Kilo innerhalb eines Monats abzunehmen, war ja wohl kein Hexenwerk! Ich musste mir nur wohlbedacht überlegen, wie ich das anstellte, denn meine Eltern durften das auf gar keinen Fall mitbekommen. Sonst würden sie ihre Drohungen wirklich wahrmachen, und ich musste regelmäßig zum Psychodoktor gehen, weil ich ja ach so stark untergewichtig war, jeden Moment vom Fleisch fallen könnte und überhaupt kurz vorm Tod stand! Innerlich rollte ich die Augen über ihre meiner Meinung nach dermaßen übertriebenen Sorgen. Außerdem googelte ich Bilder von magersüchtigen Frauen und sah, dass die ja um einiges bedrohlicher aussahen als ich. Neben denen war ich ja die Gesundheit in Person! Selbst mit zwei Kilo weniger würde ich nicht so schlimm aussehen wie die! Ach was, selbst mit zehn Kilo weniger wäre alles noch in Butter! Was sollte die permanente Angstmache von meinen Eltern, die hatten ja überhaupt keinen Plan, wer da draußen so herumlief!

Also versuchte ich, meine Sporteinheiten auszuweiten. Mittlerweile hatte ich meine Laufstrecke um mehr als das Doppelte erweitert, ging dafür aber »nur« noch dreimal pro Woche für 45 Minuten, denn ich spürte deutlich, dass die Regeneration notwendig war. Von nun an wurde eben viermal gejoggt, und bei jeder Einheit wurden noch 15 Minuten drangehängt, sodass ich auf eine Stunde kam! Am besten immer unauffällig aus dem Haus gehen, sodass Mama es nicht merkte. Denn wenn sie nicht wusste, wann ich losgelaufen war, fiel es ihr auch nicht auf, dass ich länger unterwegs gewesen war als sonst, wenn ich zurückkam. War Mama nachmittags mal weg, nutzte ich diese Zeit für eine vierte oder sogar fünfte Laufeinheit. Ein guter Plan, fand ich, der so halb aufging. Trotzdem kamen skeptische Fragen wie: »Sag mal, denkst du nicht, dass du es ein bisschen übertreibst mit dem Sport? Du warst doch gestern erst joggen und gehst heute schon wieder?« Manchmal log ich und antwortete, gestern pausiert zu haben, doch meistens ließ ich die Fragen und Anmerkungen unkommentiert. Es würde sowieso nur wieder Streit geben …

Als das Wetter wieder herbstlicher und regnerischer wurde, nutzte ich den Crosstrainer im Schlafzimmer meiner Eltern meistens dann, wenn niemand zu Hause war, denn wenn sie meine wilde

Strampelei mitbekamen, war oft genug der Teufel los. »Na, alles abtrainiert für heute? Wie lange warst du jetzt da oben? Wenn du später nichts Handfestes isst, ist der Crosstrainer ab sofort tabu für dich!« Pff, dann geh ich eben im Regenwetter raus … ihr könnt mich nicht am Stuhl anketten! Ich kann Sport treiben, wie und wann ich will, das habt ihr mir nicht vorzuschreiben! Aus Angst, dass Papa das Gerät doch wegsperrte, aß ich dann doch hin und wieder etwas mehr. Was mich aber natürlich nicht davon abhielt, die Trainingseinheiten noch länger und intensiver zu gestalten, schließlich musste das dann wieder verbrannt werden! Ich entdeckte das Intervalltraining, experimentierte mit verschiedenen Programmen und war überrascht, wie anstrengend ein bisschen Variation im Training sein konnte! Doch bevor das Display nicht mindestens 500 verheizte Kalorien anzeigte, durfte ich nicht absteigen! Weiter, weiter, immer weiter! Egal, wie sehr du schwitzt und schnaufst, du musst das durchhalten! Denk an den blöden, großen Haufen Reis beim Mittagessen! Kohlenhydrate, die morgen als Fett an dir kleben, wenn du nichts dagegen unternimmst! Und die Sahne in der Tomatensoße erst … ha, dir zeig ich's! Du machst mich nicht dick! Mit solchen Gedanken trat ich die Pedale schneller und schneller, keuchte mich klatschnass geschwitzt Minute für Minute durch. Die Sekunden vergingen im Schneckentempo … nahm das denn gar kein Ende? Immer noch 15 Minuten … egal, je länger und anstrengender, desto mehr Kalorien sind weg! Stell dir vor, du würdest das ganze Mittagessen verbrennen … das wäre doch mal was! Auf dem kleinen Fernseher schaute ich irgendwelche Serien oder DVDs, was mich auf Dauer aber trotzdem anödete, mich kaum von der Anstrengung ablenken konnte und mich vor allem an die schweren Sportanfänge erinnerte. Meine Laune sackte mal wieder in den Keller. Ich war so schlecht und untrainiert! Dennoch fühlte ich mich nach dem Sport immer besser und versuchte, mir das Gefühl danach in den Kopf zu rufen, wenn ich mal wieder keine Motivation hatte, loszulaufen. Meistens half das auch. Zumindest ein kleines bisschen. Egal ob motiviert oder nicht, ich ging ja sowieso! Das schlechte Gewissen, ohne triftigen Grund einmal nicht laufen gewesen zu sein, würde mich sonst am nächsten Tag zugrunde quälen.

Der Ess-Wahnsinn nahm seinen weiteren Lauf. So wenig Kohlenhydrate wie nur irgendwie möglich, am besten auch noch möglichst viel Fett sparen, um auch ja im Kalorienminus zu sein! Eiweiß war nach wie vor okay, denn das verbrannte ja schon während der Verstoffwechselung Kalorien und sorgte dafür, dass ich meine Muskeln und somit meine Energieverbrenner behielt. Naturjoghurt oder Quark mit Obst und so wenigen Haferflocken wie nötig wurde meine Standardmahlzeit. Morgens und abends. Egal, ob ich gezwungenermaßen Brot essen musste, der Joghurt musste um jeden Preis mit dazu. Damit fühlte ich mich sicher, nicht zu viele Kalorien, gesund, eiweißreich und hielt mich recht lange satt. »Schon wieder dieser Joghurt, das ist doch so eintönig! Iss doch mal was anderes! Oder einfach noch eine Scheibe Brot, wenn du noch Hunger hast!« Versuchte ich zu erklären, dass morgens Marmeladenbrot und abends Käsebrot mindestens genauso eintönig waren, entfachte ich damit nur wieder Zoff und Ärger. Also hielt ich besser die Klappe, wie immer. Die obligatorischen Brotscheiben wählte ich unter der Woche morgens mit noch mehr Bedacht, die allerkleinste und dünnste musste es sein und bloß nicht zu viel Aufstrich drauf! Wenn Mama nicht schaute, aß ich es einfach blank. Manchmal steckte ich es auch stückchenweise in meine Hosentasche, um es danach in der Toilette runterzuspülen. Wer brauchte bitte dieses blöde Brot? Mir reichte meine Joghurt-Schale! In der Schule verschenkte ich mein Pausenbrot nach wie vor oder verfütterte es an Cara, beim Mittagessen blieb mir nichts anderes übrig, als von dem zu essen, was Mama kochte, wenn ich nicht wollte, dass die sowieso schon aufgeladene Stimmung völlig eskalierte. Doch auch hier versuchte ich, wenigstens ein bisschen was einzusparen, indem ich das Gemüse um die Soße herum rausfischte, den Salat am Schüsselrand vom Dressing ausdrückte und kaum Platz für kohlenhydrathaltige Dinge auf dem Teller ließ, die ich aber dann zum Schluss gut sichtbar auf dem Gemüse platzierte, um auch ja klar und deutlich zu zeigen, dass ich auch von den »bösen« Lebensmitteln aß! Soßen blieben mehr oder weniger auf dem Teller liegen, und jeder Bissen, an dem auch nur etwas Öl klebte, wurde mit größter Sorgfalt so lange hin- und hergeschoben, bis vom glänzenden Fett nicht mehr viel übrig war. Oder ich drückte jede Gabel voll Essen einfach kurz in meine Serviette, wenn alle in ihre Teller vertieft waren. Manchmal steckte ich mir langsam fast alles an Reis, Nudeln oder Kartoffeln auf einmal in den Mund, kaute ewig lange darauf herum, schob es zwischen meinen Backen hin und her, schaute verstohlen in die Gesichter meiner Familie und verschwand dann schnell auf der Toilette, wo ich den Speisebrei in der Kloschüssel versenkte. Die Logik war: alles rein, was ich eigentlich gar nicht essen wollte, sehr lange im Mund lassen, sodass jeder normale Mensch dachte, ich hätte schon längst geschluckt, dann aufs Klo und ab in die Versenkung mit dem giftigen Zeug! Doch dieses Manöver ging nicht lange gut. Papa kam schnell dahinter und verkündete mir, dass ab sofort während des Essens Toilettenverbot für mich herrschte. Na super. Wenigstens hatte ich es probiert. Abends versuchte ich, so oft es ging, alleine zu essen, mit der Begründung, ich hatte ja vorhin Sport gemacht und dadurch jetzt Hunger, und ich konnte auf keinen Fall warten, bis Papa um halb acht nach Hause kam. Bloß nicht zu spät essen! Es war immer dieselbe Diskussion um das Abendbrot. Ich weiß nicht, wie oft meine Eltern den Satz sagten: »Iss doch bitte noch wenigstens ein kleines Stückchen Brot! Das schadet dir nicht, ganz im Gegenteil!« – »Deinen Joghurt kannst du zusätzlich essen, aber es gibt bei uns nun mal abends Brot. Jeder isst etwas davon, und ich gebe mir immer Mühe, dass es nicht langweilig wird. Kaufe diese und jene Wurst, immer mal wieder anderen Käse oder Aufstriche. Das schmeckt alles sehr lecker, und du kannst das ruhig auch essen!« Wenn ich aber nicht wollte? Brot machte fett! Und das wollte ich um keinen Preis mehr werden! Verstanden sie das denn nicht? Ich würde kein Brot mehr essen, nur damit Mama und Papa zufriedengestellt waren! Ich. Will. Das. Nicht! Als meine Eltern mit ihrer Argumentation irgendwann nicht mehr weiterkamen, beließen wir es bei einem Kompromiss, dem ich auch nur widerwillig zustimmte. Wenn schon kein Brot, dann aber eine ordentliche Menge Haferflocken! Jedoch nahm auch diese Menge stetig ab, und wenn niemand da war, um meine Mahlzeit kritisch zu beäugen, aß ich auch keine. Damals machte ich mir auch noch mal Gedanken um meinen Fleischkonsum. Eiweiß war ja schön und gut, aber ich hatte ja schon oft gehört und gelesen, dass speziell rotes Fleisch sehr ungesund sein sollte. Noch dazu war es meist voller Fett, sprich unnötigen Kalorien, und so beschloss ich, ab sofort nur noch Geflügel und Fisch zu essen, fettarm und eiweißreich! Irgendwann ließ ich auch das weiße Fleisch sein, denn ich sah keinen Sinn mehr darin. Es war nie mein Lieblingsessen gewesen, ich konnte leicht darauf verzichten, brauchte es einfach nicht. Also warum sollte ich es noch essen und mich an der Tierschlachtung beteiligen? Die ganze Sache mit der Massentierhaltung ekelte mich auch dermaßen an, wobei ich wusste, dass in unserer Familie so etwas nicht auf den Tisch kam. Trotzdem konnte ich das mit meinem Gewissen nicht mehr vereinbaren. Fisch aß ich aber nach wie vor, den gab es bei uns eh nur einmal in der Woche, und immer nur Joghurt, Quark, Käse und Eier als Eiweißquellen zu haben, fand ich etwas langweilig. Außerdem war Fisch ja viel gesünder und kalorienärmer als Fleisch!

Dann kamen die Herbstferien 2013, in denen Mama für einige Tage auf Chorreise war. Wir bekamen alle unsere Aufgaben zugeteilt, denn Papa war tagsüber ja arbeiten. Trotzdem erledigte ich das meiste, denn meine Geschwister waren damals stinkfaul, und irgendwann war ich es schlichtweg leid, sie immer wieder an ihre Pflichten zu erinnern. Wenn ich es selber machte, war es wenigstens getan, und zusätzlich kam noch etwas mehr Aktivität meinem Kalorienkonto zugute! Diese Tage waren anstrengend, denn ich war nahezu ununterbrochen auf den Beinen, putzte, kochte, bereitete das Essen vor, räumte auf, ging mit Cara spazieren, übte meine Konzertstücke und zog noch mein Sportprogramm durch. Dennoch genoss ich es, weil ich endlich mal nur das essen konnte, was ich wollte, ohne drohenden Blicken und Kommentaren ausgesetzt zu sein. Und so erreichte ich auch dieses Ziel. Kurz vor den Konzerten wog ich 45 Kilo, schaute in den Spiegel und war das erste Mal so richtig zufrieden. Der ganze Bauchspeck war endlich weg, wenn auch keine wirklich sichtbaren Bauchmuskeln, aber das war mir jetzt egal, Hauptsache die letzte überschüssige Fettrolle war verschwunden und der Bauch flach! Meine Oberschenkel – viel besser, sie berührten sich beim Gehen endlich nicht mehr! Wie lange hatte ich mir das gewünscht … Die Arme – wenn ich sie bewegte, schwabbelte da auch nichts mehr. Rückansicht – auch gut, und oh! Wenn ich mich vorbeugte, kam die Wirbelsäule deutlich zum Vorschein! Das erschreckte mich zuerst, doch schon im nächsten Moment gefielen mir die sichtbaren Knochen. Das war harte Arbeit gewesen, die freizulegen! Also durfte man sie auch ruhig sehen. Das zeigte nur, wie diszipliniert ich war! Auch mein Gesicht war schmaler geworden, endlich. Kein Doppelkinn mehr, wenn ich nach unten schaute, kein rundes Mondgesicht mehr inklusive Hamsterbacken, und auch mein Schlüsselbein zeichnete sich nun deutlich ab, auch an meinen Schultern. Und war meine einst so breite Nase nicht auch schmaler geworden? Das ist gut, so kannst du bleiben, dachte ich in tiefster Zufriedenheit und war äußerst begeistert von meiner erfüllten Mission. Noch dazu, weil Mama und Papa nichts von dieser Aktion gemerkt hatten. Gut, ich hatte Glück, da ich ja zumindest fast eine Woche lang unbeobachtet treiben konnte, was ich wollte, und außerdem war ja nun auch wieder die Jahreszeit, um lange Hosen, dickere Pullover und Jacken anzuziehen, was natürlich auch einiges kaschierte.

Doch meine Eltern bemerkten trotzdem ziemlich bald, dass ich schon wieder weniger geworden war, und sprachen mich direkt darauf an. Ich verneinte jedoch, erwiderte, ich hätte mich seit Wochen nicht gewogen und keine Ahnung von meinem aktuellen Gewicht. Das war natürlich alles andere als glaubwürdig, und schon am nächsten Morgen wurde ich auf die Waage gezerrt. Wie ich dieses Gerät und die Bloßstellung hasste! 45 Kilo zeigte diese an, und ich tat ganz erschrocken, als hätte ich überhaupt keinen blassen Schimmer, wie das nur passieren konnte. »Ich weiß wirklich nicht, wie das zustande gekommen ist, vielleicht durch die Aufregung auf die Konzerte? Aber so schlimm ist es jetzt auch wirklich nicht, schau mal, wenn ich meinen BMI ausrechne, komme ich auf 17,5. Das ist immer noch in Ordnung und …« Ein lauter Schrei unterbrach mich. »DU WIEGST 45 KILO! DAS IST UNTERGEWICHTIG! DU HAST EINE ESSSTÖRUNG UND SEHR WOHL EINE AHNUNG, WIE DU DAS HINBEKOMMEN HAST!«

Schluck. So ein Mist aber auch! »Sag mal, denkst du, wir sind blöd? Wir haben gemerkt, dass du immer öfter alleine isst, und als deine Mutter weg war, hast du vermutlich auch ziemlich wenig gegessen, was ich ja meistens leider nicht sehen konnte!« – »Das stimmt nicht, ich habe so gegessen wie vorher auch, als es noch zwei Kilo mehr waren.« – »Hör auf zu lügen! Ich habe keine Lust mehr auf Streitereien! Du siehst so aus, als wäre die Pest ausgebrochen, und es geht immer weiter runter! Immer weiter! Wie weit denkst du das noch zu treiben?! Nach wie vor sind wir deine Eltern und haben die Verantwortung für dich, was im Klartext bedeutet: Wenn du so weitermachst, werden wir entsprechende Schritte in die Wege leiten, ob du willst oder nicht!« – »Was für Schritte denn?« So eine blöde Frage, die konnte ich mir ja wohl auch selbst beantworten. Wahrscheinlich eine Magersuchtsklinik. »Wenn du so weitermachst, gehst du in ambulante Therapie!« Na klasse, das musste ja wohl nicht sein. Wenigstens nicht gleich Klinik. Doch jetzt wurde ich auch langsam sauer. »So ein Quatsch, ich bin nicht magersüchtig! Ich brauche keinen Psychodoktor! Ich habe lediglich ein paar Kilo abgenommen, weil ich noch bis vor zwei Jahren ziemlich mopsig war und ich das nicht mehr wollte! Wisst ihr, wie schrecklich ich mich gefühlt habe?! Habt ihr auch nur die leiseste Ahnung davon?! Nein, habt ihr nicht! Ich war so ekelhaft dick! Weil ihr mich alles habt futtern lassen! Was ist daran so schlimm, dass ich es geschafft habe, mich endlich wohler zu fühlen in meinem Körper?! Jetzt bin ich endlich da, wo ich mir selber gefalle, und ich möchte so bleiben!« Meine Stimme brach vor lauter Aggressionsgeschrei. Papa schwieg eine Weile. »Na gut, es ist dein Körper und dein Leben, das du dir kaputt machst. Du siehst nicht gut aus, dabei bleibe ich. Du bist 16 Jahre alt, hast aber den Körper einer Zwölfjährigen! Mit deinem Diätwahnsinn hast du deine Pubertät gestoppt, fällt dir das denn gar nicht auf? Noch dazu hast du hormonelle Störungen, das sind Warnsignale deines Körpers! Deine Mutter sagt, deine Periode bleibt seit einer gewissen Zeit aus, du frierst dauernd, hast Gänsehaut, Flaum auf den Armen, bist immer müde und machst keinen lebendigen Eindruck! Wir können dabei nicht auf Dauer tatenlos zusehen! Also sei sicher, wenn du so weitermachst, passiert etwas. Und zwar schneller, als dir lieb ist!« – »Soll das jetzt eine Drohung sein?!« Mein Herz raste bei solchen Auseinandersetzungen immer wie verrückt, ich begann zu schwitzen, wurde immer hysterischer, aggressiver. »Ja, so ungefähr. Ich weiß, was dir diese Konzerte bedeuten, und ja, vielleicht hast du wirklich recht und durch die Aufregung sind dir noch mal zwei Kilo flöten gegangen. Wenn das aber immer so ist, wenn du vor irgendetwas aufgeregt bist, dann ist bald nichts mehr von dir übrig!«, antwortete er. Verständnislos schüttelte ich den Kopf. »Ihr übertreibt es echt! Zum letzten Mal: Ich habe kein Untergewicht! Ich bin nicht krank! Es gibt Menschen, die noch schmaler sind als ich, und die sind gesund! Hast du schon jemals eine Magersüchtige gesehen? Da bin ich noch mehr als meilenweit von entfernt!« – »Komm nicht immer von dir auf andere zu sprechen! Du hast dich so krass negativ verändert! Wir sind deine Eltern und du bist unser Kind, wir haben noch für zwei Jahre die volle Verantwortung für dich! Wir lieben dich und wollen nur dein

Bestes!« Mit diesen Worten war das »Gespräch« beendet, und ich fühlte mich mal wieder wie der schlechteste und unliebenswürdigste Mensch auf der Welt. Stolz auf mich, das 45-Kilo-Ziel erreicht zu haben, aber schuldig, weil sich meine Eltern wegen mir so viele Sorgen machten. Die Sorgen waren für mich allerdings völlig unbegründet, denn ich würde ja nicht noch weiter abnehmen! Von 58 auf 45, das waren 13 Kilo. Genug. Das wusste ich. Wenn ich ganz genau hinschaute, sah ich zwar immer noch Problemzonen und ein bisschen Fett, wie zum Beispiel die Innenseite meiner Oberschenkel, aber das war wohl einfach genetisch so festgelegt, dachte ich. Da komme ich einfach nicht ran, wenn ich nicht wirklich wie ein Skelett aussehen möchte! Also lass ich das eben bleiben und versuche, mein Gewicht auf diesem Level zu halten! Mit der Zeit würde ich schon herausfinden, wie das Verhältnis von Sport und Essen dafür sein musste. Und meine Periode … die war mir doch egal! Die brauchte ich nicht! Ob ich später mal Kinder bekommen konnte oder nicht, wen juckte das, ich war doch eh noch viel zu jung dafür! Außerdem ersparte es mir eine ganze Menge Bauchschmerzen, blöde Laune und Sauerei! Und wer weiß? Vielleicht gewöhnte sich mein Körper auch an dieses Gewicht und sie kam dann einfach irgendwann wieder? All diese Gedanken schwirrten durch meinen Kopf. Mama und Papa übertrieben es aber auch wirklich mit ihren Ängsten und Sorgen! Ich fragte mich, wie ich wohl denken würde, wenn es umgekehrt wäre.

Und endlich war er da, mein erster großer Konzertabend! Ein paar Wochen zuvor hatte ich mit den anderen Musikern und dem Chor zusammen geprobt, und es klappte eigentlich ganz gut. Trotzdem musste ich hoch konzentriert sein, weil ich mich selbst nicht so gut hörte und es ja auch immer von Tempo und Lautstärke her passen musste. Ich bekam sehr viele Komplimente von den Chormitgliedern und anderen Musikern, wie toll ich das doch alles mache, und es sei ja unglaublich, dass ich erst 16 Jahre alt sei. Das freute mich sehr und hob sowohl meine Laune als auch mein

Selbstvertrauen und Selbstwertgefühl extrem an. Endlich war ich mir von ganzem Herzen sicher, das Richtige für mich gefunden zu haben! Das wollte ich machen! Im Klavierspielen besser werden und den Chor begleiten, nix mehr mit Orgel und Chorleitung, das war mir alles zu viel. Lieber auf eine Sache richtig konzentrieren anstatt auf viele und dann nur so halb. Der Abend rückte immer näher, Aufregung und Nervosität stiegen ins Unermessliche. Die ganzen letzten Tage war ich wie ein aufgestacheltes Huhn unruhig herumgerannt, doch jetzt zitterte mein ganzer Körper, unfähig sich großartig zu bewegen. Als es dann endlich losging, stakste ich wie in Trance auf meinen hohen Schuhen den Seitengang entlang zum Klavier. Registrierte aus dem Augenwinkel, wie viele Leute mich anstarrten. Bekam noch mehr Angst und noch zittrigere Hände. Versuchte, tief durchzuatmen, spürte meine Knie butterweich und meinen Magen flau werden. Fühlte mich, als würde ich den Boden unter den Füßen verlieren. Mein Herz wummerte wie verrückt, dass ich es sogar in meinen Ohren hören konnte. All das besserte sich nach dem ersten Stück. Ich wurde etwas ruhiger, konnte mich nach einer Weile besser konzentrieren und dachte nicht mehr darüber nach, was das Publikum wohl über mich dachte, blendete es sogar zeitweise aus. Aber es war schwer, die ganzen zwei Stunden über fokussiert zu bleiben, auch wenn ich manchmal Pausen dazwischen hatte, in denen Daniel ein Stück begleitete oder der Chor a cappella sang. Natürlich verspielte ich mich auch hin und wieder und erschrak jedes Mal zu Tode, konnte es aber wahrscheinlich ganz gut kaschieren, denn es hatte wohl niemand gemerkt bei all den anderen Instrumenten, die noch mitspielten.

Ich wusste nicht so recht, ob ich zufrieden sein sollte oder nicht, entschied mich aber für Ersteres, nachdem mein Klavierlehrer mir gesagt hatte, dass ich sehr gut gewesen sei, und hoffte, meine Nervosität eine Woche später besser im Griff zu haben. Außerdem wusste ich jetzt auch, wo die gefährlichen Stellen waren, und speziell diese übte ich noch einmal besonders ausführlich in den nächsten Tagen.

Eine Woche später fühlte ich mich zwar noch vorbereiteter, denn ich wusste ja diesmal, wie es so war, unter größter Aufregung da vorne zu sitzen, wenn die Blicke Hunderter Leute auf einen gerichtet waren und die Scheinwerfer blendeten, aber die Kirche war diesmal voller. Viel voller. 200 Karten mehr als ursprünglich veranschlagt wurden verkauft, 700 Leute quetschten sich hier rein, obwohl sie teilweise auf der Empore oder im Gang stehen mussten! Noch nie in meinem Leben hatte ich eine so volle Kirche gesehen! Das besserte meine Aufregung absolut nicht, im Gegenteil, es machte sie nur schlimmer! Noch dazu waren heute fast meine ganze Familie da und sogar noch Freunde, die bei meiner Mama im Chor sangen. Die hatten schon einiges an Chören und Musikern gesehen, und ich hoffte inständig, dass es ihnen gefiel und ich vor Anspannung nicht vom Hocker kippte oder sonst irgendwas passierte. Ich gab mein Bestes, und siehe da, es klappte schon viel besser als eine Woche zuvor, obwohl mir mein Herz fast wieder aus der Brust sprang und meine Hände zitterten wie Espenlaub. Großartig verspielt hatte ich mich auch nicht, ich konnte die Stücke wirklich in- und auswendig, wahrscheinlich sogar im Schlaf, so oft hatte ich sie geübt. Hinterher wurde ich gelobt, was das Zeug hielt, sogar irgendwelche Menschen, die ich gar nicht kannte, sprachen mich an! An diesem Abend fühlte ich mich so gut wie noch nie zuvor und war echt zufrieden mit mir und meiner Leistung. Auch Daniel sagte mir bei der Aftershowparty, dass ich wieder sehr gut abgeliefert hätte. Seine Meinung war mir die allerwichtigste, da er als Dirigent ja alles sofort hörte und merkte, wenn jemand aus der Reihe tanzte.

Vor lauter Nachfragen wurde sogar noch ein Zusatzkonzert im Januar 2014 veranstaltet. Dort spielte ich mit Leichtigkeit, denn ich wusste, ich konnte die Lieder wirklich, wir waren in einer kleineren Kirche mit weniger Zuschauern, und hinterher beim Aufräumen lobte mein Klavierlehrer mich wieder. »Du warst so verdammt gut heute Abend. Perfekt gespielt, ohne einen einzigen Fehler oder Kratzer. Gut gemacht!« Das war das beste Kompliment, das er mir jemals gemacht hatte, ich freute mich riesig! Und wieder wusste ich: Ja, das ist es, was ich will. Es war die absolut richtige Entscheidung gewesen, diese komische Nebenausbildung abzubrechen! Hierauf wollte ich mich jetzt konzentrieren und perfekt abliefern. Prinzipiell ein guter Ansatz, doch dass mir dieser Perfektionismus bald zum Verhängnis werden würde, auch außerhalb des Klavierspielens, ahnte ich damals noch nicht. Anfang des neuen Jahres beschloss ich, fest in den Chor einzutreten. Ich konnte ja die Lieder, bei denen Klavier gebraucht wurde, spielen und den Rest einfach mitsingen! Gedacht, getan. So fand ich auch neuen Anschluss neben der Schule, auch wenn ich somit das Nesthäkchen im Chor war, doch bekam ich immer das Gefühl vermittelt, herzlich willkommen zu sein.

Im Lauf des Jahres 2014 dümpelte ich so vor mich hin. Ich ging zur Schule, trieb weiterhin drei- bis viermal Sport die Woche, versuchte mit dem Lernen immer auf dem Laufenden zu bleiben und im Klavierspielen besser zu werden. Bezüglich meines Essverhaltens änderte sich nicht viel. Ich hielt die 45 Kilo eisern und aß nach wie vor nur so viel ich musste, ohne angeschnauzt zu werden. Da ich auch bald den Führerschein angehen konnte, suchte ich mir einen Job im Nachbarort als Bedienung in einem Eiscafé, was mir überraschenderweise gut gefiel. Anfangs hatte ich doch deutliche Bedenken, schließlich war ich dort umzingelt von Kalorien, und wie sollte ich bitte argumentieren, kein Eis essen zu wollen? Doch meistens war so viel los, dass zum Eisessen gar keine Zeit blieb, was mir nur recht war. Ein- bis zweimal pro Woche arbeitete ich dort für ein paar Stunden. Das reichte, um schon mal ein bisschen was an Geld auf die Seite zu legen.

Zunächst hatte ich noch alle zwei Wochen Klavierunterricht, was wir so abgemacht hatten, denn ich wollte ja noch besser werden, und es gab noch so viel zu lernen, vor allem was Improvisation anging. Doch ziemlich bald stellte ich fest, dass das schwerer war als gedacht. Es gab wohl Menschen wie meinen Lehrer, die das einfach so konnten, Naturtalente quasi. Und dann gab es welche wie mich, die es gern können würden, vielleicht auch die Voraussetzung dazu hatten, aber zu viel nachdachten. Es war wie verhext! Wie sollte ich etwas nach Akkorden spielen, ohne darüber nachzudenken? Oder einfach aus dem Gehör heraus etwas improvisieren? Wie? Aufgeben kam nicht infrage, aber ich zweifelte doch immer sehr, ob ich das wirklich irgendwann mal beherrschen würde. Kopf aus, Gefühl an. Es wollte einfach nicht so recht klappen, was mich ziemlich frustrierte und deprimierte. Nach ein paar Unterrichtsstunden verkündete Daniel mir, dass er mir nichts mehr beibringen könne. »Du kannst Noten lesen und siehst selbst, wo du etwas falsch spielst. Du brauchst mich nicht zum Üben, und Improvisieren kann ich dir leider nicht beibringen. Das lernt man nur durch jahrelange Bühnenerfahrung. Ich geb dir einen Rat: Nimm jeden Auftritt an, den du kriegen kannst, und du wirst sehen, wie du dich weiterentwickeln wirst. Wenn du mal irgendein Stück hast, wo du nicht weiterkommst, können wir uns gern hin und wieder mal zusammensetzen und schauen, was wir da machen können. Aber diesen regelmäßigen Klavierunterricht brauchst du nicht mehr.« Ich schluckte schwer. Irgendwo hatte er ja vielleicht recht. Aber wieso hatte ich das Gefühl, dass er mich loswerden wollte? Und würde ich meine Motivation und meinen Ehrgeiz beibehalten können, wenn mir niemand mehr ein Lob aussprechen würde? Meinen Eltern konnte ich vorspielen, was ich wollte, sie fanden alles schön, aber Daniel war eben die ganze Zeit über mein Motivator gewesen, der auch ziemlich viel Ahnung von der ganzen Materie hatte. Auf seine Meinung gab ich alles! Ich merkte erst viel zu spät, dass ich mich und vor allem mein Selbstwertgefühl extrem abhängig von der ganzen Klaviergeschichte gemacht hatte.

Die Chorproben schritten voran, und als es 2014 Frühling wurde, wunderte ich mich langsam, ob ich denn nicht bald mal wieder Noten für die nächsten Konzerte im Oktober bekommen würde. Ich traute mich aber nicht zu fragen, und so verbrachte ich wochenlang mit Grübelei und Nachdenken. War ich doch nicht gut genug gewesen bei den letzten Herbstkonzerten? Würde jemand anderes Klavier spielen? Darüber zerbrach ich mir den Kopf, und meine Stimmung sank auf einen erneuten Tiefpunkt. Ich war mir mit jedem Tag sicherer: Ich hatte damals doch Mist zusammengespielt, war schlicht und ergreifend nicht gut genug gewesen, und deshalb würde ab sofort jemand anderes spielen! Manchmal saß ich einfach nur da und starrte vor mich hin. Wenn ich darauf angesprochen wurde, was denn los war, weil ich stundenlang Löcher in die Luft glotzte, antwortete ich stets mit »Nichts«, was mir natürlich niemand glaubte. Als ich es Mama endlich erzählte, hatte ich doch den Mut gefunden, nach den Noten zu fragen. »Klar kriegst du wieder welche, ich hab sie bloß noch nicht alle zusammen. Dieses Jahr wird es ein bisschen anders, wir werden ein größeres Orchester dabeihaben ... du wirst da nicht mehr ganz so viel zu spielen haben wie letztes Mal, also alles ganz entspannt!« Ach so. Na dann. Brauchte ich mir also keine Gedanken zu machen, ob ich zu schlecht gespielt hatte. Vielleicht sollte ich mal aufhören, alles immer so selbstkritisch zu hinterfragen? Da hatte ich mir also eine halbe Ewigkeit das Gehirn zermalmt für gar nichts, was ganz einfach zu vermeiden gewesen wäre, wenn ich gleich den Mund aufgemacht hätte. Doch damals war ich schlichtweg wohl noch nicht so weit, sofort auf andere zuzugehen, wenn ich irgendein Problem oder Anliegen hatte. Ich mußte noch einiges lernen.

Die Unzufriedenheit mit meinem Körper wuchs weiter. Aber wieder auf Diät gehen? Mein Stoffwechsel war eh schon relativ weit im Keller, hatte sich an die Sporteinheiten und meine Essensweise gewöhnt und lief auf Sparflamme. Wenn auch nur ungern, musste ich Mama und Papa recht geben, wenn sie sagten, dass ich nicht den Körper einer 16-Jährigen und wohl auch Hormonstörungen hatte. Aber was sollte ich denn dagegen tun? Mehr essen und zunehmen? Kam überhaupt nicht infrage! Ich traute mich so gut wie nie, über mein sowieso schon kaum vorhandenes Hungergefühl hinaus zu essen, und nahm nicht weiter ab, obwohl ich mich nie ganz satt aß. Wenn ich es doch mal tat, zeigte das Display der Waage am nächsten Morgen ein paar Hundert Gramm mehr an. Kopfkino. Immer wenn ich satt war, nahm ich zu. Ich musste Hunger haben! Immer! Weil ich aber nicht schon wieder offensichtlich auf Diät gehen wollte, fing ich an, mir weitere Infos rund um Ernährung, Sport und Abnehmtipps im Internet zu suchen. Da gab es bestimmt noch unzählige Tricks, die ich noch nicht kannte!

Dass Crash-Diäten mich meinem Ziel nicht näher bringen, sondern eher das Gegenteil bewirkten, wusste ich schon lange, so was kam also definitiv nicht infrage. Außerdem würden meine Eltern mich sofort einweisen, wenn ich den ganzen Tag nur noch Zitronenwasser trinken oder ausschließlich Ananas essen würde. Es musste doch irgendwelche kleinen, alltagstauglichen Trick geben, um eine Gewichtsabnahme so ganz nebenbei zu beschleunigen? Und ja, ich fand tatsächlich ein paar »Geheimtipps«! Gewürze zum Beispiel. Ausgiebiges Würzen, am besten scharf, rege den Stoffwechsel an. So versaute ich jegliche Mahlzeiten mit Unmengen an Currypulver, Chili, Ingwer und Pfeffer und wunderte mich danach über furchtbare Magenschmerzen. Doch das nahm ich in Kauf, wenn ich meinen Stoffwechsel endlich wieder so richtig auf Hochtouren bringen wollte! Aufrecht sitzen verbrenne angeblich pro Tag bis zu zehn Prozent mehr Kalorien. Stuhllehnen gab es für mich nicht mehr, ab sofort saß ich nur noch kerzengerade und mit eingezogenem Bauch auf der Kante. Wenn sich irgendwie die Möglichkeit bot, stand ich beim Lernen und den Hausaufgaben statt zu sitzen, was ohnehin nicht mehr richtig funktionierte, ohne hibbelig die Füße oder Beine hin und her zu bewegen. Ich war zum unruhigen Zappelphilipp geworden. Frieren sei außerdem auch super für die Fettverbrennung, da der Körper ja seine Temperatur aufrechterhalten musste, also im Winter gern mit offenem Fenster schlafen und bloß keine Heizung anschalten! Morgens wachte ich mit einer Eiszapfen-Nase auf, ganz zu schweigen von meinen Zehen, die wie festgefroren waren. Socken anziehen? No way! Zwei Esslöffel Apfelessig in einem Glas warmem

Wasser morgens auf nüchternen Magen trinken, um die Darmtätigkeit anzuregen. Essen schneller verdaut, Essen schneller raus und ich dann umso mehr Gewicht los. Schmeckte nach einigen Tagen Gewöhnungszeit gar nicht mal so schlecht! Kaffee sei super zum Abnehmen geeignet, da er erstens den Appetit unterdrücke und zweitens das enthaltene Koffein Körperfett wie auf magische Weise zum Schmelzen bringen konnte. So begann ich, Kaffee zu trinken, mit der Begründung, er schmecke mir jetzt. Auch hier dauerte es ein paar Tage Eingewöhnung an den herben Geschmack, aber recht bald lernte ich die appetithemmende Wirkung sehr zu schätzen. Ich konnte beim Mittagessen noch weniger essen, denn ich wusste, der Kaffee danach würde mich sättigen bis abends, obwohl ich noch weniger Kalorien aufgenommen hatte als vorher! Wenn das mal kein Wundermittel war! Früh schlafen gehen, denn Schlafmangel bringe die Hormone durcheinander, bremse die Fettverbrennung aus und am allerschlimmsten: Der Körper versuchte dann, sich die fehlende Energie übers Essen zurückzuholen! Das war ja wohl das Allerletzte, was ich wollte! Außerdem verbrenne man beim Schlafen mehr Fett, und jede Stunde Schlaf mehr bedeutete eine Stunde weniger, in der ich dem Risiko Essen ausgesetzt war und mir darüber den Kopf zerbrach. Was, ihr schaut noch einen Film? Aber es ist doch schon so spät … nee, lass mal, ich geh lieber Fett verbrennen, gute Nacht! Eine Bushaltestelle früher aussteigen, um noch mehr zu laufen, und generell im Alltag mehr Bewegung und Aktivität einbauen. Ich ließ bewusst Dinge in meinem Zimmer liegen, um auch ja fünfmal mehr die Treppe hoch und runter zu müssen, um alles beisammen zu haben. All diese Ratschläge versuchte ich zu befolgen, meine Spazierrunden mit Cara wurden bald doppelt so lang, egal bei welchem Wetter. Auch das Sitzen in der Schule fiel mir immer schwerer, in den Pausen marschierte ich unruhig um das Schulgebäude oder über den Pausenhof, bis die Klingel die nächste Stunde ankündigte. Im Haushalt wollte ich plötzlich alles übernehmen: Putzen, Bügeln, Spülmaschine ein- und ausräumen brachte alles noch mehr Bewegung in meinen Alltag. Außerdem fand ich auch bald heraus, dass eine kohlenhydratreduzierte Ernährung auf Dauer wohl auch nicht gut sein und man abwechseln sollte, denn der Körper sei clever, gewöhne sich schnell an Neues und stellte dann die Resultate ein. Mal Tage mit höherer Kalorienzahl und Kohlenhydraten, mal Tage mit weniger, um den Stoffwechsel zu verwirren, sodass er sich nicht an eine Ernährungsweise gewöhne und den Energieumsatz möglichst hochhielt. Doch statt hin und wieder mehr zu essen, aß ich ganz bewusst an manchen Tagen einfach noch weniger, als ich es sowieso schon tat. Ach, Krafttraining sollte wohl auch sehr effektiv sein! Jedoch wollte ich davon nach wie vor nichts wissen, denn ich befürchtete, dadurch viel zu muskulös zu werden. Außerdem war das ja wohl ein Männersport! Schlank und dünn sein erreichte man nur mit Ausdauersport, Bauchübungen und sehr wenig Kalorien zuführen, es konnte gar nicht anders sein! Dass ich dadurch aber auch viel Muskulatur einbüßen, mein Energieverbrauch sich deshalb noch mehr herunterregulieren würde und ich mit noch weniger Kalorien auskommen musste, um nicht zuzunehmen, kam mir nicht in den Sinn. Hauptsache abnehmen. Ob Fett oder Muskelmasse war egal, was zählte war Gewichtsverlust. Weniger, einfach noch ein kleines bisschen weniger auf der Waage. Nicht viel, nur ein klitzekleines bisschen.

Das Schlimmste war meine felsenfeste Überzeugung, sofort zuzunehmen, wenn ich irgendeinen dieser hirnrissigen Tricks nicht befolgte. Das alltägliche Pflichtprogramm wurde immer lästiger und nerviger, doch davon ablassen kam überhaupt nicht infrage. Dann überfiel mich eine innerliche, unerträgliche Nervosität, gekoppelt an die irrationale Angst, morgen ein Kilo mehr zu wiegen, wenn ich nicht esslöffelweise Gewürze benutzt, mich nicht genug bewegt hatte und morgens nicht als halb tote Eisstatue aufwachte. Ich las einen Haufen über irgendwelche top zehn Lebensmittel, die angeblich den Stoffwechsel anregen oder die Fettverbrennung beschleunigen sollten, und begann auch, vermehrt von diesen Dingen zu essen, wenn es sie bei uns gab. Ich mutierte zur Lebensmittel-Egoistin, denn woher nahm ich mir das Recht, doppelt so viele Erdbeeren essen zu können wie der Rest meiner Familie? Oder dass ich das größte Stück Fisch bekam für die extra Portion Eiweiß? Es begann eine paradoxe Zeit, in der ich einerseits einen merkwürdigen Egoismus zu bestimmten Nahrungsmitteln entwickelte und mir andererseits plötzlich im Haushalt Aufgaben auferlegte, um die ich nicht gebeten wurde. Dazu gehörte, dass ich sonntagmorgens nicht bis um neun im Bett lag, sondern um sieben Uhr Wäsche bügelte. Das ging so weit, dass Mama mir irgendwann sagte, sie wolle meine übertriebene Hilfsbereitschaft nicht und ich solle mich doch mal ein bisschen entspannen, zurücklehnen und endlich mal so sein wie andere in meinem Alter. Öfter als nur ein Mal im Monat mit Freunden weggehen, egal ob zum Shoppen in die Stadt, ins Kino, oder einfach nur zu Hause sein, um einen schönen Nachmittag zusammen zu verbringen. Doch ich konnte es nicht. Ich wollte mich einerseits schon mit meinen Freundinnen treffen, weil ich dieses zurückgezogene, langweilige Leben langsam leid war. Andererseits war da aber eine riesengroße Hemmschwelle, wohl aus Angst, dass ich meinen geregelten Tagesablauf nicht unterbringen würde. Es wäre eine Katastrophe, wenn eine Sporteinheit ausfiele oder ich nicht mein gewohntes Essen hatte! Womöglich müsste ich gezwungenermaßen irgendwo etwas mega Ungesundes essen, wie Pizza oder Pommes! Um jeden Preis wollte ich vor meinen Freundinnen geheim halten, dass ich so einen Schrott nie mehr essen würde. Was würden sie wohl von mir denken? Wenn mir Fast Food erspart blieb, dann wahrscheinlich so etwas wie Nudeln mit Tomatensoße, also die reinste Kohlenhydratbombe! Und das ging ja wohl auch überhaupt nicht. Bevor ich also Gefahr lief, wegen meiner (Nicht-) Essenswünsche ausgegrenzt zu werden, tat ich das lieber mal von vorneherein selbst. Noch dazu wollte ich eigentlich gar keine so engen Freundschaften mehr wie früher, aus Angst, noch mal enttäuscht zu werden. Zum Eigenschutz nahm ich also Abstand vor zu viel Nähe. Außerdem wusste ich, wie genervt Mama manchmal war, wenn sie mich mal irgendwohin bringen oder abholen musste, da sie immer viel zu erledigen hatte. Es blieb alles so wie zuvor. Vormittags in der Schule war ich ja stundenlang mit den anderen zusammen, das müsste doch reichen, um mich sozial nicht völlig abzukapseln! Den Rest des Tages verbrachte ich mehr oder weniger alleine mit meinen gewohnten Routinen: Hausaufgaben, lernen, Sport, Klavier üben und im Haushalt helfen. Einmal pro Woche im Eiscafé bedienen und freitagabends zur Chorprobe gehen. Ich war einigermaßen zufrieden damit, aber nicht wirklich glücklich, denn wenn ich ehrlich war, spürte ich schon, dass ich nur Pflichten abarbeitete und mir Spaß und Freude am Leben so wie früher deutlich fehlten. Noch dazu wusste ich eigentlich gar nicht mehr, was diese Worte überhaupt bedeuteten. Hätte mich damals jemand gefragt: Was macht dir denn Spaß? Woran hast du Freude? Die Antwort wäre gewesen: Weiß ich nicht. Ich glaube, ich bin einfach nicht dazu gemacht, fröhlich zu sein. Ich bin nicht gemacht für dieses Leben. Ich kann es einfach nicht.

Das Jahr 2014 zog sich so dahin, und ich nahm langsam, aber stetig immer weiter ab, obwohl es eigentlich nicht mehr meine Absicht war. Auch wenn ich andauernd in Magazinen oder im Internet die neuesten Diät-Tipps und Trends las und vermeintlich so ziemlich alles darüber wusste (obwohl ich aus heutiger Sicht gar nichts wusste), wollte ich nicht noch mehr abnehmen, denn dann wäre mein BMI ja unter der Untergewichtsgrenze, was magersüchtig bedeutete, und es wäre nur eine Frage der Zeit, bis meinen Eltern das auffiel und sie mich zum Psychologen, oder noch schlimmer, in eine Klinik schicken würden! Außerdem wollte ich nicht magersüchtig sein, sondern einfach nur schlank. Doch immer noch waren es die typischen Stellen, mit denen ich unzufrieden war. Die Oberschenkel zu dick, eine kleine, aber dennoch vorhandene Speckrolle am Bauch, und der Po sah auch ziemlich unförmig aus. Ich entdeckte Dehnungsstreifen an den Innen- und Außenseiten meiner Oberschenkel, die wie Narben aussahen. So was Hässliches aber auch! Wenn da weniger Fett wäre, sähe das mit Sicherheit besser aus! Hunderte Male kniff ich mir hasserfüllt in diese unschönen Fettpolster. Was erwartete ich? Dass sie dadurch auf magische Weise davonschmelzen würden? Was ich jedoch mochte und mich irgendwie stolz machte, war mein knochiger Oberkörper, wo sich das Schlüsselbein deutlich abzeichnete und die Wirbelsäule beim Vorbeugen deutlich hervorstach. Ich gab mir keinerlei Mühe mehr zum Abnehmen, wollte die 45 Kilo halten, und doch ging es in kleinen Schritten immer weiter runter.

44,7 Kilo. Oh, unter der Grenze. Na ja, sind ja bloß 300 Gramm. Wird schon nicht so schlimm sein! Esse ich halt später ein paar Kartoffeln mehr … Vier Wochen später. 44 Kilo. Ups, schon wieder weniger. Wie ging das denn jetzt? Zwei Wochen Später. 43,6 Kilo. Hä? Wie habe ich das denn gemacht? Lass uns mal in den Spiegel schauen. Hm … gefällt mir eigentlich ganz gut. So langsam geht das letzte Fett weg, juhu! Es ist zwar unter der Grenze, aber wenn ich mir so gefalle, kann ich doch auch so bleiben! Magersüchtig sehe ich ja immer noch nicht aus. Mama und Papa dürfen das nur nicht herausfinden, sonst ist der Teufel los … 43 Kilo. Uh. So langsam wird es echt unheimlich … da rackere ich mich monatelang ab, eine Zeit lang tut sich gar nichts auf der Waage, und jetzt will ich eigentlich gar nicht mehr abnehmen, und es passiert einfach automatisch! Komisch.

Keine Ahnung, ob mein Körper einfach verrückt spielte oder ob ich doch durch die vielen kleinen Alltagstricks weiter Gewicht verloren habe. Meine Eltern suchten unzählige Male das Gespräch mit mir, denn es fiel ihnen andauernd auf, dass ich mich mehr und mehr verdünnisierte oder mal wieder traurig und teilnahmslos durch den Tag schlurfte. Und das, obwohl ich alles dafür gab, dicke, weite Klamotten zu tragen und mich so wenig wie möglich mit ihnen abzugeben, um keine Möglichkeit für Angriffe zu bieten. Wenn sie mich kaum sahen, fiel es auch nicht auf, so meine Logik, doch mal wieder falsch gedacht. Stundenlang predigten sie mir immer die gleiche Leier: Meine Ernährungsweise und soziales Leben seien eine einzige Katastrophe. Und ich machte ja alles falsch. Aß von dem einen zu wenig und von dem anderen zu viel, kasteite mich, ging nicht raus außer zum Joggen, verkroch mich ständig, steckte in meinen Ritualen fest, war stur wie ein Esel, unflexibel, unglücklich und ziemlich wahrscheinlich schon depressiv …

Ich konnte es nicht mehr ertragen, immer die gleiche, nervige Leier! Also zog ich mich noch mehr in mein Zimmer oder nach draußen zurück, um solchen Monologen aus dem Weg zu gehen. Denn es redete immer nur Mama oder Papa, ich ließ die Predigt stillschweigend über mich ergehen und suchte das Weite, wenn es endlich beendet war. »Sag doch mal was dazu!«, war die stetige Aufforderung. »Was soll ich denn bitte sagen? Was wollt ihr hören? Ihr versteht mich doch eh nicht, dann kann ich es auch gleich lassen!« – »Siehst du denn nicht ein, dass du etwas ändern musst?« Ich muss gar nix, lasst mich gefälligst in Ruhe! Ich war es auch leid, über etwas nachzudenken, für das mir schlichtweg die Worte fehlten. Fühlte mich missverstanden, denn was war denn bitte schön so schlimm daran, wenn ich mich jetzt viel wohler in meinem Körper fühlte als früher, auch wenn ich jetzt vielleicht ein bisschen untergewichtig war? Die Wahrheit war: Ich hatte Angst vor der Realität, verschloss die Augen vor etwas, was für mich ungreifbar war, was ich nicht wahrhaben konnte und wollte. Es ging immer nur um die Oberfläche, das nach außen hin Sichtbare. Was genau dahintersteckte, hinterfragte ich nicht.

So bekam ich auch mit, wie sie hinter meinem Rücken und verschlossener Küchentür über mich redeten. Meistens war nach dem Abendessen Plauderstunde und ich der Lauscher an der Wand. »Stell dir bloß vor, heute hat sie mal wieder ihre Brotdose mitsamt Inhalt mit nach Hause gebracht! Sie hat nichts gegessen in der Schule!«, »Du hättest mal sehen sollen, wie abgeschwitzt sie heute vom Rennen nach Hause gekommen ist!« Wow, Kriegsverbrechen. Nichts gegessen in der Schule! Wieso sollte ich, wenn ich es verdammt noch mal nicht brauche? Ich habe keinen Hunger! Tja, ich hab mich im Sport halt angestrengt! Wieso nörgelten sie immer nur an mir herum? Warum redeten sie nur schlecht über mich? Wieso musste ich immer etwas sein oder tun, was sie wollten? Warum bekam ich immer alles ab? Ich fing an, mein Leben zu hassen und an wirklich gar nichts mehr Spaß zu haben. Selbst Klavier spielen wurde für mich eher zur täglichen Pflicht, denn schon bald standen die nächsten Herbstkonzerte an, und diesmal war das Üben nur ein »Muss«. Es war schwer wie nie, durch den Tag zu kommen, und dennoch war das erst der Anfang. Wenn ich damals gewusst hätte, was noch alles auf mich zukam, wäre ich am Morgen wahrscheinlich gar nicht mehr aufgestanden.

Mitte Oktober würden die nächsten Konzerte anstehen, natürlich freute ich mich wieder darauf, aber irgendetwas war anders als letztes Jahr. Ich war nicht mehr so euphorisch und erwischte mich immer wieder dabei, dass ich bei den Proben und beim Üben nicht richtig bei der Sache war, sondern gedankenverloren durch die Gegend starrte. Ab und an wurde mir auch kurz schwindlig, und ich kippte leicht nach rechts weg, musste aufpassen, nicht den Abgang vom Hocker zu machen. Himmel herrje, hoffentlich würde mir das beim Konzert nicht passieren! Diesmal hatten wir auch ein wirklich großes Orchester dabei mit knapp 40 Musikern, was bedeutete, dass ich mich noch schlechter hören würde als im Jahr zuvor, das Klavier aber vorne auch weniger durchkäme wegen der Größe der ganzen Gruppe. Auch wenn ich mir mehr als unsicher war, sagte mir irgendetwas aber, dass es irgendwie doch funktionieren würde. Die Versagensangst war wieder da, aber bei Weitem nicht so furchtbar wie beim letzten Mal. Oder spürte ich sie einfach nur weniger? Es war, als würde das ganze Event einfach so, ohne jegliche Emotionen an mir vorüberziehen. Als hätte sich ein Grauschleier über meine Augen gelegt.

Anfang Oktober saß ich um Punkt fünf Uhr nachmittags in der Küche und löffelte mein Abendessen: Naturjoghurt mit klein geschnippeltem Apfel und ein paar halbierten Trauben und ein paar zerkrümelten Walnüssen. Zuvor war ich lange joggen gewesen, hatte eigentlich einen Bärenhunger und war mir ziemlich sicher, von dieser Ration nicht satt zu werden. Doch diese kleine Schüssel musste reichen, mehr würde nur ansetzen! Außerdem hatte ich doch heute Morgen schon zwei extra Löffel Haferflocken im Joghurt gehabt, nicht nach der dünnsten Scheibe Brot gesucht und beim Mittagessen eine gute Portion gefuttert! Mama und Papa konnten also unmöglich denken, ich wäre wieder auf einem Diät-Trip! Aber jetzt waren sie ja gerade auf einem Geburtstag, und bis sie heimkamen, war ich längst fertig. Genau in diesem Moment blickte ich aus dem Fenster und sah das Auto parken. Oh nein, was machten sie denn schon so früh hier? Ich dachte, sie wären viel länger weg! Na toll, jetzt konnte ich mir gleich wieder anhören, dass meine Essenszeiten immer verrückter wurden. »Niemand isst um fünf Uhr nachmittags zu Abend, Hauptsache nicht zu spät essen, damit es nicht ansetzt, richtig?« Sarkasmus. Ich hasste es. So sehr. Und genau so kam es. Sogar noch schlimmer. Zuerst ein blöder Kommentar über mein Essverhalten. Dann über mein Aussehen. Klapperdürr. Weiß wie die Wand. Krank. Sofort ging ich in die Verteidigung: »Euch ist aber schon aufgefallen, dass ich die letzten Tage immer mehr gegessen habe als noch vor Wochen? Zum Beispiel mehr Müsli, eine größere Scheibe Brot, und auch die Soße hab ich immer ganz ausgelöffelt! Ganz zu schweigen von den Nudel- und Reisbergen! Da esse ich momentan mindestens das Doppelte!« Doch all das stieß nur auf verständnisloses Kopfschütteln. »Dass ich nicht lache! Was du mal mehr isst, verbrennst du doch ratzfatz wieder mit irgendeiner Aktivität! Außerdem sehe ich keinen großen Unterschied auf deinem Teller im Vergleich zu den letzten Wochen.« Seid ihr blind?! »Es geht so nicht weiter. Du wirst immer dünner, und wir als deine Eltern können nicht mehr tatenlos dabei zusehen. Wir wollen dir helfen, denn du bist unser Kind, und wir möchten nur, dass es dir gut geht! Zuerst wollten wir dich in ambulante Therapie schicken, aber in der letzten Zeit hat sich gezeigt, dass das nicht ausreicht. Mit einer oder zwei Sitzungen pro Woche kommen wir nicht weiter, deshalb werden wir jetzt die entsprechenden Schritte in die Wege leiten.« Schluck. Ich ahnte Schlimmes. »Die da wären?« – »Was hältst du davon, dir in einer Klinik helfen zu lassen?«

Rumms. Ein riesiger Stein fiel direkt auf meinen Kopf, betäubte mich. Dennoch fühlte ich eine Mischung aus Entsetzen und Erleichterung. Entsetzen, weil ich mir das nie hatte vorstellen können oder wollen. Immer waren es andere, die krank wurden und in einer Klinik behandelt werden mussten, aber doch nicht ich! War ich überhaupt dünn genug dafür? Hm, höchstwahrscheinlich schon, denn so langsam machten mir meine sichtbaren Knochen selber Sorgen. Erleichterung, da ich in diesem Moment vor mir selbst zugab, dass es so nicht weitergehen konnte und ich wirklich Hilfe brauchte. Plötzlich war da so etwas wie Hoffnung, dass mein Leben in absehbarer Zeit vielleicht wieder schön werden würde. Der Schock saß tief, und auch wenn mir der letzte Löffel Joghurt im Hals stecken geblieben war, nickte ich jedoch kaum merklich. »Okay … und wann?«, wisperte ich. »So bald wie möglich. Ich habe mich um alle nötigen Unterlagen gekümmert und kann sie jetzt einreichen in der Hoffnung auf einen schnellstmöglich verfügbaren Platz.« – »Und wo?«, wollte ich wissen. »Nicht in der Nähe von hier. Du sollst etwas Abstand zu deinem Zuhause gewinnen, um mal ein paar Wochen und Monate etwas ganz anderes zu sehen, um dich nur auf dich konzentrieren zu können, mit so wenig Ablenkung wie möglich.« – »Und für wie lange?« – »Das können nur die Ärzte und Therapeuten vor Ort entscheiden.« Ich hatte so viele Fragen, die in diesem Moment aber noch nicht beantwortet werden konnten. Eine riesengroße, unbekannte Ungewissheit drohte mich zu verschlingen. Fest stand nur: Es ging fort in eine Klinik. Ich bezweifelte, dass ich dafür wirklich krank genug war, aber akzeptierte es. Wenn sie mir schon so lange eintrichterten, dass ich ein Problem hatte, dann war es wohl wirklich so. Mama stand in einer gekrümmten Körperhaltung daneben, als würde es ihr Schmerzen bereiten, was gerade besprochen wurde. »Verstehst du das?«, fragte sie unter Tränen. »Verstehst du, dass wir dir damit nichts Böses, sondern nur dein Bestes wollen? Du brauchst Hilfe, und wir können sie dir nicht geben. Alles, was wir tun können, ist, dich irgendwohin zu bringen, wo du Hilfe bekommst. Das heißt nicht, dass wir dich nicht mehr lieb haben!« Ich schluckte schwer. Meine Gedanken waren völlig zweigeteilt. Verständnis und Hoffnung auf der einen Seite, Verzweiflung und Angst auf der anderen. Woher nahmen sie sich eigentlich das Recht, so über mein Leben zu bestimmen? Es war ja wohl immer noch meins! »Und was ist mit der Schule? Muss ich die elfte Klasse wiederholen? Das will ich nicht! Ich will nicht sitzen bleiben und ein Jahr später mein Abi ...!« Meine Stimme brach, denn so langsam fing ich an, wirklich zu realisieren, was mir gerade offenbart wurde. Ein Schnitt in meinem Leben. Ein neues Kapitel. Angst. Ablehnung. Ungewissheit. Hoffnung? »Das besprechen wir alles im Lauf der nächsten Woche. Wir wissen momentan noch gar nichts. Aber es wird sich alles klären.«

In den folgenden Tagen war ich nur noch ein Schatten meiner selbst. Ich hatte irgendwie das Gefühl, dass meine Eltern recht hatten und ich mir professionell helfen lassen musste, wenn ich jemals wieder glücklich und »normal« sein wollte. Was auch immer »normal« bedeutete ... Aber die Angst war stärker, sie wuchs mit jedem Tag. Dauernd ratterten die Gedanken, wem ich es wohl alles sagen müsste, denn mein plötzliches Verschwinden würde ja nicht unbemerkt bleiben. In der Familie hatte es sich garantiert schon herumgesprochen, und hundertprozentig wurde hinter meinem Rücken schon schlecht geredet, meinen Freundinnen in der Schule musste ich es auch beichten, genauso wie all meinen Lehrern ... und im Chor erst! Scheiße! Innerlich schlug ich die Hände über dem Kopf zusammen. Bitte, musste das denn wirklich sein? Musste jetzt jeder erfahren, dass ich Essprobleme hatte? Bei der bloßen Vorstellung wollte ich mich am liebsten lebendig begraben, so eine Peinlichkeit empfand ich. Das ging verdammt noch mal niemanden etwas an, das war meine Sache! Ich will nicht, dass das jemand erfährt! Glücklicherweise kam es dann aber doch nicht ganz so schlimm, denn meine Eltern hatten schon mit meiner Stammkursleiterin gesprochen, und sie suchte schon bald das Gespräch mit mir. Sie erklärte mir, dass ich mich vor überhaupt nichts zu schämen bräuchte und die Möglichkeit, mein Leben wieder in den Griff zu bekommen, als etwas Positives sehen sollte. Jeder hatte doch irgendwelche Probleme, keiner lief sorgenfrei durchs Leben. Um mich zu entlasten, würde sie es auch all meinen anderen Lehrern sagen, und wenn ich das wollte, es mit »Kur« anstatt »Klinik« verkaufen. Das erleichterte mich sehr, dennoch war da noch die Sache mit meinen Freundinnen. Ich hatte wirklich Angst vor ihrer Reaktion, aber da musste ich wohl oder übel durch. Also trommelte ich sie in der Pause auf dem Schulhof zusammen, ging mit ihnen um die Ecke und berichtete von meinem baldigen Verschwinden. Keine blöde Reaktion. Nur Verständnis. »Hey, wenn das das Richtige für dich ist, dann geh dahin. Wieso sollten wir dich deswegen auslachen?«, »Das ist doch gar nicht schlimm, du bist ja auch nicht die Einzige, die so was hat!«, »Wir kommen dich besuchen!« Damit hatte ich absolut nicht gerechnet. Wie blöd war ich eigentlich? Wie hatte ich nur glauben können, dass meine Freundinnen mich wegen der Klinik schräg anschauen oder gar auslachen würden? Wie würde ich denn reagieren, wenn eine von ihnen weggehen musste, weil sie offensichtlich krank war? Bestimmt nicht so, wie ich es mir vorher ausgemalt hatte.

Je nachdem, wie lange ich wegblieb, würde ich die elfte Klasse wiederholen oder eben nicht. Es war wohl ein »günstiger Zeitpunkt« für den Klinikaufenthalt, denn das erste Halbjahr der elften Klasse zählte ja noch nicht für die Abiturnote, sodass alle Noten eigentlich egal waren. Ich hatte nur Angst, zu viel zu verpassen und dann später nicht mehr mitzukommen. Aber immer wieder hieß es, meine Gesundheit sei wichtiger. Ein Jahr mehr Schule hin oder her, das würde im Endeffekt sowieso niemanden mehr interessieren. Ich setzte mir innerlich trotzdem ein Zeitlimit: Bis zu den ersten Kursarbeiten im neuen Halbjahr wollte ich wieder da sein, natürlich am besten schon ein paar Wochen vorher, damit ich den Stoff auch reinbekam. Also nahm ich mir vor, mich bis Februar 2015 wieder im Griff zu haben. Jetzt war November ... drei Monate müssten doch wohl reichen für mich, um wieder auf den Damm zu kommen, oder? All dieses Nachdenken und Grübeln brachte mich aber keinen Schritt weiter. Ich konnte nur eins tun: abwarten und die Dinge so nehmen, wie sie kamen, auch wenn es ein einziges Nervengezerre war. Dann musste ich es dem Chor noch mitteilen. Denn wenn jemand, der normalerweise zu jeder Probe kam, dauerhaft fehlte, fiel das spätestens nach ein paar Wochen auf und die Fragerei würde losgehen. Aber mich vor alle hinstellen und mich verabschieden? Das schaffte ich hundertprozentig nicht!

Also beschloss ich, es nur den paar zu sagen, mit denen ich auch am meisten zu tun hatte. Wenn irgendwann Fragen aufkommen würden, könnten die ja einfach sagen, dass ich bald wiederkäme. Ich hatte unheimlich große Angst davor, es Daniel zu beichten. Was würde er wohl von mir denken? Ich war immer gut gewesen, hatte immer mein Bestes gegeben, mich angestrengt und Stärke gezeigt. Und jetzt brach ich so schwach ein ... Außerdem wusste auch er bis dahin nichts von meinen Essproblemen, und ich war mir ziemlich sicher, dass er nichts mehr mit mir zu tun haben wollte, mich vielleicht sogar aus dem Chor werfen würde. Eine kranke Psychopatientin konnte man doch nicht mehr ans Klavier setzen! Dass das völlig übertrieben war, merkte ich irgendwann dann doch selber. Manchmal ging das Kopfkino mit den wirren Szenarien einfach mit mir durch. Trotzdem schlotterten mir die Knie wie beim ersten Konzert, als ich das Gespräch mit ihm suchte. Und natürlich war es auch ihm aufgefallen, dass mit mir etwas nicht stimmte, denn er hatte meine Gewichtsabnahme sehr wohl bemerkt, wenn er auch nie etwas gesagt hatte.

»Du brauchst dich dafür nicht zu schämen. Jeder hat doch irgendetwas mit sich herumzutragen, und man sollte sich nur schämen, wenn man nichts dagegen unternimmt. Weißt du, wie viele Menschen da draußen in Behandlung gehen? Glaub mir, viel mehr als du denkst. Ich kann zwar deine Problematik mit dem Essen nicht ganz verstehen, weil ich damit noch nie etwas zu tun hatte, aber ich kann mir vorstellen, dass man damit ganz schön zu kämpfen haben kann. Also Kopf hoch, du machst das!« Das gab mir Hoffnung, und auch die anderen, mit denen ich sprach, versuchten mich aufzumuntern und mir Unterstützung zu geben. »Wenn irgendwas ist, du kannst mich Tag und Nacht erreichen!«, »Wenn du jemanden zum Reden brauchst, ruf mich an, zu jeder Uhrzeit!« Mit so viel Hilfe und Wohlwollen hatte ich absolut nicht gerechnet.

Ein paar Tage vergingen, und es war klar, wo es für mich hingehen sollte, nur noch nicht genau wann. Eine Klinik in Bayern, ungefähr 400 Kilometer weg von meinem Zuhause in Rheinland-Pfalz. Diese Klinik hatte einen sehr guten Ruf, denn sie war eine der ersten, die sich auf Essstörungen spezialisiert hatte. Natürlich googelte ich alles, um so viel wie möglich über den Ort herauszufinden, an dem ich die nächsten Monate gezwungenermaßen verbringen musste. Es war keine geschlossene Psychiatrie, und sie behandelten dort auch andere psychosomatische Krankheiten. Hieß, ich war wohl hoffentlich nicht den ganzen Tag nur unter Essstörungspatienten, sondern lernte auch andere kennen. Vielleicht auch gar nicht schlecht, nicht dauernd mit »meinem« Problem konfrontiert zu sein … Die Bilder sahen ganz nett aus, und ich versuchte auf Biegen und Brechen, irgendetwas übers Essen ausfindig zu machen, was mir allerdings nicht gelang. Was würde ich da wohl alles in mich reinschaufeln müssen und vor allem wie viel? Doch ich fand nicht den kleinsten Hinweis. Alles in allem machte dieser Ort einen relativ angenehmen ersten Eindruck auf mich, und auch wenn ich nach wie vor tierische Angst hatte, wuchs doch langsam die Hoffnung in mir, dass das eine Chance für mich war.

Samstagvormittag, ich lag auf meinem Bett und las ein Buch. Na ja, eigentlich starrte ich nur die Seite an, las den Satz zum hundertsten Mal und wusste immer noch nicht, was drinstand. Draußen regnete es in Strömen, somit kam Joggen nicht infrage. Auch der Crosstrainer war tabu für mich. Papa hatte ein dickes Schloss drangehängt. Vielleicht würde es ja heute Nachmittag aufhören …? Ansonsten würde ich mir einfach einen Regenschirm schnappen und mit Cara eine große Runde laufen, nahm ich mir vor. Ein Tag ohne Bewegung war die reinste Katastrophe! Plötzlich klingelte das Telefon im Erdgeschoss. Sofort fuhr es mir in die Glieder, mein Herz begann zu wummern wie verrückt, denn ich wusste instinktiv, wer da gerade anrief. Die Klinik. Ein Platz war frei … Meine Eltern waren gerade mit meinen Brüdern unterwegs, deshalb ging meine Schwester ran. »Nein, die sind gerade nicht da … aber ich kann mal schauen, ob ich meine große Schwester finde!«, hörte ich sie mitteilen. Nein, du findest mich nicht! Ich will da noch nicht hin! Noch nicht heute, noch nicht morgen, noch nicht nächste Woche! Ich bin noch nicht krank und dünn genug dafür! Meine Schwester kam die Treppe hoch, und ich gab ihr mit Flüstern und wilder Gestikulation zu verstehen, dass ich nicht da sei und sie das bitte dem Anrufer mitteilen solle. »Ja, also …. tut mir leid, aber sie ist nicht da … ja, mache ich. Tschüss!« Mit diesen Worten legte sie auf. »Wieso sollte ich sagen, du bist nicht da?« – »Weil ich jetzt noch nicht dahin will! Du sagst Mama und Papa nichts davon, ist das klar? Ich war mit Cara draußen, und du warst allein zu Hause, kapiert?« – »Jaja, schon gut …« Wenn sie erfuhren, dass ich den Anruf nicht angenommen hatte, obwohl ich daheim gewesen war, war der Bock fett! Dass meine komische Reaktion jedoch das Beste war, was ich in dieser Situation hätte tun können, würde ich erst später herausfinden.

Aber natürlich kam Mama schnell dahinter, denn sie schaute immer auf die Anrufliste, wenn sie von irgendwoher nach Hause kam. »Da ist eine Nummer aus Bayern auf dem Display, wieso bist du da nicht rangegangen? Das muss die Klinik gewesen sein!« – »Ich war gerade mit Cara spazieren«, log ich. »Na toll, ich versuche da jetzt mal zurückzurufen, aber ich schätze mal, dass der Platz jetzt schon vergeben ist!«. Und genau so war es. Ein paar Tage später jedoch kam ich von der Schule nach Hause und spürte sofort, dass irgendetwas in der Luft lag. Noch bevor wir zu Mittag aßen, wurde mir verkündet, dass es nächste Woche ab ging nach Bayern. Hatte ich beim Nachhausekommen noch Hunger gehabt, so war dieser jetzt schlagartig verschwunden. Wortlos und ohne auch nur einen Bissen verließ ich die Küche. Ich würde die Spaghetti mit Tomatensahnesoße nicht essen, auch wenn der Teller noch so nett für mich bereit stand. Mama konnte so ungehalten sein, wie sie wollte: Dieser Feind wanderte heute definitiv nicht in meinen Magen! Weinend zog ich mir die dicke Jacke an, schnürte im Eiltempo die Schuhe und lief in der winterlichen Eiseskälte stundenlang spazieren. So lange, bis es dunkel wurde. Kam nach Hause. Duschte heiß. Immer noch keinen Hunger. Trotzdem essen? Nö.

Noch zehn Tage hier, dann musste ich mich all meinen Ängsten stellen. Auch wenn ich wusste, dass es nur zu meinem Besten war und ich selbst auch keinen anderen Weg mehr sah. Seit ich wusste, dass ich in Behandlung gehen würde, aß ich noch weniger als zuvor. 43 Kilo waren einfach nicht wenig genug! Ich wollte es wenigstens auf 40 Kilo schaffen, um auch ja so krank wie möglich dort anzukommen, schließlich wollte ich genau so dünn sein wie die anderen Magersüchtigen! Und außerdem musste ich mir meinen Platz dort ja auch verdienen. Wer kam schon da hin und war nur zwei lächerliche Kilo unter dem magischen Magersuchts-BMI von 17,5? Da konnte ich ja auch gleich zu Hause bleiben!

Am letzten Wochenende bevor ich fort ging, bekamen wir Besuch von Freunden, und Mama legte sich ganz besonders ins Zeug, sie kochte ein 3-Gänge-Abendessen. Ich durfte ihr sogar beim Zubereiten helfen und irgendwie hatte ich auch das Gefühl, dass heute ein guter Tag war, ich es vielleicht sogar schaffen würde, alles mitzuessen und nicht irgendetwas außen vorzulassen, nur um dann wieder verwunderte, vielsagende Blicke zu ernten. Doch schon als es an die Vorspeise ging, haderte ich sehr, denn ich hatte gesehen, wie viel Fett in Form von Butter und Sahne in der Kürbissuppe steckte. Dann natürlich noch das obligatorische Kürbiskernöl und karamellisierte, geröstete Kerne obendrauf. Mit verlockendem Duft dampfte der Topf bedrohlich vor sich hin. Kalorienbombe hoch hundert. Nein, das konnte ich mir um keinen Preis leisten! Ich wollte keine Suppe! So aß ich nur das Hauptgericht, Lachs mit Linsensalat und Ofenkartoffeln. Da war mir zwar auch zu viel Fett dran, aber wenn ich die Kartoffeln wegließ, hätte ich auch nicht so viele böse Kohlenhydrate auf dem Teller. Vom Dessert wollte ich gar nichts wissen, wie immer winkte ich wie selbstverständlich ab und behauptete, ich sei schon satt.

Und immer wieder kassierte ich die gleichen Kommentare: »Komm, du kannst es dir doch erlauben, du bist doch so schlank!« – »Willst du nicht mal probieren? Es schmeckt wirklich superlecker. Du verpasst was!« Das Einzige, was ich verpasse, ist zusätzliches Hüftgold, und darauf kann ich ganz leicht verzichten, vielen Dank! Angeekelt sah ich zu, wie sie den Nachtisch verspeisten. Wie konnte man nur so etwas Fettiges, Zuckerreiches runterschlucken? Hallo, einen Moment Geschmack und dann ein Leben lang die Speckrolle am Bauch! Verständnislos beobachtete ich das große Essen weiter. Fühlte mich eingeengt und irgendwie bedrängt. Nie, nie und wirklich absolut niemals konnte ich mir vorstellen, jemals wieder so zu essen. Wollte ich das überhaupt? Wollte ich in der Klinik »lernen«, wie man Völlerei betrieb? Wie Zwangsgenuss funktionierte? Verdammt, auf was für eine Scheiße musste ich mich da eigentlich gerade einlassen?! Und ich konnte nichts, absolut gar nichts dagegen tun, weil meine Eltern noch über mein Leben bestimmen konnten!

Wieder kochte Wut in mir hoch. Fühlte mich ausgeliefert wie ein Mastschwein bei der Schlachtung. Ich half beim Abräumen, um mich abzulenken, und in einem Moment, in dem Mama und ich allein in der Küche waren, hielt sie plötzlich inne und fragte ganz leise: »Sag mal … sind es noch 40 Kilo, oder bist du schon drunter?« Es war nicht gelogen, als ich antwortete: »Ja, sind es. Keine Sorge.« Keine Sorge. Lächerlich. Wie blöd das klang, wurde mir sofort bewusst. Als sie mich mit Tränen in den Augen in den Arm nahm, fühlte ich plötzlich all meine Knochen hart wie Stein auf ihrem weichen Körper. Mama, warum kannst du mir nicht helfen …? Lass mich nicht los …! Auch mir stiegen Tränen in die Augen, und es tat mir auf einmal so furchtbar leid, was ich ihr und meinem Papa da alles antat. Nicht nur, dass ich mich nicht einmal zusammenreißen und ganz »normal« mitessen konnte, nein, einfach alles, was ich getan hatte! All die Lügen und dass sie hilflos mit ansehen mussten, wie ihre eigene Tochter sich zugrunde hungerte. Dass sie mich deswegen in die Hände anderer geben mussten, wenn auch nur für eine gewisse Zeit. Es tat mir alles so unendlich leid. Aber es war zu spät.

KAPITEL 4

MASTANSTALT PLUS MANIPULATION

Eine knappe Woche später, am 13. November 2014, ging die Reise sehr früh morgens los. Papa blieb zu Hause bei meinen Geschwistern, Mama fuhr mich, und ich konnte sie sogar noch überreden, unser E-Piano mitzunehmen. Wenn ich mir heute überlege, was das für ein Aufwand, Geschraube und Schlepperei war, kann ich nur den Kopf schütteln. Aber ich wollte es unbedingt, und wahrscheinlich hatten meine Eltern nur zugestimmt, weil sie dachten, es würde mir vielleicht helfen, wenn ich mein Instrument dabeihatte und ab und zu mal spielen konnte. Während wir über die novemberdunklen, kalten, grauen Straßen und Autobahnen bretterten, dachte ich nur an all die Verabschiedungen der letzten Tage. Meine Freunde. Meine Familie. Der Chor. Jetzt war ich auf mich allein gestellt. Neue Umgebung, neue Menschen. Musste tun, was die von mir wollten, und irgendwie wieder »normal« werden. Der Ankunftstag war eine einzige Hektik. Ich hatte vor Aufregung kaum etwas gegessen, noch dazu wollte ich jede verbleibende Sekunde noch zum Gewichtverlieren ausnutzen, so gut es eben ging. Als wir ankamen hieß es erst mal, alles Gepäck und das E-Piano auf die Station zu bekommen. Als wir so durch die Klinik irrten, fielen mir immer wieder die ultradünnen Mädchen und Frauen mit ihren Streichholzbeinen ins Auge. Da war ich ja völlig gesund dagegen! Was hatte ich hier eigentlich verloren? Na ja, bevor ich so endete wie die, machte ich lieber vorher eine Therapie … Auf der Station wurde ich auch schon überaus freundlich von den Co-Therapeuten begrüßt und bekam mein Zimmer gezeigt. Natürlich wurde ich von den anderen Patienten, die gerade im Aufenthaltsraum Karten spielten, erst mal skeptisch von oben bis unten beäugt, aber damit hatte ich gerechnet. Jedoch nicht damit, dass sie anfingen zu flüstern und zu kichern, und zwar so laut, dass ich es deutlich hören konnte, auch wenn ich außerhalb ihrer Sichtweite war. »Wieder eine Anorexe … Mann, ich dachte, es gibt auch noch was anderes da draußen!« – »Wieso schleppt die ihr Klavier mit hierher?« Hallo?! Ich kann das hören! Na, das konnte ja heiter werden! Als ich wieder an ihnen vorbeikam, fiel mir eine Person auf, die zusammengekauert in der Sofaecke saß und gedankenverloren zeichnete. Oversize war gar kein Ausdruck für den riesengroßen Pulli, in dem sie versank. Ihr Blick starr aufs Papier gerichtet. Ich erschrak zu Tode, als ich genauer hinschaute und bemerkte, wie abgemagert dieser Mensch war. Das Gesicht grau, ausdruckslos und leichenblass, total eingefallene Wangen, die Augen wirkten überdimensional groß. Noch dazu die spindeldürren Finger und Hände, wo jede Sehne und Ader mehr als deutlich herausstach. Haut und Knochen, im wahrsten Sinne des Wortes. Die fahl-blonden Haare kinnlang und spröde. Ich war mir absolut nicht sicher, ob es ein Junge oder ein Mädchen war. So musste der Tod aussehen. Unter Schockstarre wartete ich auf Mama, da wir zusammen zu den Co-Therapeuten mussten, die uns alle Regeln und Abläufe kurz erklärten.

Danach stand die erste Untersuchung bei meinem zuständigen Arzt und Therapeuten an. Es wurde wohl nichts Auffälliges gefunden, außer die üblichen Begleiterscheinungen bei untergewichtigen Menschen, wie Dauer-Gänsehaut, Flaum auf Armen und Rücken, blaue Knie und Knöchel oder wunde Druckstellen an Wirbelsäule und Steißbein, was vom Liegen oder Sitzen kam. Es folgte noch ein Gespräch zusammen mit einer der Chefärztinnen, in dem ich meine ganze Vorgeschichte in Kurzfassung runterratterte und am Ende gefragt wurde, was ich mir von dem Aufenthalt hier erhoffte. Na ja … mal überlegen … »normal« und »gesund« werden? Essen lernen? Zunehmen? Keine Ahnung, sagen Sie es mir doch, was ich mir erhoffen sollte! Damals dachte ich, ich hätte ihnen die Wahrheit gesagt, aber mir fiel auch schnell auf, dass ich wohl eine Spur zu positiv klang, denn während meiner Antwort wurde ich voller Skepsis ungläubig angestarrt. Heute weiß ich, dass ich überhaupt keinen Plan hatte, was denn die Wahrheit war, geschweige denn, was ich mir erhoffte. Im Grunde genommen gar nichts, denn ich hatte noch nicht mal richtig akzeptiert, überhaupt ein Problem zu haben. Ich glaubte halbherzig, was mir meine Eltern eingetrichtert hatten: Ich war krank, essgestört und musste jetzt in Behandlung, um wieder »gesund« zu werden. Aber war es wirklich so? Klar, zu Hause lief es alles andere als rosig, aber fühlte ich mich wirklich so krank? Zu 100 Prozent konnte ich einfach nicht glauben, wirklich magersüchtig zu sein. Alles, was ich sagte, war das, was sie in meinen Augen hören wollten, und es klang von mir unbeabsichtigt so, als würde diese ganze Zeit hier bestimmt ein Kinderspiel für mich werden. Immer nur Fragen, Antworten, Aufschreiben und wieder von vorn. Ein kurzer kritischer Blick übers Papier hinweg. Daneben mein Arzt und Therapeut, der etwas anders war, immer etwas sanfter und vorsichtiger fragte. Ganz ernst nehmen konnte ich ihn aber von Anfang an nicht. Dafür hatte er einfach eine zu softe Art.

Als all das endlich vorbei war, musste ich das erste Mal zum Abendessen, wo ich wegen der ganzen Gespräche auch noch zu spät kam, eigentlich eine Todsünde, aber in Ausnahmefällen nicht schlimm. Den ganzen Tag über hatte ich kaum etwas zu mir genommen und musste zugeben, dass ich jetzt richtigen Hunger hatte und mich fast sogar schon aufs Essen freute. Ich hatte vorher schon in meinem Zimmer die Anweisungen gelesen, wo ausdrücklich darauf hingewiesen wurde, dass die Essenszeiten für essgestörte Patienten verpflichtende Therapieveranstaltungen waren. Auch wurde dauernd das Wort »Richtmenge« erwähnt, diese unterschied sich bei jeder Mahlzeit. Für das Abendessen bedeutete das konkret: drei Scheiben Brot (um Gottes willen!) mit zwei Päckchen Butter (insgesamt 40 Gramm, was eine Katastrophe!) und sogenanntem

»flächendeckender Belag«, wie Käse, Wurst oder irgendeinem Aufstrich. Das bedeutete, wenn der Käse nicht ganz die Brotscheibe bedeckte, musste ich mir noch eine Scheibe nehmen. Egal was auf dem Brot lag, es musste Butter darunter und zwar immer. Ausnahmslos. So was Widerwärtiges! Ich hasste Butter! Zusätzlich durfte man sich noch ein paar gesunde Sachen wie Gemüse oder Obst mit aufs Tablett nehmen, aber Gott bewahre, wenn man es mit der »Dekoration« übertrieb! Vitamine könnten ja potenziell schädlich sein und die Gewichtszunahme erschweren! Es gab oft noch mehr Kalorienbomben wie Couscous-Salat, Feta in Öl, Nudel- oder Kartoffelsalat, alles schön schmierig und fettglänzend im gleißenden Licht des Speisesaals. Alle paar Tage gab es auch ein warmes Abendessen zur Auswahl. Meistens Pellkartoffeln mit Quark. Die Kartoffelmenge war zwar utopisch riesig, aber das schmeckte mir immerhin besser als diese Käsebrote, von denen ich ohnehin durch meine Vergangenheit traumatisiert war und sie hier nahezu Abend für Abend irgendwie runterwürgen musste. Mama fragte mich noch: »Denkst du, du kriegst es hin, Butter zu essen?« – »Ja, steht halt so in den Regeln, was will ich denn auch anderes tun?«, antwortete ich, obwohl ich mir auch nicht ganz sicher war. Aber mir war klar, dass jetzt erst mal Schluss war mit den Spielchen und ich mich wohl oder übel fügen musste. Und da gehörten sowohl die böse Butter als auch massenhaft Brot dazu. Ich wollte gar nicht wissen, wie viel Kohlenhydrate und Fett ich wohl jeden Tag in mich reinschaufelte, und versuchte, den Gedanken zu verdrängen, was mir anfangs auch gelang, denn es schmeckte einfach zu gut. Alles, was ich mir über eine so lange Zeit verboten hatte, musste ich hier wieder essen, denn es waren ja die Regeln, gegen die ich ohnehin nichts ausrichten konnte, und ich wollte ja auch wieder »gesund« werden. Wenn das der Weg dahin war, musste ich ihn wohl gehen.

Jede Station hatte verschiedene Tische, ich saß nun am E-Tisch, zusammen mit fünf anderen Mädchen. Bei jeder Mahlzeit war ein Co-Therapeut dabei, und bevor es zum Buffet ging, wurde die sogenannte Blitzlichtrunde veranstaltet. Jeder musste kurz und knapp mitteilen, wie er oder sie sich fühlte, wenn man wollte, konnte man es auch begründen. Anschließend musste sich für »Richtmenge« oder »Richtmenge und Zusatz« entschieden werden, was wohl dabei helfen sollte, dass man sein Ess-Vorhaben auch wirklich durchzog, wenn es vorher vor der ganzen Gruppe verkündet wurde. Während des Essens lernte ich die Namen meiner Tischnachbarinnen kennen, woher sie kamen und wie lange sie schon hier waren. Natürlich fiel mir auch sofort auf, dass ich nicht so dünn war wie sie. Immer wieder verglich ich meine Oberschenkel mit denen meiner Nachbarin. Wie breit meine doch waren, da hätte noch so viel mehr weggehen müssen bei mir! Nichts hatte ich geschafft in meinem Leben! Nicht mal ein richtiges Runterhungern! Sie waren alle nur noch Striche in der Landschaft, ich dagegen sah ganz normal aus! Hatte ich es doch gewusst, ich war bei Weitem noch nicht krank und dünn genug für diese Klinik! Was machte ich eigentlich hier? Ich war ja völlig fehl am Platz! Wie konnten Mama und Papa nur so eine gestörte Wahrnehmung an den Tag legen? Vielleicht war ich schmal, das sah ich ja noch ein, aber abgemagert? Was eine vollkommen übertriebene Reaktion, mich stationär zu schicken, die hatten sie ja wohl nicht mehr alle! Auch die ultra-abgemagerte Person aus dem Aufenthaltsraum heute Nachmittag war mit dabei. Sie hieß Maja und war seit zehn Tagen hier. Auch wenn sie aussah, als würde sie nicht mehr lange leben, war ich doch überrascht, wie lebendig und hoffnungsvoll ihre Stimme klang. Das komplette Gegenteil zu ihrem Körper. Ihr Brot schmierte sie wie in Zeitlupe, und auch ihr Esstempo war langsamer, als eine Schnecke kriechen konnte. Immer wieder musste ich mich ermahnen, sie nicht permanent anzustarren, was schwierig war, weil sie mir direkt gegenüber saß. Ihr Anblick war das Gruseligste, was ich bisher in meinem Leben gesehen hatte. Es stellte sich heraus, dass wir gar nicht so weit voneinander weg wohnten, nur knappe 100 Kilometer. Irgendwie hatte ich das Gefühl, dass wir gut miteinander klarkommen würden. Die Essenszeit betrug pro Mahlzeit 45 Minuten, womit einige echt zu kämpfen hatten. Für mich war es in Ordnung, denn ich hatte mich nie großartig um meine Geschwindigkeit beim Essen gekümmert, außer, dass ich vielleicht bewusst etwas mehr und langsamer kaute, um keinen Blähbauch zu bekommen und das Sättigungsgefühl schneller hervorzurufen. Es war mir aber ein Rätsel, wie manche magersüchtigen Menschen eine Stunde oder länger für eine einzige Mahlzeit brauchten.

Nach dem ersten Essen packte ich noch ein paar Sachen in meinem Zimmer aus und wartete auf Mama, die die Nacht in einem Hotel verbrachte und früh am nächsten Morgen nach Hause fahren wollte. Ich erzählte ihr von den Arztgesprächen, den Tischregeln und den Mädchen, die ich bereits kurz kennengelernt hatte. »Und wie geht es dir jetzt? Wie fühlst du dich? Denkst du, du kriegst das hin?« Gute Frage. Wenn ich darauf nur die richtige Antwort wüsste … »Also … es geht mir im Moment ganz gut, glaube ich … Ich weiß zwar, dass ich hier ziemlich viele Dinge essen muss, die ich zu Hause schon Ewigkeiten nicht mehr angerührt habe, aber da muss ich durch, denn es sind die Vorschriften, und wenn alle es tun, muss ich das ja wohl auch. Aber ich finde es echt unnötig, dass da immer Butter drunter muss! Das schmeckt doch nicht!« – »Kannst du denn nicht die Menge an Butter, die du essen musst, auf zwei Brote verteilen und das dritte ohne essen, nur mit Frischkäse?« – »Habe ich auch schon gefragt, aber das dürfen wir nicht.« So unterhielten wir uns noch eine ganze Weile, bis sie schließlich gehen musste, denn auch die Besuchszeiten endeten irgendwann. Das hieß für mich: Abschied nehmen für eine lange, ungewisse Zeit. Plötzlich kamen mir die Tränen, und ich war überhaupt nicht mehr sicher, ob ich das hier wirklich durchziehen konnte. Von durchziehen wollen mal ganz zu schweigen … Ich wollte nicht allein gelassen werden! Bitte Mama, geh nicht! Bleib bei mir! Lass mich nicht allein! »Meine Maus, du schaffst das. Zieh es durch, es ist so eine tolle Chance und Möglichkeit für dich, hier zu sein und Hilfe zu bekommen. Du wirst Freunde finden, schneller als du dir vorstellen kannst. Glaub mir, es ist nicht leicht für mich, dich hier zurückzulassen, aber es ist der einzige Weg. Du schaffst das! Ich hab dich lieb. Mach's gut und gute Nacht.« Mit diesen Worten lösten wir unsere Umarmung, und ich brachte unter schwerem Schlucken nur noch ein »Gute Nacht, ich hab dich auch lieb!« raus. Als die Tür zufiel, brach ich in Tränen aus. Kein lautes Schluchzen, sondern leise, große, kugelrunde Tränen, die meine Wangen herunterströmten. Jetzt ging es also los. Mutterseelenallein musste ich jetzt durch eine lange, schwere Zeit gehen. Die Last auf meinen Schultern wurde plötzlich unerträglich groß, und ich kauerte mich mit angezogenen Beinen neben mein Bett, wo ich eine halbe Ewigkeit saß und still vor mich hin weinte. Irgendwie schaffte ich es noch, ins Bad zu gehen und mich bettfertig zu machen.

Am nächsten Morgen klingelte mein Wecker schon um kurz vor sechs. Ich musste zur Blutabnahme, was ziemlich lange dauerte, da es vielen anderen genauso ging. Auch hier wieder klapperdürre Mädchen und Frauen in viel zu weiten Jogginghosen, dicken Pullovern und Wollsocken. Dachten die tatsächlich, sie könnten so kaschieren, wie furchtbar sie aussahen? Wieder andere das komplette Gegenteil: aufgebrezelt in hautengen Jeans und hohen Stiefeln, was noch viel schlimmer aussah. Wie konnte jemand mit solchen Strichbeinen nur auf diesen Absätzen laufen? Wann würde sie umknicken? Die Absätze waren ja fast breiter als ihre Beine! Danach ging es wieder auf Station zum Wiegen. Zwei feste Wiegetage gab es pro Woche, nach Absprache konnte es aber auch mal öfter vorkommen. Nur in Unterwäsche und Bademantel wartete ich mit einigen anderen Mädchen vor dem unheilvollen Zimmer. Alle starrten ausdruckslos Löcher in die Luft, bis sie aufgerufen wurden, eine nach der anderen. Den Mantel musste ich drinnen natürlich ablegen. 40,5 Kilo war mein Startgewicht. Ziel also fast erreicht. Aber eben nur fast. Eigentlich hatte ich gedacht, dass das schon ziemlich wenig war. Offiziell war es untergewichtig und auch als Magersucht klassifiziert. Wenn ich aber meine Figur mit denen der anderen essgestörten Patientinnen verglich, was ich permanent tat, wurde mir klar, dass ich noch viel mehr hätte abnehmen müssen, um auch nur annähernd dem Krankheitsbild hier zu entsprechen. Mindestens fünf bis zehn Kilo mehr! Aber wollte ich wirklich so armselig aussehen? Eigentlich konnte ich ja froh sein, nicht so schrecklich auszuschauen, denn das bedeutete, dass ich wahrscheinlich schneller entlassen werden würde. Trotzdem war da so eine Stimme in meinem Kopf, die mir immer wieder zuflüsterte, dass ich nicht krank genug war für diesen Ort, nicht hineinpasste, nicht dazugehörte, mal wieder die Einzelgängerin war. Aber vielleicht bildete ich mir das alles nur ein, und ich war eigentlich viel dünner, als ich mich selbst sah? Von dem Wort »Körperwahrnehmungsstörung« hatte ich schließlich auch schon mal gehört. Wie auch immer, mir blieb noch genug Zeit, um darüber nachzudenken.

Jetzt ging es erst mal ab zum Frühstück, was schon sehr verlockend bis nach oben roch. Der Duft von frischen Brötchen und Kaffee machte mich hungrig, und irgendwas sagte mir, dass ich mir gar keine Gedanken zu machen brauchte, denn mit nur etwas mehr als 40 Kilo dürfte man bedenkenlos essen. Die Richtmenge beim Frühstück waren zwei Brötchen mit 40 Gramm Butter, plus ein Päckchen Belag für jede Hälfte, also insgesamt vier Beläge. Da hatten wir die Wahl zwischen verschiedenen Marmeladen, Honig, Nutella, Wurst oder Käse, manchmal gab es auch hart gekochte Eier. Obst, Joghurt und Müsli war alles freiwillig als Zusatz zu sehen, es sei denn, es war therapeutisch vereinbart, und es durften zwei Tassen getrunken werden. Ob Tee, Kaffee, Wasser oder Saft war egal. Natürlich nahm sich niemand freiwillig Milch oder Saft als Getränk, außer die flüssigen Kalorien wurden vom Therapeuten so bestimmt. Von Anfang an schmeckten mir die Müslistangen extrem gut, vor allem in Kombination mit Butter und der Heidelbeermarmelade. Es war zwar pappsüß, aber für mich eine regelrechte Geschmacksexplosion, und ich fing an, mich zu wundern, weshalb ich so lange auf so etwas Leckeres verzichtet hatte. Besser gesagt, wie ich so lange verzichten konnte! Trotzdem behielt ich im Hinterkopf, dass das, was ich da gerade aß, alles andere als gesund und eine reine Zwangsmaßnahme war und ich das so in der Form zu Hause auf gar keinen Fall weiterführen durfte! Ich würde wieder fett werden, hundertprozentig! Ich aß aber trotzdem noch zusätzlich jeden Tag eine kleine Schale mit Naturjoghurt und Obst, auch wenn ich wusste, dass ich mir da freiwillig noch mehr Kalorien reinpfiff, als ich eigentlich musste, aber ein bisschen was Gesundes musste für mich einfach mit dazu. Die meisten an meinem Tisch aßen nur, was vorgegeben war und keinen Bissen mehr. Dann war von »Expos« die Rede. Eine Expo war quasi eine Herausforderung oder Angst, der man sich stellte. Bei uns Essgestörten war das zum Beispiel, ein verbotenes Lebensmittel zu essen, im Bikini ins Schwimmbad zu gehen oder einfach nur, einen Tag mit etwas anderem als Jogginghose und Pulli rumzulaufen mit dem Risiko, dass man komische Blicke erntete. Eine Mitpatientin auf meiner Station hatte diesen Morgen die Expo »Nutella essen« erfolgreich bewältigt und strahlte wie ein Honigkuchenpferd. Da stellte ich mir vor, wie ich eines Tages wahrscheinlich Nutella essen musste, was ich seit Jahren nicht mehr getan hatte. Schnappatmung! Das konnte ich nicht! Niemals! Plötzlich fühlte ich mich wieder richtig schlecht, weil ich erstens ziemlich voll war und keine Ahnung hatte, wie ich beim Mittagessen wieder etwas in mich reinbringen sollte, und zweitens, da ich Angst hatte, zu irgendwelchen Dingen gezwungen zu werden, die ich gar nicht wollte. Dass ich mir hier jeden Tag zwei Brötchen und drei Scheiben Brot mit insgesamt 80 (!) Gramm Butter einverleiben musste, war ja schon heftig, aber wenn ich dann zusätzlich noch so furchtbar ungesundes Zeug wie Nutella draufschmieren musste, noch dazu mit der Zwangsbutter darunter … das würde ich nicht aushalten! Hoffentlich würde ich solchen Expos entgehen können! Mir fiel wieder auf, wie langsam Maja aß. Wie in Trance verteilte sie ihren Belag gleichmäßig und kaute im Schneckentempo. Was wohl in ihrem Kopf vorging? Ich bemerkte schnell, dass sich die Stimmungen und Launen meiner Leidensgenossinnen und mir im Sekundentakt ändern konnten. Waren wir vor dem Essen noch einigermaßen gut gelaunt in der Blitzlichtrunde, konnte es währenddessen oder hinterher schon das komplette Gegenteil sein. Sogar Tränen waren dabei an der Tagesordnung, und ich hoffte inständig, dass ich nicht eines Tages wegen des Essens oder des schlechten Gefühls danach weinen würde. Auch fiel mir auf, dass manche Patienten richtig besessen waren. Jede Station hatte ihre eigenen Essenszeiten, sodass wir oft dabei zusehen konnten, wie sich die anderen am Buffet bedienten. Fütterung der Raubtiere. Manche stürmten hin, als wäre es die einzige Nahrung, die sie am Tag bekommen würden, und ich fragte die Co-Therapeutin an unserem Tisch, weshalb sie sich so merkwürdig benahmen. »Um das kleinste Brötchen, die dünnste Scheibe Käse oder was auch immer klein ist zu erwischen«, war die Antwort. Ich runzelte die Stirn. »Aber es hat doch alles die gleiche Größe, und wenn der Belag zu wenig ist, muss man sich doch eh noch mal nachholen. Das verstehe ich nicht.« Sie lächelte. »Genauso ist es, aber in den Köpfen der Patienten sieht es etwas anders aus.« Ich atmete hörbar aus. Wo war ich hier nur gelandet?

Mein Therapieplan setzte sich zusammen aus: Essstörungsbewältigung, Bewegung, Lehrküche, Einzeltherapie, Körperbild, Gestaltung, Gruppentherapie, Biofeedback, Gruppe sozialer Kompetenz, Co-Gruppentherapie am Wochenende und die Stationsvisite einmal pro Woche. Die einzelnen Therapiestunden waren unterschiedlich einmal oder mehrmals die Woche auf meinem Plan, sodass meine Tage entweder sehr vollgepackt oder sehr leer waren. Manchmal wurde mir alles zu viel, an anderen Tagen wünschte ich, ich hätte mehr Ablenkung.

TAGEBUCHEINTRAG VOM 17.11.2014

Liebes Tagebuch, es gibt so unglaublich viel zu berichten, dass ich gerade gar keinen Plan hab, wo ich anfangen soll. Vor allem mit Maja verstehe ich mich super! Wir waren schon ein paar Mal zusammen spazieren und am letzten Samstag in der Stadt, uns ein bisschen umschauen, erzählen und Kaffee trinken. Wir haben ganz offen über unsere Krankheit gesprochen, und das hat wirklich gutgetan, weil ich endlich mal so viel loswerden konnte mit dem Wissen, auch wirklich verstanden zu werden. Mit dem Essen komme ich erstaunlich gut zurecht, das hätte ich nicht gedacht. Von der Menge her finde ich es eigentlich nicht schlimm, wobei es schon echt verrückte Essensregeln gibt. Man darf zum Beispiel nicht das Innere von den Brötchen rausnehmen und essen, um den Belag besser verteilen zu können, auch wenn man das Innere natürlich trotzdem essen würde. Die achten sogar darauf, ob man alle Komponenten auf dem Teller gleichmäßig isst! Ich wurde beispielsweise ermahnt, das Gemüse immer schön mit dem Reis zusammen auf die Gabel zu schaufeln und nicht zuerst das eine oder das andere leer zu essen. Über so was Verrücktes hab ich mir noch nie Gedanken gemacht! Warts ab, am Ende geh ich hier verrückter raus, als ich reingekommen bin … An meinem ersten Morgen hier hatte ich 40,5 Kilo, und heute Morgen (Montag) sind es schon 41,8! Das sind 1,3 Kilo mehr nur übers Wochenende! Aber die anderen und auch mein Arzt haben mir schon gesagt, dass das Gewicht anfangs sehr schnell steigt und es sich dann verlangsamt, also kein Grund zur Sorge. Ich hab so einen komischen Vertrag unterschreiben müssen, wo ich verspreche, mindestens 700 Gramm pro Woche zuzunehmen. Wie ich das versprechen soll, weiß ich nicht, denn was mein Körper letztendlich mit dem Essen macht, liegt ja wohl nicht in meiner Hand. Na ja, wahrscheinlich meinen die damit, dass man nicht heimlich viel Sport treiben oder Abführmittel nehmen soll. Mit 49 Kilo werde ich entlassen, dann habe ich einen »normalen« BMI von 19. Hier laufen Menschen rum, die aussehen, als kämen sie direkt aus einem Konzentrationslager. Da bin ich noch einer von den ganz, ganz harmlosen Fällen.

Zu Anfang der Klinikzeit hatte ich keine Probleme mit der Essensmenge. Im Gegenteil, ich freute mich sogar darauf, endlich wieder essen zu »dürfen«. Wie lange hatte ich auf süße Marmelade und Honig verzichtet oder keinen Käse gegessen? Butter, Salatdressings, Soßen und Suppen mit deutlich sichtbaren Fettpfützen, bergeweise Brot und Brötchen – das alles machte mir zu Beginn nichts aus, ich dachte nicht großartig darüber nach. Diskutierte in meinem Kopf nicht mit mir selbst. Essen musste ich es hier ja ohnehin, es waren die Regeln, und da ich vorn herum akzeptiert hatte, wohl ein Problem zu haben, musste ich daran eben arbeiten. Deshalb war ich hier. Dass das wahre Problembewusstsein noch lange nicht in meinem Kopf angekommen war, wusste ich damals noch nicht.

»Richtmenge« – daran hatte man sich also zu orientieren, anscheinend waren das »normale« Essensmengen, die man jeden Tag zu sich nehmen sollte. Doch schon zwei Wochen nach Ankunft in der Klinik fing ich langsam an, mich irgendwie unwohl zu fühlen. Zuerst wischte ich dieses Empfinden gekonnt beiseite, aber irgendwann konnte ich es einfach nicht mehr ignorieren. Mein Körper saugte die Kalorien wie ein Schwamm regelrecht auf und speicherte sie sofort. Jeden Morgen konnte ich schwören, beim Blick in den Spiegel wieder irgendwo ein kleines, neues Fettpolster zu entdecken. Es war mir ein Rätsel, wie man sich so dermaßen herunterwirtschaften konnte, wie so viele andere essgestörte Menschen hier, die von der Richtmenge einfach nicht zunahmen. Die schon wochenlang hier waren und immer noch aussahen wie der Tod höchstpersönlich. Wie dünn waren die dann bitte bei ihrer Ankunft gewesen? Wie um alles in der Welt schaffte man es freiwillig, sich so kurz vor den Tod zu begeben? Die hatten alle einen viel stärkeren Willen als ich! Und wie um Himmels willen brachten es manche fertig, von einer oder mehreren Mahlzeiten gezwungenermaßen noch einen Nachschlag, also die eineinhalbfache Menge, zu essen? Ich fühlte mich absolut fehl am Platz, von Anfang an. Die Therapiegespräche waren auch merkwürdig. Sollte das so sein, oder lief da alles verkehrt? Wie ein Abarbeiten von irgendeiner Liste. Mir blieb keine andere Wahl, als da mitzuspielen. Vielleicht war das ja auch nur die Kennenlern-Phase? Mein Therapeut musste ja erst mal einige Dinge über mich erfahren, bevor er damit arbeiten konnte. Ich akzeptierte einfach alles, was mir vorgesetzt wurde, und dachte nicht groß darüber nach. Wie auch? Ich hatte ja keinen Vergleich. Würde schon richtig sein, was die hier mit mir veranstalteten.

TAGEBUCHEINTRAG VOM 30.11.2014

Liebes Tagebuch, jetzt bin ich schon mehr als zwei Wochen hier … Letzten Montag hatte ich schon 42,7 Kilo auf der Waage und hab dann meine Bewegungstherapie als Belohnung angemeldet und sogar zweimal 45 Minuten Sport pro Woche genehmigt bekommen! Die BWT ist echt gut, ich glaube, dass die mir sehr viel bringt, weil wir beigebracht bekommen, dass Sport nicht zum Kalorienverbrennen dienen sollte. Der Spaß und die Gemeinschaft stehen an erster Stelle. Meine Verdauung hat in den ersten zwei Wochen komplett verrückt gespielt, dauernd hatte ich Durchfall und war aufgebläht wie ein Ballon. Ich bin sogar schon vom E-Tisch an den G-Tisch gerutscht, und mein Therapeut hat angedeutet, dass er mich auch so zügig es geht an den F-Tisch verfrachten will. Anscheinend bin ich eine gute Patientin, und er will mich vor neue Herausforderungen stellen. Je weiter man an den Tischen rutscht, desto mehr Freiheiten bekommt man. Und die sollen ja wieder erlernt werden, schließlich kann man nicht sein Leben lang beaufsichtigt essen und immer nur die Richtmenge. Maja geht es glaub ich schon etwas besser. Mit dem Zunehmen klappt's leider nicht ganz so gut, sie kommt einfach nicht über 35 Kilo … Aber sie hat mir gesagt (und das merkt man ihr auch an), dass sie entspannter mit dem Essen umgeht. Ich wäre auch neben ihrem Bezugstherapeuten die einzige Person hier, der sie wirklich vertraut. Es beruht auf Gegenseitigkeit, ich kann ihr auch alles anvertrauen, ohne dass ich denke, für komplett verrückt gehalten zu werden. Was mich im Moment aber echt voll runterzieht, ist der Spiegel. Der hängt mitten in meinem Zimmer, und auch wenn ich es tunlichst vermeide, reinzuschauen, passiert es halt doch mal. Ich kann mich einfach nicht im Spiegel ansehen, ohne sofort was Negatives zu denken. Das ist krank, ich weiß. Meine Körperakzeptanz ist noch sehr ausbaufähig … Maja hat mir vorgeschlagen, den Spiegel mit Plakaten zu überkleben, wo ich mir Motivationssprüche und positive Eigenschaften von mir draufschreibe. Aber dann gehe ich dem Problem ja komplett aus dem Weg und bekomme irgendwann den Schock des Lebens, wenn ich die Dinger abhänge und mich dann sehe! Ich glaube, Konfrontation ist die bessere, wenn auch härtere Maßnahme.

Mit Maja freundete ich mich unglaublich schnell an. Auf unserer Station sah sie mit Abstand am schlimmsten aus, und ich befürchtete ernsthaft, dass sie eines Tages einfach nicht mehr zum Frühstück erscheinen würde, weil ihr Herz nachts aufgegeben hatte. Sie war in etwa so groß wie ich und wog bei ihrer Einweisung 32 Kilo. Acht Kilo weniger als ich! Wie ich wohl mit acht Kilo weniger ausgesehen hätte? Irgendwie war der Gedanke im ersten Moment reizvoll, dann kam die Resignation. Ich bin einfach nicht krank genug für diesen Ort hier! War viel zu lange viel zu vernünftig mit dem Essen, da hätte viel mehr gehen können, wenn ich mich nur mal richtig zusammengerissen und mal tagelang gefastet hätte! Aber sofort funkte eine andere Stimme dazwischen: Bist du jetzt völlig abgedreht? Willst du sterben? Sei froh, dass du nicht da unten bist! Schau, was sie alles essen muss und es überhaupt nicht aufnehmen kann! So kaputt hat sie ihren Körper gemacht! Obwohl ihr die Mahlzeiten anfangs deutlich schwerfielen, denn sie aß so unendlich langsam und hatte einen total abgedrehten Tunnelblick aufgesetzt, bewunderte ich Maja doch für ihre eiserne Disziplin. Bei jeder Mahlzeit war ich mir sicher, dass sie ihre Portion nicht in der vorgegebenen Zeit schaffen würde, aber sie schaffte es doch. Jedes einzelne Mal. Manchmal klagte sie über Völlegefühl und Bauchschmerzen, was bei den abstrusen Essensmengen aber auch kein Wunder war. Ihr Arzt meinte, ihr Körper brauche Zeit, um den Stoffwechsel wieder funktionsfähig zu machen. Sie könne nichts anderes tun, als geduldig zu sein und weiter zu essen, bis es eben endlich anschlug und ihr Körper die Nahrung richtig aufnehmen konnte. Und das tat sie. Zuerst gab es für sie einen verordneten Nachschlag beim Frühstück. Drei Brötchen statt zwei natürlich inklusive Belag. Jeden Tag. Dann begann sie, freiwillig Zusatz beim Abendbrot zu essen. Drei Scheiben Brot mit Belag inklusive einer Schale Nudel- oder Kartoffelsalat. Ihre freiwilligen Zusätze häuften sich. Hier noch ein Apfel, da ein Cappuccino statt schwarzen Kaffees, manchmal sogar ein kleines Stückchen Kuchen. Was sich für andere lächerlich anhört, konnte für einen magersüchtigen Menschen eine ganze Welt bedeuten, denn gefühlt versteckten sich überall Kalorien, die nur mit den Hufen scharrend darauf geierten, uns anzufallen. Kurze Zeit später bekam sie noch Nachschlag für das Mittagessen angeordnet. Utopisch. Die anderthalbfache Menge jeder Mahlzeit plus noch freiwillige Snacks zwischendurch! Wie um alles in der Welt schaffte sie das? Wie groß musste ihr Wille sein? Ich schätzte den Gehalt ihres täglichen Essens auf 4000 Kalorien. Vielleicht sogar noch mehr? Durch Zufall fanden wir heraus, dass sie wohl den Klinikplatz bekommen hatte, als bei mir damals niemand erreicht werden konnte. Zeitlich passte es wie die Faust aufs Auge. Bis heute frage ich mich, wie die Klinik meinen Fall als dringlicher einstufen konnte als Majas, sodass sie zuerst mich angerufen hatten. Zu der Zeit hing Maja im Krankenhaus am Tropf, die Ärzte waren nicht sicher, ob sie es schaffen würde. Vielleicht deshalb. Doch sie hatte es geschafft. Und ich bin bis zum heutigen Tag heilfroh, dass sie damals zuerst den Platz in der Klinik bekommen hat und nicht ich.

Da ich mich zu Anfang der Therapie anscheinend nicht ganz blöd anstellte, bekam ich auch recht schnell mehr Freiheiten. Durfte alleine joggen oder schwimmen gehen, rutschte an den betreuten Essenstischen weiter, wo nach und nach die Beaufsichtigung weniger wurde. Die täglichen Jogging- oder Spazierrunden wurden schnell zu meiner Lieblingszeit des ganzen Tages. Raus aus der Klinik, was anderes sehen. Die Gegend erkunden. Die schnelle Gewichtszunahme ein bisschen abbremsen, mal wieder ein Hungergefühl nach dem Sport entwickeln, um mit besserem Gewissen essen zu können. Mir war das nur recht, und nach wie vor hielt ich mich an alle Regeln. Schließlich wollte ich nicht negativ auffallen! Und alles, was ich hier tun musste, hatte ja wohl einen Sinn, und da ich ja ach so krank war, musste ich diese Regeln unbedingt befolgen zum Gesundwerden. Ich musste eine gute Patientin sein! Ein Vorbild für die anderen. Dachte ich.

Nicht mit allen auf der Station verstand ich mich gut, ein paar hielt ich für völlig daneben, ließ es mir aber natürlich nicht anmerken und ging denen einfach aus dem Weg. Keinen Streit anfangen, wo keiner nötig war. War ich alleine in meinem Zimmer, beäugte ich mich regelmäßig kritisch – die Gewichtszunahme war auf jeden Fall deutlich sichtbar. Du hast damit kein Problem! Du darfst damit kein Problem haben! Das ist beim Zunehmen halt so, und du musst zunehmen, das weißt du ganz genau! Du kannst dich den Regeln hier sowieso nicht widersetzen, also mach einfach so mit, wie du es die ganze Zeit schon getan hast! Mein zunehmendes Unwohlsein in meinem Körper sprach ich in der Therapie nicht an. Es war eine Begleiterscheinung des Klinikaufenthalts, da ging kein Weg drum herum, und ich musste es schlichtweg hinnehmen. Wieso also sollte ich so etwas vermeintlich Banales ansprechen? Die würden mich doch auslachen! Der Grund, warum ich hier war: Zunehmen. Natürlich fühlte man sich dabei irgendwann nicht mehr wohl! Da gab's nichts dran zu rütteln oder zu diskutieren! Glaubst du etwa, du kannst eine Magersuchtstherapie machen, ohne irgendwann dein

Normalgewicht zu erreichen? Deshalb bist du hier! Nur deshalb! Nur wegen deines Gewichts! Der ganze Psychokram außen rum ist eh nur für die Akte.

TAGEBUCHEINTRAG VOM 12.12.2014

Mittlerweile wiege ich 44,4 Kilo und fühle mich dick, wenn ich in den Spiegel schaue. Dann krieg ich so einen Hass auf mich selbst und frage mich, wie schrecklich ich dann erst mit 49 Kilo Zielgewicht aussehe. Wobei das auch nicht »mein« Ziel ist, das haben die mir ja auferlegt! Ich hab ja schon feilschen müssen, dass es nur so viel werden soll wie nötig … Natürlich weiß ich rational gesehen, dass es Schwachsinn ist, ich hab schlichtweg einfach eine Körperschemastörung und ein wahnsinniges Körperakzeptanzproblem. Zwei Stimmen sind da in meinem Kopf. Die eine will »gesund« werden und sagt mir, dass Zunehmen der einzige Weg ist. Aber bin ich denn überhaupt krank? Manchmal glaube ich, die wollen mir alle nur einreden, dass ich krank bin! Die zweite Stimme schreit, dass ich hässlich, fett und undiszipliniert bin und 40 Kilo mehr als genug sind. Aber aufgeben ist nicht drin. Wer kämpft, kann verlieren, und wer nicht kämpft, hat schon verloren. Das ist mein Motto, seit ich hier bin. Auch wenn mir das Essen manchmal nicht schmeckt, zuwider oder viel zu viel ist – es muss ja doch sein. Anders geht es nicht. Heute ging es in der Einzeltherapie ums Erwachsenwerden. Laut den Auswertungspapieren von meinen Aufnahmefragebögen soll ich tierische Angst davor haben. Das stimmt aber nicht! Respekt vielleicht, aber Angst …?

Kurz vor Weihnachten besuchten Oma und Opa mich für ein paar Tage. Es schneite. Sah aus wie in einer Märchenwelt. Wir besichtigten zusammen ein kleines Städtchen, fuhren mit einem Schiff auf dem Chiemsee an den kleinen Inseln vorbei, bewunderten die wunderschönen Adventslichter vom Wasser aus. Oma und Opa liebten Bayern über alles, sie verbrachten jedes Jahr dort ihren Sommerurlaub, und mein Klinikaufenthalt war für sie schon fast ein Muss, mich dort zu besuchen. Mein Essproblem verstanden sie nicht, aber das nahm ich ihnen auch nicht krumm. Im Gegenteil, es war sogar gut, einfach nicht dauernd damit konfrontiert zu sein. Auch wenn wir nicht viel aktiv unternehmen konnten, weil beide nicht mehr allzu gut zu Fuß unterwegs waren, bin ich letztendlich unheimlich froh, dass sie da waren. Die bunten Bilder in meinem Kopf werden für immer bleiben, sie sind ein Lichtblick in dieser dunklen Zeit gewesen.

Heute lebt mein Opa alleine, denn meine Oma ist 2018 unerwartet und plötzlich gestorben. Umso wertvoller sind die Erinnerungen an diese paar Tage für mich heute. Wäre ich nicht in der Klinik gewesen, hätte ich nie nur mit Oma und Opa zusammen in Bayern ein paar Tage zur Adventszeit verbracht.

TAGEBUCHEINTRAG VOM 15.12.2014

Seit drei Tagen voll das Gefühlschaos. Hochs und Tiefs … undefinierbar. Heute Morgen schon 45,4 Kilo. Habe jetzt also in fünf Wochen fünf Kilo zugenommen. Erschreckend. Gruselig. Eigentlich ja gut. ABER ZU SCHNELL!!! Das darf um Himmels willen nicht so rasant weitergehen! Das macht mir so große Angst! Ich gehe hier als Fettklops wieder raus! Hilfe!

Es wurde zunehmend schwerer, das Dasein als aufgehender Hefekloß zu akzeptieren. Logisch, denn ich hatte mein »zu viel« an Kilos sehr langsam verloren, über Monate und Jahre hinweg. Und nun nahm ich pro Woche ein Kilo zu. Dass mein Kopf damit überhaupt nicht klarkam, lag ja wohl auf der Hand. Und doch sprach ich es nicht an, bei niemandem. Traute mich einfach nicht. Und kein Mensch fragte mich danach, selbst mein Therapeut nicht. Für mich war das damals ein unveränderbarer Zustand, durch den ich durch musste. Reden half da doch sowieso nichts, denn die Zunahme stoppen oder wieder rückgängig machen konnte ich frühestens zu Hause. Und da musste ich ja erst mal wieder hinkommen … An den Mitpatienten sah ich es: Je mehr man sich den Klinikregeln widersetzte und versuchte gegenzusteuern, desto mehr wurde man dafür »bestraft« mit Bewegungseinschränkungen oder Nachschlägen beim Essen. Man warf sich quasi selbst damit zurück und zögerte die Entlassung nur unnötig lange hinaus. Es gab so einige schwierige Fälle, die schon mehrfach in Behandlung gewesen oder sogar schon seit einem halben Jahr hier waren. Das konnte ich mir für mich beim besten Willen nicht vorstellen. Auch wenn es mir zu dem Zeitpunkt noch einigermaßen gut ging im Vergleich zu dem, was noch kommen sollte, so wollte ich doch keinen Tag länger als nötig in der Klinik zubringen. Also beschloss ich schweren Herzens, gute Miene zum immer böser werdenden Spiel zu zeigen, um schnellstmöglich den Abflug machen zu können.

TAGEBUCHEINTRAG VOM 17.12.2014

Eben war ich endlich mal im Co-Therapeutengespräch, und das hat erstaunlicherweise wirklich mal was gebracht. Mein Gewicht macht mich immer noch ein bisschen fertig, aber das ist es nicht allein. Ich habe total Probleme, im Hier und Jetzt zu sein. Immer denke ich schon einen Schritt weiter, wenn ich irgendetwas tue. Was wäre, wenn dies, was wäre, wenn das passiert …? Und das ist absolut schlecht, weil da dieses Kontrollbedürfnis ist, das mir die Essstörung ja auch gegeben hat. Mein Therapieplan ist zu voll. Das werde ich morgen ansprechen und ändern lassen. Die ganzen Bewegungstherapien würden mir momentan sehr bei den Hier-und-Jetzt-Gedanken helfen, aber dank den »wich*tigeren« Sachen hab ich momentan gar keine BWT mehr, weil sich das überschneidet! Ich lasse mir auch eine Boxsack-*

Einzelstunde geben, denn ich muss meine Aggressionen irgendwie loswerden. Sie hat gesagt, ich solle mir mehr Zeit für mich nehmen, die Umwelt bewusster wahrnehmen, um meine Gedanken sacken zu lassen. Das brauche alles Zeit, um sich zu setzen. Witzig, wie soll das bei meinen vollgestopften Tagen denn bitte gehen? Alle negativen Gedanken soll ich aufschreiben und dann ins Positive umformulieren. Wie um Himmels willen soll das denn jetzt schon wieder funktionieren? Das alles hier ist so unendlich anstrengend … Das glaubt keiner, der es nicht selbst mitgemacht hat.

Mein Therapieplan wurde voller und voller, ich hatte Mühe, meine Sporteinheiten noch irgendwo dazwischenzuquetschen. Das musste aber sein, egal wie! Gedanklich war ich nie im Hier und Jetzt, dachte beim Frühstück über die Vormittagstherapien nach, dann über das Mittagessen, eine Laufrunde und ob es wohl besser war, sie vormittags oder nachmittags zu drehen. Nachmittags sollte es regnen, aber vormittags hatte ich einen sehr getakteten Zeitablauf … höchstens kurz vorm Mittagessen, dann musste ich mich aber ziemlich beeilen! Kontrollbedürfnis. So kreisten meine Gedanken ununterbrochen im Karussell, und ich hetzte gefühlt von Therapie zu Therapie. Nahm kaum etwas mit, da es einfach zu viele Themen auf einmal waren, die bearbeitet wurden. Am Ende solcher Tage wusste ich überhaupt nichts mehr, in meinem Kopf herrschte Leere, in meinem Magen hingegen Völlegefühl und Übersättigung.

Essstörungsbewältigungstherapie – wie ein Schulunterricht, wo die Folgen der Essstörung besprochen wurden. Als würde das auch nur irgendjemanden hier interessieren bei den gelangweilten Gesichtern. Schematische Darstellung von Gefühlen und was sie auslösten. Ziemlich trocken das Ganze.

Gruppe sozialer Kompetenz – auch wieder wie Schule. Kommunikationsmodelle, alles pure Theorie. Ich verstand, was dahintersteckte, aber wie um alles in der Welt sollte ich das immer auf dem Schirm haben? Ich konnte doch nicht erst eine viertel Stunde darüber nachdenken, wie ich etwas kommunizierte oder ob ich es überhaupt tun sollte? Da war ich einmal von der normalen Schule befreit, und dann dieses blanke Theoriegelaber, Stunde um Stunde!

Gestaltungstherapie – man konnte basteln oder zeichnen. Meistens war mir überhaupt nicht danach, ich zeichnete und malte lieber abends nach all den Therapien in meinem Zimmer oder im Aufenthaltsraum, denn dann hatte ich auch Lust darauf. Auf Abruf die eigenen Gefühle künstlerisch darzustellen funktionierte bei mir einfach nicht. Ich fühlte mich meistens einfach nur gezwungen, auf Knopfdruck irgendetwas Produktives abzuliefern, womit die Gestaltungstherapeutin etwas anfangen konnte. Wo sie irgendwelche abstrusen Dinge hineininterpretieren konnte. Also tat ich es einfach. Betätigte mich kreativ, ohne das Ganze wirklich wahrzunehmen. Malte irgendwas, nur dass es irgendwie gemalt war.

In der Einzeltherapie wurde ich viel über meinen Charakter gelöchert und fragte mich immer wieder: Wieso fragt er mich das? Ich weiß es doch nicht! Deshalb bin ich doch hier, dass der Therapeut mir sagt, wer und was ich bin! Ich kenne mich selbst doch gar nicht! Es gab viele Pro-und-Kontra-Tabellen für irgendwelche alten Lebensregeln, die ich wohl über Bord werfen sollte. Zum Beispiel die Regel, es jedem immer recht machen zu wollen. Es war eine Tabelle, nicht mehr und nicht weniger.

Einzig auf die Gruppentherapie freute ich mich ein bisschen, denn da musste ich mich mal nicht stundenlang ununterbrochen mit mir selbst beschäftigen, sondern bekam auch etwas von den anderen mit. Das war eine gute Abwechslung von meinem deprimierenden Therapiealltag, den ich schon bald ziemlich leid war. Ich fühlte mich wie ein schwerer, fetter Wal, der sich mit allen Kräften in der Strömung halten musste.

TAGEBUCHEINTRAG VOM 22.12.2014

Heute war ein richtiger Kackhaufentag. Habe eben sehr lange mit meiner Familie telefoniert und danach meine extrem schlechten aktuellen Gedanken aufgeschrieben.

Ich bin zu dick. Meine Oberschenkel sind fett. Egal was ich esse, ich nehme zu. Ich will nicht gesund aussehen. Krank aussehen ist schön und macht mich zu etwas Besonderem. Knochen sehen schön aus, Fett nicht. Ich werde als Fettklops entlassen werden. Ich will nicht gesund werden.

Darf ich vorstellen? Anorexia nervosa, auch als Ana bekannt. Seit ungefähr zwei Jahren meine ständige Begleiterin. Ich liebe sie. Ich hasse sie. Sie will mich umbringen. Wer wird gewinnen? Ana oder ich?

Dauernd klingelte mein Telefon. Meine Eltern. Meine Großeltern. Freunde aus dem Chor. Eigentlich freute ich mich, da sie ja offensichtlich an mich dachten und sich interessierten, wie es mir ging. Andererseits wollte ich gerade einfach niemanden von zu Hause sehen oder hören. Wollte Abstand, meine Gedanken ordnen und versuchen, damit klarzukommen, ohne dass dauernd irgendeine Person mit mir genau darüber sprechen wollte. Einfach nur in Ruhe gelassen werden! Die Kontrolle wieder zurückgewinnen, die mir mehr und mehr entgleiste. Schlechte Gedanken häuften sich von Tag zu Tag, und ich ließ absolut keinen Raum für irgendetwas Positives. Nicht mal einen Quadratmillimeter. Nach außen hin gab ich mich nach wie vor ruhig und ausgeglichen, behauptete mit aufgesetztem Lächeln, es ginge mir gut, doch innerlich herrschte ein einziges wildes Durcheinander von verzerrten Wahrnehmungen und aufkommenden Emotionen. Emotionen, die ich durch das Untergewicht erfolgreich unterdrückt hatte, die sich jetzt aber umso stärker ihren Weg an die Oberfläche bahnten und gehört werden wollten. Doch ich wollte sie nicht hören. Blockte ab.

TAGEBUCHEINTRAG VOM 23.12.2014

Liebes Tagebuch, morgen seh ich meine Familie wieder, meine Eltern und Geschwister kommen mich über Weihnachten besuchen. Irgendwie weiß ich gar nicht, ob ich sie überhaupt sehen will. Wieso muss ich nur so fett werden? Wieso? Ich will hier nicht gemästet werden! Ich hasse mich und meinen Körper! Fühle mich so unwohl, wie ein fetter Knödel. Überall diese Speckrollen und Fettpolster! Und jeden Tag dieses ganze scheiß schwere Essen. Mir kommt's echt zu den Ohren raus! Ich will nicht mehr! Alle sagen, ich muss an meinem Selbstwert arbeiten. Das tue ich doch, aber es bringt einfach nix! Morgen ist schon wieder Wiegen angesagt. Wenn es morgen 47 Kilo sind, höre ich auf zu essen. Obwohl ich meine Stärkensammlung und mein 4-Felder-Feedback aus der Gruppentherapie aufgehängt habe und andauernd lese, bringt es rein gar nichts. Ich sehe, was da steht, aber kann es nicht verinnerlichen. Es will nicht in mein Inneres hinein. Mein Selbstwert ist da drin wahrscheinlich eingesperrt. Ihn mit ein paar Plakaten aus der Gruppentherapie rauszulocken wäre ja auch zu einfach gewesen. Wieso funktioniert diese ganze Therapiekacke bei mir nicht? Wenn das so weitergeht, gebe ich auf. Lieber sterbe ich, als so fett zu werden! Das Schlimmste ist: Ich kann es niemandem sagen, sonst muss ich ja noch länger hierbleiben! Ich will hier raus!!!

TAGEBUCHEINTRAG VOM 24.12.2014

Erleichterung. 45,6 Kilo heute Morgen. Das Wiedersehen mit meiner Familie war viel besser als erwartet. Ich glaube, für meine Eltern ist das alles hier viel schlimmer als für mich.

Weihnachten 2014 kamen meine Eltern und Geschwister mich besuchen. Eigentlich war es wunderschön. Eine malerischen Umgebung, überall herrschte winterliche Weihnachtsstimmung durch

Schnee und Lichter. So hatten wir Weihnachten noch nie verbracht, denn wir waren immer zu Hause gewesen. Ich freute mich irgendwie schon, sie wiederzusehen, aber auch hier war wieder ein Gefühl von Allein-sein-Wollen. Ich wollte einfach alleine mit meinen Gefühlen hadern und mit niemandem darüber reden, vor allem nicht mit den Menschen, die die Verantwortung dafür trugen, dass ich diesen Mist hier überhaupt mitmachen musste. Am Ende würden sie meinen Klinikaufenthalt noch verlängern, und das war ja wohl das Letzte, was ich wollte! Es blieb mir nichts anderes übrig, als weiterhin in diesem gemeinen System mitzuspielen. Die Wenigen auf meiner Station, die keinen Familienbesuch an Weihnachten bekamen und ganz alleine waren, taten mir dann aber doch sehr leid. Meine Wut auf Essen wurde immer größer, genauso wie die Abscheu vor meinem immer dicker werdenden Körper. Vorsichtig sprach ich es in der Einzeltherapie an. Sagte, die Gewichtszunahme ginge mir jetzt doch etwas zu schnell und mein Kopf käme damit nicht so gut klar. Verharmlosung vom Feinsten. Mein Selbstwert war wohl der Übeltäter, wer auch sonst? An dem sollte ich doch vermehrt arbeiten, da ich mich übers Dünnsein definiert hatte. Ich sollte doch besser positive Eigenschaften und Talente von mir in den Vordergrund stellen. Gesagt, getan. Ich überlegte mir selbst eine Stärkensammlung, die nichts mit meinem Aussehen zu tun hatte, und bekam in der Gruppentherapie eine Stärken- und Baustellensammlung von den anderen sowie ein objektives Körperbild. Alles schön und gut. Ich setzte mich damit auseinander, hängte die Plakate auf. Hockte abends stundenlang davor, starrte sie an, dachte nach, zermalmte mir den Kopf, wie ich das bloß endlich richtig verinnerlichte. Wie ich die negativen Dinge gegen die positiven austauschen könnte. Letztendlich war es ein netter Versuch. Eine reine Auflistung irgendwelcher Eigenschaften, die mir dabei helfen sollte, die richtigen Gedanken zu entwickeln. Es funktionierte keinen Meter weit.

TAGEBUCHEINTRAG VOM 27.12.2014

Das Familiengespräch war so na ja … eigentlich ganz okay, aber ich glaube kaum, dass sich zu Hause jetzt etwas verändern wird. Am 17. und 18. Januar habe ich eine Beurlaubung. Heißt, ich fahre auf Probe nach Hause. Ich bin so eine Egoistin! Bin es so leid, die reinste Katastrophe, ein einziges psychisches Wrack und halte es mit mir selber nicht mehr aus! Wieso sollte ich für mich kämpfen? Kann mir mal einer sagen, wieso ich für etwas kämpfen sollte, was ich nicht ausstehen kann? Nämlich mich selbst?

Ich finde mich egoistisch, schuldig, unfähig, lieblos, dick, krank, eiskalt, hässlich, arrogant, gemein, verfressen, klein und fett. ICH. HASSE. MICH!

Das Komische war: Ich wusste, es gab Dinge, die mich an unserem Familienleben störten. Aber was genau es war, konnte ich einfach nicht richtig erklären. Meine Geschwister, die sich wegen jeder Kleinigkeit in die Haare kriegten? Davon war ich unfassbar genervt, aber deshalb entwickelte man doch keine Essstörung! Kommunikation bei uns zu Hause? Ganz großes Thema. Zu wenig Kommunikation. Zu viele Fehlinterpretationen. Dessen war ich mir durchaus bewusst, da brauchte ich keinen Therapeuten, um das erkennen zu können. Wir bekamen Modelle, wie Gespräche abzulaufen hatten. Wie optimalerweise kommuniziert werden sollte. In der Theorie alles super, in der Praxis kaum umsetzbar. Wer sprach bitte in Modellen? Wo war da der Alltagsbezug? Wenn es Streit gab, überlegte doch keiner, in welchem Schema X das einzuordnen war! Das Ganze war schlichtweg zum Scheitern verurteilt, das war mir vom ersten Moment des Familiengesprächs an klar. Es würde zu nichts führen. Wenn ich nach Hause käme, wäre sowieso wieder alles wie zuvor. Resigniert verabschiedete ich Mama, Papa und meine Geschwister, ließ mir davon aber mal wieder nichts anmerken. Ließ sie alle denken, dass es voranginge bei mir.

TAGEBUCHEINTRAG VOM 29.12.2014

Ich hasse meinen aufgedunsenen Körper. Mein Therapeut sagt, 49 Kilo sind als Entlassungsgewicht sehr wenig. Sag mal, ist der blind?! Ich stehe gefühlt kurz vor der Fettleibigkeit! Mir doch egal, was der will! Ich kämpfe dafür, was ich will, und das ist, mit 48 Kilo entlassen zu werden! Da hab ich einen BMI von 18,5, und das ist Normalgewicht! Das reicht! Jedes Kilo mehr ist eins zu viel! Es ist jetzt schon VIEL ZU VIEL! Zu nah an der 50. Zu nah an meinem alten Leben.

Die Magersucht, meine Freundin. Krank sein macht mich zu etwas Besonderem. Dünn sein ist schön. Sichtbare Knochen sind ein Zeichen von Stärke und Disziplin. Gesund sein ist langweilig. Normal aussehen ist langweilig. Wieso sollte ich für mich selbst kämpfen, wo ich mich selbst nicht ausstehen kann?

Die Magersucht, meine Feindin. Sie schadet mir und meinem Körper. Sie will mich töten. Sie frisst mich von innen heraus auf. Meine Seele geht kaputt. Ich habe kein Leben mehr. Ich sehe nicht schön, sondern ungesund knochig aus.

Rational gesehen klingen 48 oder 49 Kilo für eine junge Frau sehr wenig, auch wenn ich mit 1,62 Meter recht klein bin. Mein Verstand wusste, dass ich mit diesem Gewicht nicht fett oder gar übergewichtig war. Doch meine Augen sahen etwas anderes. Nur überflüssige Speckrollen, so wie früher. Mein Fokus lag auf den vermeintlichen Problemzonen. Sah ich in den Spiegel, nahm ich nur diese wahr, nichts anderes. Verlor den Blick für das Gesamtbild. Tunnelblick. Wut. Zorn. Hass. Engelchen und Teufelchen auf meinen Schultern. Anorexie als Freundin. Anorexie als Feindin. Für mich existierte beides, und ich wusste, ich musste mich früher oder später für eins von beidem entscheiden. Nur für was?

TAGEBUCHEINTRAG VOM 04.01.2015

Silvester hab ich doch tatsächlich verschlafen, so deprimiert war ich. Kein Bock auf Feuerwerk. Kein Bock auf ein neues Jahr. Kein Spaß an auch nur irgendwas. Einfach nur funktionieren, tun, was die alle wollen, damit ich schnellstmöglich hier rauskomme und wieder mein Ding durchziehen kann. Mastanstalt! Ich will nicht mehr. Ich kann nicht mehr. Dieses ganze scheiß Essen jeden Tag! Ich weiß, verdammt noch mal, woanders verhungern Menschen, weil sie nichts haben. Kein Bock mehr auf diese bescheuerte Therapie, bringt doch sowieso alles nichts! Immer nur bla bla bla ... dieses ganze Gelaber drum herum macht alles nur noch viel schlimmer! Mein Hass aufs Essen wird immer größer. Es macht mich fett. Ist mein Feind. Ich hasse mich, meinen ekelhaften Körper und mein beschissenes Leben. Niemand kann mir helfen! Jetzt kommen auch noch zwei Freundinnen aus der Schule morgen für drei Tage zu Besuch. Eigentlich will ich das doch aber gar nicht! Das ist mir irgendwie alles zu viel, ich will einfach nur allein sein. Ich bin so egoistisch! Sie kommen extra wegen mir! Kann ich mich nicht einfach mal darüber freuen?

TAGEBUCHEINTRAG VOM 09.01.2014

Als ich vorhin auf dem Rückweg aus der Stadt zur Klinik war, hat Papa angerufen. Er meinte, dass ich ihm und Mama doch so viel Kummer bereite, weil ich mein Entlassungsgewicht von 49 Kilo auf 48 Kilo runtergehandelt habe! Das ist Normalgewicht bei meiner Größe, kapieren sie das denn nicht?! Ich bin stinksauer! Und traurig. Ich will meinen Eltern keinen Kummer machen. Andererseits hab ich es so satt, immer das brave Mädchen zu sein, das so zu sein hat, wie die anderen es für richtig halten! Ich werde dieses Jahr 18, die zwei sollen endlich mal begreifen, dass ich nicht mehr ihr kleines Mädchen bin und auch sonst nie mehr so sein werde, wie ich früher mal war! Kein

Bock mehr, das alles immer nur wortlos hinzunehmen! Jetzt wird gekämpft und sich verteidigt!

TAGEBUCHEINTRAG VOM 10.01.2015

Ich hasse meinen Körper! Heute hatte ich so richtig Lust, mich selbst zu verletzen. Ritzen oder so was. Habe es aber dann aus Vernunft doch gelassen. Mein Gott, bin ich so vernunftgesteuert … ich würde es doch zu gerne tun. Mittlerweile bin ich beim Essen im sogenannten freien Bereich, das heißt, ich kann zu den Essenszeiten gehen, wann ich will, und vom Buffet essen, was ich will. Keiner setzt mir mehr irgendeinen fertigen Fraß vor, der ausgelöffelt werden muss. Richtmenge esse ich schon gar nicht mehr, aber dennoch fühle ich mich immer noch dermaßen voll und unwohl. Was die hier wohl alles ins Essen mischen? Wahrscheinlich kiloweise Butter und literweise Öl mit Sahne! Bin von innen bestimmt schon verfettet! Unbeweglich bin ich auch. Wie ein Schneeball, der sich umherkugelt. Widerliches Gefühl. Bäh! Es wird Zeit, nach Hause zu kommen und diese ganze Scheiße wieder aufzuräumen. Fünf Kilo müssen mindestens runter!

TAGEBUCHEINTRAG VOM 11.01.2015

Gestern Abend habe ich es dann doch noch getan. Aus Wut auf alle und mich selbst und um einfach mal so richtig böse zu sein. Mit der Nagelschere habe ich mir zwei Mal in die Beckenknochen geritzt. Geiles Gefühl, als das Blut rausgeschossen ist, es hat nicht mal wehgetan! Anders als heute Morgen, da hat es ziemlich gespannt. Beim Wiegen sieht das eh keiner, da ist immer die Unterhose drüber. Aber noch mal mache ich das bestimmt nicht, schließlich habe ich schon ziemlich verritzte Arme und Beine hier gesehen von so ein paar Menschen … und so will ich echt nicht aussehen. Zwei Narben wird es trotzdem geben.

Ich musste dann irgendwie doch mit jemandem drüber sprechen und hab bei Maja geklopft. Die war ganz erschrocken, weil sie mir so was nie und nimmer zugetraut hätte. Bin dann heute Mittag in den Wald und hab die Schere mit einem Stein geschrottet und die Überreste vergraben. Hoffentlich verletzt sich kein Tier daran. Das dürfen meine Eltern nicht sehen. Niemals.

Ich kann mir bis heute nicht wirklich erklären, wieso ich das damals getan habe. Woher dieser Selbstverletzungsdrang kam. Vielleicht daher, dass ich weiterhin essen musste und meine angestaute Wut nicht am Essen durchs Nichts-Essen auslassen konnte. Also musste ich sie wohl an mir selbst auslassen. Ich hatte vorher alles probiert. Im Wald rumschreien, mit Stöcken um mich werfen, im Klinikkeller mit Maja wie verrückt Kartons gegen die Wand schlagen und zerfetzen, Steine in den Chiemsee werfen, um mein Leben rennen, boxen. Es half alles nichts. Der Drang, mich selbst zu verletzen, war zu groß. Ich wusste, dass es falsch war, und musste es doch ein einziges Mal tun, um zu wissen, wie es sich anfühlte. Heute kann ich sagen, dass es kurzfristig ein Hochgefühl gibt, aber langfristig gesehen natürlich überhaupt nichts bringt. Eigentlich genauso wie das Hungern. Innerlich schüttle ich immer noch den Kopf über die Nagelscheren-Aktion und weiß: So etwas Bescheuertes werde ich nie wieder tun.

TAGEBUCHEINTRAG VOM 18.01.2015

Ich will endlich nach Hause! Das Beurlaubungswochenende lief ganz okay, bis auf die Tatsache, dass mein Hungergefühl gar nicht existiert. Auf der Zughinfahrt bestand mein Frühstück aus einem Apfel und einer Birne, und mein Abendessen war auch nur ein Apfel, kurz bevor ich mit Hans ins Kino bin. Mittagessen gab es zu Hause, und auch da lief der Sparmodus bei mir. Hat aber keiner was gesagt. Dank der ganzen Klinikfresserei könnte ich bestimmt mindestens eine Woche lang gar nichts essen und würde trotzdem nicht abnehmen. Das wird ein hartes Stück Arbeit, wenn ich wieder nach Hause komme, die ganzen überflüssigen Kilos loszuwerden …

Sobald ich unbeaufsichtigt essen konnte, aß ich nicht mehr das, was ich eigentlich sollte. Zu diesem Zeitpunkt war ich bereits im »freien Bereich« bei den Mahlzeiten. Das bedeutete, ich konnte innerhalb der Essenszeiten kommen, wann ich wollte, es wurde aber trotzdem dokumentiert, ob ich da war. Somit war ich zeitlich nicht mehr so strikt gebunden. Das Buffet gab es von nun an auch in einem anderen Raum, wo die Auswahl noch viel größer war als vorher. Mir bereitete das keine Schwierigkeiten, denn ich machte ohnehin einen Bogen um stark Kalorienhaltiges wie Brot und Brötchen, Nudeln, Fleisch, Fettiges und Zuckerbomben. Hielt mich an Naturjoghurt mit Müsliflocken und Obst, mittags Fisch mit Gemüse und ein paar wenigen Kartoffeln als Alibi, abends Salate mit viel Rohkost und ein bisschen Käse. Nachtisch? Dass ich nicht lache! Ich sah, dass die anderen meinen Teller kritisch beäugten, und hatte Angst, sie würden mich verpetzen. Versuchte rauszufinden, wann die anderen zum Essen gingen, um ihnen möglichst aus dem Weg zu gehen, damit niemand auf dumme Gedanken kam, mein derzeitiges Essverhalten auf der Station zu melden.

Mit der Taktik, so früh wie möglich zu gehen, fuhr ich ganz gut, da war ich meistens nahezu alleine. Auch mein Therapieplan leerte sich so langsam. Einige Therapiebestandteile waren abgeschlossen, und ich nutzte die Zeit für noch mehr Sport und Bewegung. Hunderte Bauchübungen auf dem Zimmer, stundenlange Spaziergänge, immer länger werdende Joggingrunden und Schwimmeinheiten im kleinen Hallenbad der Klinik. Sport gab mir ein befreiendes Gefühl. Abschalten. Aber vor allem Kalorien verbrennen. Fett verbrennen. Sich das Essen nachher verdienen. Wieder das lieb gewonnene, vermisste Hungergefühl hervorrufen, das mir so viel Sicherheit gab.

Gewichtszunahme verlangsamen. Hass und Wut auf mich und meinen Körper abbremsen.

TAGEBUCHEINTRAG VOM 21.01.2015

Obwohl ich heute gefühlsmäßig eigentlich gar nicht in der Verfassung war, hab ich in der Bewegungstherapie eine Einzelstunde geboxt. Der Therapeut da ist echt toll, für mich der Beste hier. Der versteht mich. Habe es geschafft, Traurigkeit und Frust in Wut umzuwandeln und einfach mal rauszulassen. Dementsprechend zittern mir jetzt noch Hände und Finger. Kann sie kaum noch bewegen, die Knöchel sind ganz blau. Es fühlt sich komisch an, auf einmal wieder so starke Gefühle zu haben.

Gnadenlos überfordert war ich mit der Flut an Emotionen, die jeden Tag auf mich einprasselte. Die sich so schnell veränderten wie das Wetter hier in den Bergen, von jetzt auf gleich. Wut, Traurigkeit, dann wieder Zorn, Selbstmitleid, Resignation, Aggression. Ich konnte und wollte mit niemandem darüber sprechen, war ich ohnehin kaum fähig zu erklären, was gerade in mir vorging, und versuchte, es mit mir selbst auszumachen. Selbst mit Maja sprach ich nicht darüber, obwohl wir uns schon ziemlich viel anvertraut hatten. Dachte, ich müsste da jetzt einfach durch, komme was wolle. Spielte nach außen hin weiter die brave Patientin, die gehorsam alle Regeln befolgte. Und ich wusste, je länger ich das aushielt und weiterhin die Therapiespielchen mitspielte, desto schneller war ich wieder draußen in Freiheit. Zu Hause. Wo ich wieder tun und lassen konnte, was ich wollte! Keine Vorschriften mehr, nur ein kleines bisschen aufpassen, dass niemand sah, was ich wieder vorhatte. Ein Kinderspiel zu dem, was momentan hier abging! Die einzige Therapie, der ich wirklich etwas abgewinnen konnte, war die Bewegungstherapie. Jedes Mal war es anders. Manchmal spielten wir Spiele, dann gingen wir joggen und bekamen die Aufgabe, auf unsere Schritte und die Umwelt in besonderer Weise zu achten. Balancierten auf Slacklines, halfen uns gegenseitig, das Gleichgewicht zu halten. Manchmal auch Partner-Krafttrainingsübungen. Der zuständige Therapeut war für mich der Einzige, dem ich wirklich abkaufte, was er erzählte. Sport und Bewegung sollten kein Mittel zum Zweck sein. Ich verstand, was er damit meinte, und hatte in der Gruppe auch das Gefühl, mich gerade nicht zu bewegen, um möglichst viel Energie zu verheizen, sondern um Spaß zu haben. Doch alleine schaffte ich es noch lange nicht, diesen mentalen Zustand abzurufen. Ich bekam eine Einzelstunde bei ihm, wo ich boxen sollte. Aller Anfang war schwer, es kostete einige Überwindung, doch dann platzte der Knoten. Noch nie in meinem ganzen Leben hatte ich solche Aggressionen rausgelassen, ich war ganz erstaunt, dass so etwas in mir schlummerte, war ich doch eher ein ruhiger und schüchterner Mensch. Tage später schmerzten meine Hände und Finger immer noch, sodass ich ernsthaft Sorgen hatte, nicht mehr Klavier spielen zu können.

TAGEBUCHEINTRAG VOM 26.01.2015

Zielgewicht erreicht. 48,4 Kilo heute Morgen. Allerdings hab ich etwas geschummelt, weil ich vorm Wiegen nicht aufs Klo gegangen bin und viel Wasser getrunken hab. Aber das ist mir egal. Heute in der Gestaltungstherapie hab ich ein Körperbild gemacht und mich anscheinend erstaunlich gut eingeschätzt! Ich habe definitiv keine Körperwahrnehmungsstörung, denn auch bei der Seilübung, wo ich meine Umfänge schätzen sollte, und bei der Körpervideo-Analyse konnte ich mich ziemlich richtig und objektiv sehen, sagen die Therapeuten. Was aber noch lange nicht heißt, dass es mir nicht trotzdem zu fett ist! Ich sehe, was ich sehe. Und das ist zu viel Speck überall!

Ich war felsenfest davon überzeugt, keine Körperschemastörung zu haben. Die meisten Magersüchtigen sehen sich verzerrt. Sie können sich selbst überhaupt nicht richtig einschätzen, andere dagegen sehen sie oft realistisch. Ich sah, wie dünn die anderen waren, und auch, wenn mir jemand über den Weg lief, der etwas fülliger war. Ich schätzte meine Umfänge mit minimalen Abweichungen ein, was bedeutete, dass ich mich wohl realistisch wahrnahm. Und dennoch war mir die Realität zu fett.

Mein Therapeut sprach mich an, ihm sei zu Ohren gekommen, dass ich mich nicht mehr an die Richtmenge halten würde und meist nicht in der Gemeinschaft mit den anderen aus dem freien Bereich zum Essen kam. Wer hatte mich da bloß verraten? Ich tat ganz überrascht, das stimme doch gar nicht, ich saß nie alleine am Tisch! Vielleicht für fünf Minuten, aber spätestens dann kam irgendjemand von meiner Station und setzte sich dazu. Außerdem war ich ja im freien Bereich nicht mehr an die Richtmenge gebunden, ich konnte essen, was und so viel ich wollte, so wie es bei einem gesunden Menschen doch auch sein sollte! Der vor dem Buffet stand und anhand seines Hunger- und Sättigungsgefühls entscheiden konnte, von was er wie viel aß. Das wurde doch von Anfang an so erklärt! Ich argumentierte weiter, dass mein Gewicht doch in Ordnung war und ich doch alles im Griff hatte. Dagegen konnte er nichts einwenden, denn auf der Waage war alles augenscheinlich so, wie es zu sein hatte. Dass ich vorm Wiegen seit geraumer Zeit nicht mehr auf Toilette ging und mindestens einen halben Liter Wasser runterkippte, erwähnte ich natürlich nicht. Mein Plan war, am Entlassungstag dank dieser Maßnahmen 48 Kilo auf die Waage zu bringen, wobei es dadurch ja eigentlich ein, zwei Kilo weniger waren. Mein Gefühl sagte mir genau, wie viel Sport dafür nötig war und wie viel (oder eher wenig?) ich essen musste, um mein Gewicht langsam wieder etwas abzusenken. Und es sagte mir auch, wie viel ich trinken musste. Ich hatte alles im Griff. Alles unter Kontrolle.

TAGEBUCHEINTRAG VOM 30.01.2015

Am 9. Februar ist Abflug in die Freiheit! Endlich!!! Noch elf Tage bis dahin … gestern dachte ich, ich muss kotzen, als allen Ernstes 49,5 Kilo auf der Waage standen! Gut, ich war vorher mal wieder nicht auf Toilette, hab ungefähr einen halben Liter Wasser gesoffen und hatte eh schon ziemliche Wassereinlagerungen. Morgen früh gehe ich zum Zwischenwiegen. Die Zahl von gestern stimmt nie und nimmer!

TAGEBUCHEINTRAG VOM 01.02.2015

Die 49,5 Kilo vom Donnerstag waren wirklich komplett daneben. Gestern 47,1 kg! Voll krass, das sind 2,4 Kilo Unterschied in zwei Tagen! War also wirklich ein Haufen Wasser dabei. Bestimmt die Hormone, die sich jetzt wieder normalisieren, wo ich doch fast wieder Normalgewicht habe. Normalgewicht … wohl eher Übergewicht! Daran werde ich mich nie gewöhnen! Wie konnte ich nur mal 58 Kilo wiegen? Wie? Habe ich schon mal erwähnt, dass ich meinen Anblick im Spiegel hasse? Zu Hause will ich schnellstmöglich wieder auf 45 Kilo kommen! So dick und aufgedunsen, wie ich momentan bin, kann ich doch niemandem gegenübertreten! Da traue ich mich auch gar nicht in die Chorprobe zu gehen. Aber ich merke hier im freien Essensbereich: Minimale Einsparungen bringen ziemlich schnell Ergebnisse! Wenn das zu Hause auch so klappt: umso besser! Abnehmen so ganz nebenbei ohne Hungern, nur weil man an Butter, Käse und Soße spart, was wünscht man sich mehr …? Mir kommt es so vor, als würde ich dann meine Eltern total hintergehen. Da haben sie mich weggeschickt, in der Hoffnung, ich würde wieder »normal« und »besser« werden, und sobald ich heim komme, geht alles wieder von vorne los. Aber ich bin es so leid, ihnen immer alles recht machen zu wollen! Und ich will nicht so viel wiegen, wie sie es von mir erwarten! Diese Zeiten sind vorbei! Kommt mir zwar egoistisch vor, aber ich kann mit mir so nicht leben. Zitat vom Bewegungstherapeuten: Wir sollten nicht in Problemen denken, sondern in Lösungen. Und für mein Problem gibt es nur eine einzige Lösung: Gewicht reduzieren!

Alle Therapieinhalte zogen nur noch an mir vorbei, wie Wolken bei stürmischem Wetter. Ich wusste immer, was die Therapeuten und Ärzte hören wollten, was wohl in ihren Augen die »richtige« Antwort war, wenn sie mir Fragen stellten, und spielte weiterhin allen Beteiligten vor, super mit allem klarzukommen und meine Entlassung genauso »klasse« zu meistern, wie meinen »vorbildlichen« Klinikaufenthalt. Wenn die wüssten, was ich eigentlich im Schilde führte … Es zählte nur eins: durchhalten, durchhalten, durchhalten. Nicht zurückfallen, das kann ich zu Hause, ich will hier so schnell wie möglich raus! Ich muss dieses miese Spiel so lange mitspielen, bis ich gehen kann! Und das ist nicht mehr lange! Muss durchhalten! Einfach nur durchhalten … Jeder vergangene Tag ist einer weniger in dieser Mastanstalt!

Letztlich kam mir das Durcheinander meines Hormonhaushalts auch wirklich zu Hilfe. Mein Gewicht war zu diesem Zeitpunkt vermutlich zwischen 46 und 47 Kilo, aber dank der Wassereinlagerungen am ganzen Körper (für die ich nichts konnte) und meiner Trickserei vorm Wiegen zeigte die Waage natürlich um einiges mehr an als das, was tatsächlich der Fall war. Unerträglicher Selbsthass und Ekel quälten mich Tag für Tag mehr. Den Spiegel hängte ich mit einem großen Handtuch ab. Dieses fette Walross konnte ich einfach nicht mehr sehen. Geduld. Bald geschafft. Bald hier raus aus diesem Gefängnis.

TAGEBUCHEINTRAG VOM 05.02.2015

Noch vier Tage! Ich bin so eine Schummlerin. Gemogelte 48,4 Kilo heute Morgen. Es fühlt sich gut an, das Ganze ohne großen Aufwand so gut unter Kontrolle zu haben. Bin schon so gespannt, wie schnell ich zu Hause ein paar unnötige Kilos wieder loswerde! Aber ich muss höllisch aufpassen, dass es nicht zu auffällig wird, sonst schicken die mich gleich wieder hierher in dieses Fraßloch!

TAGEBUCHEINTRAG VOM 07.02.2015

Nur noch zwei Mal schlafen, und dann heißt es: home, sweet home! Am allermeisten wird Maja mir fehlen. Es tut mir jetzt schon weh, mich von ihr verabschieden zu müssen! Sie hat sich hier so hochgearbeitet, jeden verdammten Tag, und das ist wirklich abartig bewundernswert. Sie ist zwar immer noch sehr dünn, aber nicht mehr wie kurz vorm Tod. Dass es bei ihr dann doch so schnell und gut vorwärts ging, hätte ich nicht für möglich gehalten. Wir werden uns besuchen im Sommer. Definitiv. Darauf freue ich mich schon so sehr! Vor dem Abschluss-Familiengespräch am Montag habe ich irgendwie ziemlich Angst. Was da beschlossen wird, wie es weitergehen soll, wie regelmäßig ich gewogen und ab wie viel Gewichtsverlust ich wieder hier eingewiesen werde. Zu Hause wird die Kontrolle weitergehen, das weiß ich genau! Wo bin ich da nur gefangen? Die haben nicht das Recht, mich zu kontrollieren! Es ist MEIN Körper und MEIN Leben! Wer hat sich diese ganze BMI-Zahlenkacke eigentlich ausgedacht? Das sind solche beschissene Normwerte, die einen viel fetter machen wollen, als man eigentlich zu sein braucht! Zahlen und Richtlinien, die sich irgendein Idiot willkürlich mal ausgedacht hat! Ich will nicht zu dieser Norm gehören! Ich will dahin, wo ich mich wohlfühle, und das liegt nicht bei 48 Kilo! Eher bei 43. Das klingt so wenig, wenn man einfach nur über die Zahl nachdenkt. Aber ich bin ja auch nicht sonderlich groß! Das reicht doch für mich! Wieso kapiert das denn keiner?!

Das einzig Positive für mich an der Klinik war die landschaftlich wunderschöne Lage und die Freundschaft mit Maja, die bis heute besteht. Alles andere hätte ich mir sparen können. Es war der verzweifelte, gescheiterte Versuch meiner Eltern, professionelle Hilfe für mich zu holen. Diese Klinik war eine der ersten in Deutschland, die sich auf Essstörungen spezialisiert hatte. Man könnte also meinen, es gäbe gar keine andere Möglichkeit, als dort wieder gesund zu werden. Mit Sicherheit hatte diese Klinik schon vielen Patienten helfen können, und für viele Menschen mag ein solcher Aufenthalt der richtige Weg sein, für mich war es im Großen und Ganzen aber eine einzige Qual. Das falsche Konstrukt, was ich allerdings erst sehr viel später erkannte. Dieses Belohnungs-Bestrafungs-Spiel mit den zu befolgenden Regeln machte mich innerlich wahnsinnig, ich fühlte mich eingesperrt und wusste: Ich musste das Spiel zu Ende spielen, um aus dem Käfig auszubrechen. Als mir das bewusst wurde, war meine imaginäre Mauer bereits hochgefahren, und ich blockte alles ab, was mich zu erreichen versuchte.

Mir wurde anfangs gesagt, für eine Essstörung sei es wichtig, wieder zu lernen, wie gut Essen schmeckte, wie groß die Portionen nach eigenem Hunger- und Sättigungsgefühl sein müssten und dass es ein Genuss sein sollte, inklusive aller persönlichen Vorlieben und Abneigungen. Essen war dort aber kein Genuss, es war eher ein unter Zeitdruck gezwungenes Herunterwürgen einer zusammengestellten Richtmenge, die für alle zunächst mal gleich war. Persönliche Vorlieben und Abneigungen wurden als Teil der Essstörung abgetan, Vegetarismus notdürftig akzeptiert. Nutella musste jeder irgendwann mal essen, da es meistens ein »verbotenes« Lebensmittel bei Essstörungen ist. Wobei das Wort »Lebensmittel« auf Nutella, wie auch auf rosa-glitzernden Erdbeerpudding aus der Chemiefabrik und »Fruchtjoghurt« als pure Zuckerbombe absolut nicht zutrifft. Für mich sind das schlichtweg industrielle »Füllmittel«, voll mit chemischen Zusatzstoffen, gehärteten Fetten und Zucker als purem Gift für den Körper.

Was ist daran bitte so toll, es zu »schaffen«, so etwas zu essen? In meinen Augen gehören solche »Nahrungsmittel« grundsätzlich aus allen Supermärkten verboten. Genug Kalorien bekommt man auch über andere unverarbeitete Lebensmittel, ohne dass die Gesundheit darunter leidet. Auch hatte es überhaupt nichts mit Genuss zu tun, sich nach einem mehr als üppigen Mittagessen gezwungenermaßen noch den Kuchen als Nachtisch reinpfeifen zu müssen. Das Konzept lag klar auf der Hand: mästen so schnell es geht, um so viele Menschen wie möglich in möglichst kurzer Zeit durch die Klinik zu schleusen.

Die wirklich wichtigen Vitamine und Mineralstoffe aus Obst und Gemüse, die der Körper gerade in der Mangelsituation einer Essstörung dringend braucht, wurden als optionale Dekoration abgetan. Stattdessen musste man sich mit Unmengen Brot und Brötchen, gebutterten Nudeln, Reisbergen, öligen Dosenkartoffeln und Milchreisaufläufen vollstopfen. Die Soßen und Suppen nahmen die Massen an Fett kaum auf, man konnte den Fettfilm regelrecht mit der Gabel abziehen, wenn man nicht gerade dabei beobachtet und prompt angeschnauzt wurde. Wenn die meisten, die das hier nun lesen, denken, es sei nur logisch und Teil des Krankheitsbildes einer Essstörung, dass man so über das Essen dort denkt, dem sei gesagt, dass das nicht nur den Patienten mit Essstörungen dort so erging, sondern auch denen, die wegen ganz anderen Erkrankungen in Behandlung waren. Diese Menschen sah ich oft mit sehr spartanischem Inhalt auf dem Teller oder ihr Essen einfach liegen lassen. Manchmal bemitleideten sie uns sogar dafür, was und vor allem wie viel wir essen mussten. Sicher, für ein Klinikessen absolut vertretbar, für die Behandlung einer Essstörung aber meiner Meinung nach denkbar ungeeignet. Ja, die Kalorien müssen rein, um zuzunehmen, aber die Angst vor vermeintlichen Übeltätern wie Fett und Kohlenhydraten wurde bei mir durch einen solchen Essenszwang nur noch mehr verstärkt. Dass das mehr als kontraproduktiv war, sollte jedem klar sein.

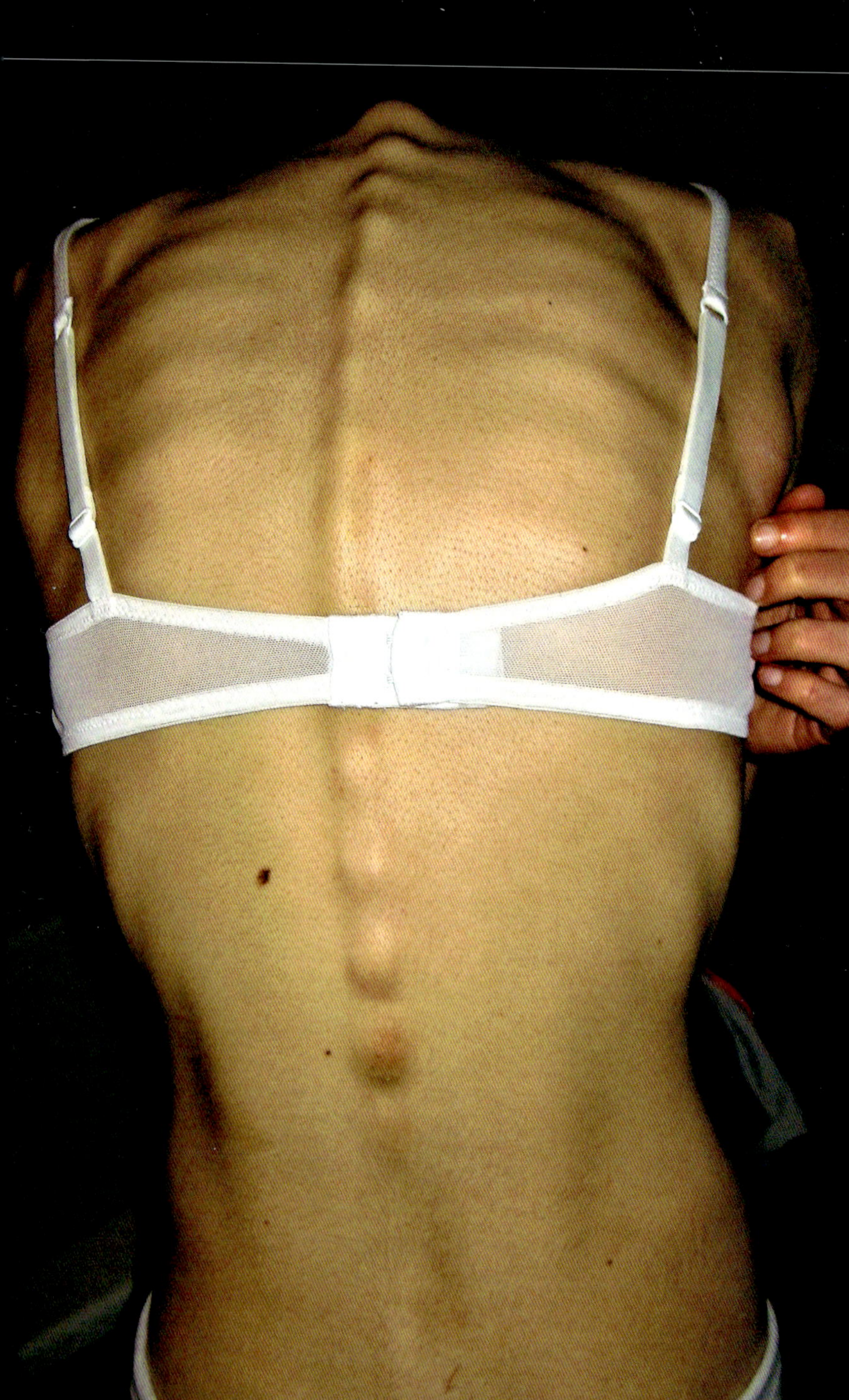

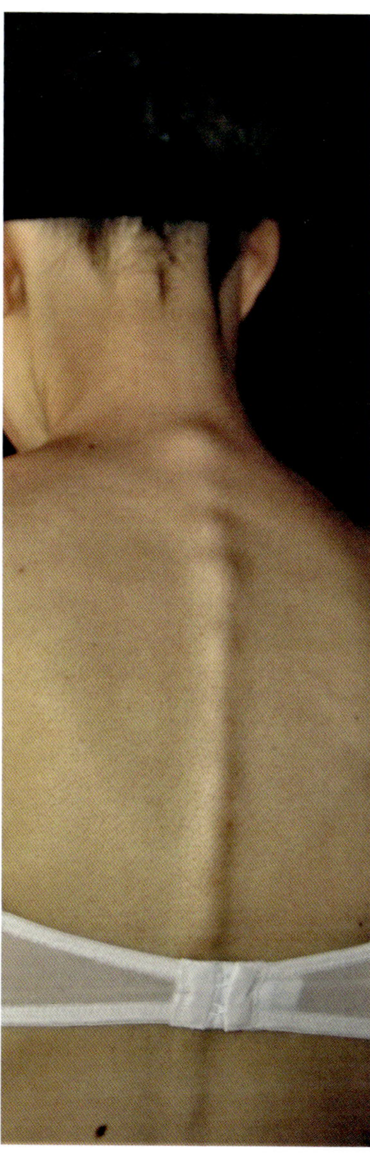

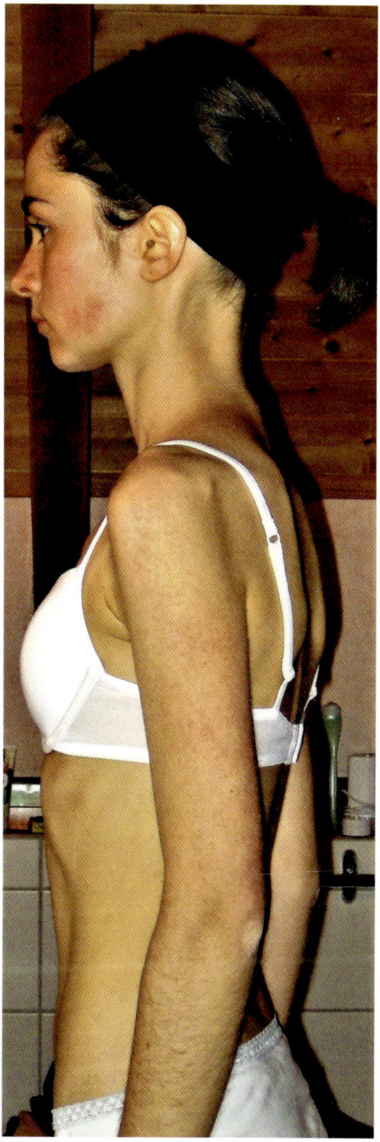

MAGERSUCHT 2015: Abhängig von der täglich schwindenden Zahl auf der Waage. Lebte nur noch für das kurze Hochgefühl, dann wieder Leere. Ausgelaugt, ausgezehrt, von innen heraus langsam aufgefressen von einem heimtückischen Monster, das sich Magersucht nennt. 40 Kilo. 38 Kilo. 36 Kilo. Die Wahrheit ist: es war niemals wenig genug. Auch wenn ich mir einredete, nur noch ein, zwei Kilo weniger zu brauchen bis zum vermeintlichen Ziel, das sich immer weiter nach unten verlagerte.

NEUSEELAND 2017/18: Es brauchte lange Zeit und unzählige Anlaufversuche, bis ich endlich kapierte, die Verantwortung für mein Gesundwerden und mein Leben selbst in die Hand nehmen zu müssen. Der Trip ins Land der langen, weißen Wolke brachte mir das bei, wenn auch oft auf die harte Tour. Dort bestätigte sich meine schon lang gehegte Vermutung: das wahre Leben hat tatsächlich mehr zu bieten als das Scheinleben in einer Essstörung. Und es ist vor allem eins: viel lebenswerter!

75 cm 30"
61 cm 24"
51 cm 20"

SPORT 2020: Mit neuem Mut begann ich einen anderen Sport. Vom stundenlangen Joggen hin zum Krafttraining. Weg vom Ziel des Kalorienverbrennens und der Bestrafung für vermeintliches Zu-viel-essen hin zum Ziel, mir neue Kraft und Stärke aufzubauen. Doch auch das erforderte vor allem zwei Dinge: Geduld und Durchhaltevermögen. Rückschläge inklusive, um immer wieder dazuzulernen. Mein Körpergefühl stellte sich im positiven Sinne auf den Kopf, mein Fokus verlagerte sich. Ich begann, mit mir zu arbeiten, anstatt gegen mich.

SPORT 2020: Mit Krafttraining und passender Ernährung die notwendige Gewichtszunahme zu erreichen, war für mich die sinnvollste Herangehensweise. Dennoch realisierte ich schon bald, dass mein äußeres Erscheinungsbild nur das Nebenprodukt dessen war, was tief in mir stattfand. Selbstakzeptanz, Selbstbewusstsein und Selbstvertrauen wurden größer, drängten die Magersucht immer weiter in die Ecke, bis sie schließlich kapitulierte. Ich brauchte sie nicht mehr. Hab Vertrauen und lass sie los. Das echte Leben wartet auf dich!

Man kann einfach nicht alle über einen Kamm scheren. Ich hätte eine viel geringere Kalorienmenge zum Zunehmen gebraucht, zumal ich bei Weitem nicht so schlimm dran war wie beispielsweise Maja. Wöchentlich ein Kilo Gewichtszunahme wie bei mir ist bei einer Essstörung von vorneherein zum Scheitern verurteilt. Wer soll denn damit bitte im Kopf klarkommen, wenn man dabei zusehen kann, wie die Hosen stündlich immer enger werden? Mit einer einheitlichen Menge ist es natürlich einfacher für alle Beteiligten, verständlich. Aber wo ist der Fokus der Behandlung? Individuelle Therapie? Ein fertiges Konzept wird über einen drübergestülpt, ob es passt oder nicht.

Mein Therapeut hatte gefühlt keine Ahnung von auch nur irgendwas. In den allwöchentlichen Sitzungen fühlte ich mich wie ein Objekt. Fragen, Antworten, aufschreiben und verständnisvolles Genicke. Und wieder von vorne. Immer wenn ich das Behandlungszimmer verließ, fragte ich mich: Was habe ich von heute mitgenommen? Die Antwort war stets: gar nichts. Bin genauso schlau (oder dumm) wie vorher. Willkürlich wurden irgendwelche Oberflächlichkeiten besprochen, ob sie nun relevant waren oder nicht. Mich zu öffnen war schlichtweg unmöglich, wobei das aber auch an mir selbst lag, denn aus meiner Überforderung heraus, meine Gefühle wahrzunehmen und anzusprechen, blockte ich schließlich komplett ab. Ich wusste gar nichts über mich, wusste nicht, was ich Produktives sagen könnte, also antwortete ich immer mit dem, was er in meinen Augen wohl hören wollte. Mir war nur eine Sache klar: Mit dem Selbsthass und dem Ekel vor mir und meinem Körper konnte mir der Therapeut nicht helfen. Es wäre wahrscheinlich zu meinem Nachteil ausgegangen, und ich hätte noch länger dort bleiben müssen. Also verstellte ich mich so gut es ging, ertrug diesen Gedankenhorror stillschweigend, um schnellstmöglich den Abflug zu machen. Ob das die richtige Entscheidung war, sei dahingestellt, für mich war sie jedenfalls absolut richtig, und ich würde es heute auch nicht anders tun.

In den anderen Therapien lernte ich mich selbst etwas besser kennen, wenn auch nicht genug, um wirklich Klartext reden zu können. Dadurch, dass ich sah, wie andere auf bestimmte Dinge reagierten und dies mit meiner Reaktion darauf verglich. Was man in persönliche »Kunstwerke« alles hineininterpretieren und herauslesen konnte. Dass Sport und Bewegung kein Mittel zum Zweck sein sollten. Dennoch waren viele Inhalte wie aus dem Lehrbuch. Was sollte ich damit bitte anfangen? Natürlich wusste ich um alle Begleiterscheinungen und mögliche Spätfolgen einer Magersucht, aber es juckte mich keinen Zentimeter, ob ich irgendwann Osteoporose bekam, einen noch dickeren Pfirsichflaum auf dem Rücken oder im schlimmsten Fall an Organversagen starb. Langfristige Folgen blendete das Gehirn aus. Was zählte, waren die kurzfristigen »Erfolge« auf der Waage. Eigentlich wollte ich gar nicht gesund sein. Die Krankheit machte mich in meiner verzerrten Wahrnehmung zu etwas »Besonderem«, was ich nicht aufgeben wollte, egal wie viel Leid sie mir auch eingebrockt hatte.

Die Bloßstellung vor den anderen Mitpatienten war für mich ziemlich unangenehm. Das eigene Essverhalten wurde im Rahmen der Therapie regelmäßig von den anderen bewertet, und von so manchen Dingen war ich erstaunt, dass sie so falsch ausgelegt wurden. Beispielsweise aß ich beim Abendessen immer noch ein kleines Schälchen mit Paprika, Tomaten und Gurken, um wenigstens ein bisschen was Frisches neben den Butterbroten auf dem Teller zu haben. Für die anderen waren das nur unnötige zusätzliche Kalorien. Deshalb machte es mir auch kaum einer nach. Mir wurde irgendwann nachgesagt, ich würde meinen Magen damit nur füllen wollen und ich solle doch statt der Rohkost lieber noch eine vierte Scheibe Brot mit der doppelten Butterportion essen, oder von dem öligen Nudelsalat, wenn ich von der Richtmenge nicht satt werden würde. Diese Aussage brachte mich innerlich zum Kochen und zeigte mir noch einmal mehr, dass ich hier in einem System gefangen war, mit dem ich absolut nicht zurechtkam.

Ich traute mich so gut wie nie, über meine Probleme zu sprechen und versteckte sie stattdessen lieber so gut es ging. Mir konnte doch eh keiner helfen, glaubte ich. Wagte ich mich doch einmal ins Co-Gespräch, kam die Frage: »Sprechen Sie oder Ihre Essstörung gerade mit mir?« Als sei ich schizophren. Sind Menschen mit Essproblemen das? Sind sie wirklich schizophren? Oder wurde ihnen das nur eingeredet?

Essstörungen sind ein nicht zu unterschätzendes, gefährliches und hoch komplexes Krankheitsbild, das immer individuell behandelt werden muss. Und genau das kritisiere ich generell an Kliniken und deren Konzepten. Dass sie nicht individuell genug zusammengestellt sind und die Patienten früher oder später, manchmal erst nach vielen Jahren oder dem zehnten Klinikaufenthalt, erkennen, dass ihnen niemand helfen kann, außer sie selbst. Dass sie sich nicht auf vorgeschnittene Konzepte verlassen können, sondern ihren eigenen Weg finden und gehen müssen. Natürlich ist ein vorgefertigtes Therapiemodell kosteneffizienter und kann mehr Menschen gleichzeitig unter einen Hut bringen. Manche fahren erfolgreich damit, doch das tun die wenigsten. Denn warum liegen die Rückfallquoten bei Essstörungen, speziell bei Magersucht, so hoch?

Der Umgang mit der Sucht nach weniger ist in meinen Augen das Problem. Der Transfer in den Alltag. In der Klinik funktionieren die »erlernten« Strategien oftmals irgendwann ganz gut, man entwickelt ein gewisses Sicherheitsgefühl. Doch eigentlich lebt man dort abgeschottet wie unter einer Käseglocke. Im echten Leben läuft der Hase nun mal anders, manche Klinik-Strategien funktionieren plötzlich nicht mehr, man muss flexibler sein und sich seine eigenen Wege im Umgang mit der Essstörung suchen, was sich aus eigener Erfahrung als ziemlich schwierig gestalten kann. Alles wieder so zu machen wie früher, einfach wieder zurückfallen, ist viel leichter und gibt vermeintlich mehr Sicherheit. Aber was gewinnt man dadurch? Nicht den Kampf gegen die Krankheit, so viel steht fest.

Ich kam wegen angeblich »unnormalem« Essverhalten, sichtbarem Untergewicht und Verdacht auf Depressionen in die Klinik und wurde mit »Normalgewicht«, aufgesetzter Fröhlichkeit, voller Ekel und Hass auf meinen Körper wieder entlassen.

Dass ich zu Beginn der Klinikzeit wirklich krank war und mit mir wohl etwas nicht so ganz stimmte, glaubte und akzeptierte ich damals zumindest halbherzig. Doch heute weiß ich, dass ich erst in der Klinik richtig krank geworden bin.

Erst dort kamen all die furchtbaren Gedanken und trafen mich mit voller Wucht. Erst dort sah und »lernte« ich, was Magersucht wirklich bedeutete.

Die Sucht danach, immer magerer zu werden.

Wie weit ich das Spiel wirklich treiben konnte.

Welche Gedanken in mir wirklich vorgingen.

Wie groß der Feind, das Essen, eigentlich war.

Wie groß der Feind in mir selbst war.

Wie selbstzerstörerisch ich mit mir umgehen konnte.

Meine Geschichte nahm weiter ihren Lauf.

KAPITEL 5

WIE VIEL WENIG IST GENUG?

TAGEBUCHEINTRAG VOM 11.02.2015

ENDLICH WIEDER ZU HAUSE!!! Zum Glück muss ich erst in einer Woche wieder zur Schule. Aber bald stehen die ersten Kursarbeiten an, was mich jetzt schon ganz verrückt macht … Obwohl alle Lehrer sagen, ich soll es langsam angehen und keine zu großen Erwartungen an mich stellen. Eine schlechte Note hat noch nie jemanden zum Sitzenbleiben gezwungen. Angeblich würden sie berücksichtigen, dass ich fast die komplette erste Hälfte der elften Klasse verpasst habe. Wie soll das denn bitte gehen? Gestern habe ich seit über einem Jahr meine Periode wieder gekriegt. Das heißt, mein Körper ist wohl jetzt wieder voll funktionsfähig und somit wieder »gesund«. Super. Kann mir nichts Schöneres vorstellen! Diesen Mist hab ich kein bisschen vermisst. Kein Wunder also, dass ich vor zwei Wochen solche krassen Wassereinlagerungen und Gewichtsschwankungen hatte! Aber eigentlich war es gut so, sonst hätte ich das blöde Zielgewicht ja gar nicht erst erreicht und wäre jetzt wahrscheinlich immer noch dort gefangen.

TAGEBUCHEINTRAG VOM 16.02.2015

Seit einer Woche bin ich nun schon wieder daheim. Die ersten paar Tage liefen noch relativ gut, aber jetzt hängt einfach wieder alles schief. Ich habe mordsmäßige Angst vor Kalorien und wiege 46,4 Kilo. Wenn ich nur Essen sehe, werde ich ultranervös und habe Angst, dass es mich direkt anspringt. Was mich aber noch kribbeliger macht, sind die Blicke beim Essen. Wie da jeder auf meinen Teller starrt, was draufliegt und ob ich auch ja alles runterschlucke. So ätzend! Essen in Gesellschaft ist der pure Stress. Am Freitag war ich das erste Mal wieder in der Chorprobe, das war wirklich ein Highlight seit Langem! Alle haben sich so gefreut, mich wiederzusehen, niemand hat gesagt: »Meine Güte, bist du aber dick geworden.« Natürlich nicht. So was sagt man nicht zu jemandem, der gerade erst aus der Therapie kommt. Für die anderen sehe ich jetzt wahrscheinlich einfach nur »besser« aus, die sehen keinen gewaltigen Unterschied. Oder sie sagen ganz bewusst gar nichts, weil sie mich nicht verunsichern wollen oder Angst haben, dass ich mit solchen Kommentaren noch nicht umgehen kann. Wie auch immer … Am Samstag ging die ganze Katastrophe dann so richtig los. Ganz miese Gedanken, unheimlich schlechte Laune, Aggressionen und eine so unbändige Wut auf meinen Körper, mich selbst und vor allem auf meine Eltern. Nur weil die mich in diese Anstalt geschickt haben, bin ich so aus dem Leim gegangen! Wenn ich in den Spiegel sehe, könnte ich im Quadrat kotzen! Am Sonntag waren wir in der Stadt Kaffee trinken. Konnte und wollte einfach nicht. Habe nichts bestellt, noch nicht mal ein Glas Wasser. Habe nur die ganze Zeit vor mich hin gestarrt und darüber nachgedacht, wie lange ich dieses Scheiß-Gefühl des Dickseins wohl noch ertragen muss. Heute Morgen beim Frühstück dann die hitzige Diskussion wegen des Gewichts. »Wie soll das denn weitergehen? Hast du in den drei Monaten Behandlung denn gar nichts gelernt?! Du benimmst dich wie die Prinzessin auf der Erbse! Denk doch auch mal an die anderen, deine Geschwister, die auch ein Recht aufs Leben haben! Du machst alles kaputt, gehst den Bach runter!« Klar, ich bin an allem schuld. Ich kann gar nicht sagen, wie gerne ich das fettige, widerliche Honigbutterbrot, das ich mir gezwungenermaßen schmieren musste, auf den Boden geklatscht hätte! Mit der Fettseite nach unten! Dann die Frage, ob ich überhaupt noch leben will. Was weiß denn ich, so ganz bestimmt nicht! Vielleicht setzt Papa mich einfach vor die Tür.

Ich werde mich mit der Magersucht umbringen, denn es gibt keinen anderen Weg. Kann um keinen Preis so fett bleiben wie jetzt. Am liebsten würde ich mir die Bauchdecke aufreißen und all das Fett einfach rausschneiden!

Laut meinem Therapeuten aus der Klinik sollte man sich ab einem Gewichtsverlust von zwei bis drei Kilo wieder in der Klinik anmelden wegen der Wartezeit. Vielleicht kann ich mit 45 Kilo leben. Ich will und werde nicht noch mal dahin gehen, da können sie machen, was sie wollen! Hätte ich nicht so viel eingespart, als ich mehr Freiraum beim Essen hatte und nicht so viel Sport getrieben, wäre mein Gewicht bestimmt noch um einiges höher gewesen! Bei solchen Kalorienbomben wie Butter, Sahne oder Schmand im Essen hab ich immer noch ein total schlechtes Gewissen, weil ich es gezwungenermaßen essen muss. Ich hab solche Angst, dass mein Körper jeden Bissen sofort aufsaugt und einlagert! Mama und Papa schauen immer so kontrollierend auf meinen Teller, das hat mit Essen in Gesellschaft nichts zu tun! Eher Essen unter strenger Aufsicht. Ich esse aktuell nicht das, was ich eigentlich sollte, und komme mir dabei so falsch vor, weil ich meine Eltern ja belüge und bestrafe. Wehtun und ihnen Sorgen bereiten will ich ja gar nicht, aber nur für die zwei essen kann ich auch nicht! Meine Strategie ist: akzeptabel essen, wenn sie dabei sind, dabei aber keinesfalls über die Stränge schlagen und wenig bis gar nichts essen, wenn keiner da ist. Na toll, Mama ruft gerade zum Mittagessen. Und weißt du was? Ich habe keinen Hunger! Welch Überraschung.

Für mich gab es nur eins: Gewicht runter, Gewicht runter, Gewicht runter. Entweder mied ich konsequent jeden Spiegel, an dem ich vorbeikam, weil ich meinen Anblick nicht ertragen konnte, oder ich prüfte akribisch in jeder Glasscheibe, die mir über den Weg lief, ob meine Beine immer noch so katastrophal dick aussahen. Ich wusste ganz genau, wie ich es anstellen musste und auch, dass ich gerade exakt das Gegenteil von dem tat, was eigentlich von mir erwartet wurde. Das Dilemma war unheimlich groß. Meine Eltern beunruhigen, ihnen wieder größte Sorgen bereiten, sie belügen und hintergehen; all das wollte ich eigentlich nicht. Und doch tat ich es, denn der unbändige Drang nach einem dünnen Körper war so viel stärker. Es tat mir weh, ihnen so wehzutun, aber ich konnte einfach nicht anders. Für mich gab es schlichtweg zu diesem Zeitpunkt keinen anderen Ausweg. In den »versteckten« Fetten sah ich damals den größten Übeltäter und eine Kalorienbombe. Butter aufs Brot, Sahne in der Tomatensoße, Schmand im Salatdressing, Schafskäse über dem Gemüse, und das Öl nicht zu vergessen! Wie unnötig war das denn bitte? Kalorien, die ich absolut nicht brauchte und doch war ich genötigt, sie zu essen. Frühstück und Abendessen konnte ich ja noch einigermaßen kontrollieren, doch vor allem beim Mittagessen nahm das Gedankenkarussell so richtig seinen Lauf, denn ich wusste nicht genau, welche Zutaten und vor allem wie viel davon im Essen gelandet waren. »Essen ist fertig!« bedeutete für mich: auf in den Kampf. Wie automatisch zog sich meine Bauchdecke nach innen, unerträgliche Anspannung und Nervosität machten es sich in mir gemütlich. Manchmal zitterten mir sogar die Hände, wenn ich dran war, mir etwas auf den Teller zu tun. Bloß nicht zu viel! Auch wenn ich wusste, dass es total schwachsinnig und alles andere als genau war, versuchte ich doch, während des Essens ungefähr abzuschätzen, wie viele Kalorien ich mir wohl gerade einverleibte und vor allem wie viel Fett drin war. Zwei Rührreier … pro Ei acht Gramm Fett, macht zusammen 16 Gramm … das Öl in der Pfanne … hm, sagen wir zwei Esslöffel, macht einen Esslöffel auf meine Portion, also ungefähr zehn Gramm Fett … sind wir also schon bei 26 Gramm … Kartoffeln haben kein Fett, aber Kohlenhydrate, um Himmels willen … die Sahne im Spinat fehlt noch! Ein halber Becher Sahne, 30 Gramm Fett pro 100 Gramm … wir essen zu sechst davon, 30 Gramm durch sechs … fünf Gramm Fett pro Portion … Macht zusammen 31 Gramm! 31 Gramm FETT! In einer einzigen Mahlzeit! Rechnete die Kalorien aus … 279 Kalorien nur aus Fett! Von dem Rest ganz zu schweigen …! Spätestens ab diesem

Zeitpunkt blieb mir der immer schwerer werdende Speisebrei im Hals stecken. Schlucken wurde immer schmerzhafter. Wieso musste ich dauernd das essen, was ich eigentlich gar nicht wollte? Jedes Mittagessen war eine einzige Tortur, jeden Tag aufs Neue. Danach gab es nur eins: raus an die frische Luft, so viel Bewegung wie nur irgendwie möglich, um Schadensbegrenzung zu betreiben. Und dann natürlich heute Abend und morgen früh einsparen, was auch nur irgendwie ging!

Mein Frühstück entwickelte sich schnell wieder ausschließlich zu Naturjoghurt, Obst und gezwungenermaßen einigen Löffeln Haferflocken. Wenn ich beim Mittagessen gesagt hätte, ich aß Mamas Essen nicht und koche mir stattdessen etwas anderes, wäre ich vermutlich direkt vor die Tür gesetzt worden. Beim Abendessen schmierte ich mir ein Alibi-Brot und rief Cara. Wenn niemand schaute, aß ich nur die Käsescheibe herunter und verfütterte die Brotscheibe an meinen Hund. Auch die Hosentasche-Klo-Maßnahme fand immer öfter wieder Anwendung. Die Schule rückte in den Hintergrund, denn das Gewichtsthema war mir viel wichtiger. Zumal ich die Schule sowieso hasste, denn für mich war sie seit der neunten Klasse ein einziges Absitzen meiner Freizeit, die ich für viel produktivere Dinge hätte nutzen können. Ein gezwungenes Muss, ein Ort, an dem ich zum Großteil unnötige Sachen lernen musste, die ich im späteren Leben nie wieder brauchte. Die reinste Zeitverschwendung! Aber abgehen nach der zehnten Klasse und eine Ausbildung anfangen wollte ich auch nicht, denn ich hatte überhaupt noch keinen Plan, was ich beruflich machen wollte. Einzig und allein das Abi irgendwie bestehen, damit ich etwas in der Hand hatte, mehr wollte ich gar nicht.

TAGEBUCHEINTRAG VOM 21.02.2015

Liebes Tagebuch, diese Woche war ich das erste Mal wieder in der Schule. Komischerweise hat niemand irgendwie blöd gefragt, und ich hab auch nichts mitbekommen, dass hinter meinem Rücken doof über mich geredet würde. Aber ich weiß, sie tun es doch. Leute brauchen immer etwas, worüber sie sich das Maul zerreißen können! Ist mir aber egal, sollen sie doch, ändern kann ich es ja eh nicht. Ich brauche meine Energie für wichtigere Dinge. Zum Beispiel wie ich dieses unnütze Gewicht wieder loswerde, ohne dass es jemand bemerkt, und wie ich endlich mit mir selber klarkomme. Jeder hat mich gefragt, ob es denn schön war in der Kur. Also hat meine Stammkursleiterin es so verkauft. Auch in Ordnung. Ja, es war wunderbar in der Kur! Absolut klasse und es geht mir jetzt so viel besser! Ich wiege 45,7 Kilo. Noch mal dahin zu gehen bringt mir nichts. Ich mach es nicht. Ich geh da nicht noch mal hin! Vorher häng ich mich an einem Seil auf! Obwohl mir diese Besessenheit von Essen, Kalorien und Aussehen so viele Nachteile bringt, halte ich doch an ihr fest, Tag für Tag. Irgendwie verrückt. Und solange ich nicht bereit bin, sie aufzugeben, wird sich nichts, aber auch wirklich gar nichts ändern können. *Keine Therapie der Welt wird mir helfen, wenn ich mir selbst nicht helfe. Meine ambulante Therapeutin Frau K. bringt mir ebenfalls herzlich wenig. Aber das ist ja nicht ihre Schuld. Komisch nur, dass ich um all diese Dinge eigentlich weiß, es aber nicht ändern kann.*

Vor dem Gerede meiner Klassenkameradinnen in der Schule hatte ich doch ein bisschen Bammel, als es dann so weit war, mich dort wieder blicken zu lassen. Mit Sicherheit machten irgendwelche Gerüchte die Runde, doch ich bekam nichts davon mit, was wahrscheinlich auch gut so war. Ich ging wirklich nur hin, um die Zeit abzusitzen, erledigte alle Aufgaben notdürftig. Nur das Nötigste, auf mehr hatte ich einfach keinen Bock. Und auch keine Energie. Ach, da war noch eine dritte Teilaufgabe? Falls ich aufgerufen wurde, hatte ich die einfach »übersehen« oder »vergessen«. Ab sofort war auch an manchen Tagen Nachmittagsunterricht angesagt, was ich anfangs hasste, denn so verbrachte ich ja noch mehr Zeit in der Schule, wo ich ja ohnehin schon ungern war. Andererseits erkannte ich schnell einen Vorteil für mich: Ich musste nicht zu Hause beim Mittagessen unter ständiger Beobachtung essen, konnte mir irgendetwas mitnehmen oder im gegenüberliegenden Supermarkt was kaufen, mir irgendwo einen ungestörten Ort suchen und alleine essen. Oder eben nicht essen und das obligatorische Pausenbrot wieder an Cara verfüttern, sobald ich nach Hause kam. Meistens kaufte ich mir eine Flasche Buttermilch in der Mittagspause, die ich trank, während ich durch die Stadt lief. Gehen verbrannte ja immerhin auch ein kleines bisschen Kalorien, die Buttermilch war kalorienarm, eiweißreich, super zum Mitnehmen geeignet und die Pause zu lang, um einfach nur untätig rumzusitzen wie die meisten. Verschwendete Zeit, in der ich keine Bewegung hatte!

In mir brodelte und kochte es, Wut und Verzweiflung wechselten sich ab wie Tag und Nacht. Wut auf meine Eltern, die mich zum Fettwerden in die Klinik verfrachtet hatten. Wie konnten sie einfach so in mein Leben reinpfuschen? Woher, verdammt, hatten sie sich das Recht genommen, so über mich bestimmen zu können? Verzweiflung, weil ich meinen Anblick nicht ertragen konnte und mich permanent fragte, wie lange es wohl dauern würde, bis ich den ganzen Speck wieder los war und es mir besser gehen würde. Wenn ich nach Hause kam, stand für mich immer ein Rest vom Mittagessen bereit. Je nachdem, was es war, pickte ich mir das raus, was ich für annehmbar erachtete, ließ alles andere wieder in den Topf wandern oder eben gleich ins Klo, um jeglichen Kommentaren zu einem nicht leer gegessenen Teller zu entgehen. Oder kippte es Cara in den Napf. Fischte Gemüsestücke aus Eintöpfen, kratzte Käse von Aufläufen herunter und aß es dann doch nicht. Stand ein angebrochener Becher Sahne im Kühlschrank, leerte ich einen großen Teil davon ins Waschbecken und füllte den Rest wieder mit

Milch auf. Damit würde das nächste Mittagessen deutlich weniger Kalorien haben! Drückte den Salat aus oder wusch ihn ewig lange unter fließendem Wasser ab, um auch ja den letzten Tropfen des Dressings wegzubekommen. Stand das Dressing einmal neben dem Salat, kippte ich einen Teil davon die Spüle runter. Dass es aussah, als hätte ich davon gegessen. Als ob. Manchmal aß ich auch einfach nur einen Becher Naturjoghurt mit einem kleinen Apfel. Ich malte mir aus, wie die bösen Kalorien an meinem Bauch ansetzten. An meinen so verhassten dicken Oberschenkeln. Doch lieber kein Apfel, nur den Joghurt. Oder umgekehrt?

Natürlich hatte ich Hunger. Mein Körper wurde böse auf mich, unheilvolles Magengrummeln rund um die Uhr, eine Warnung, vielleicht sogar eine Drohung. Wieso tust du mir das noch mal an? Wieso gibst du mir nichts zu essen? Warum bestrafst du mich? Ich muss dich am Leben halten, du Idiotin! Gib mir gefälligst, was ich brauche! Doch das Kalorien-Schreckensszenario in meinem Kopf war stärker. Viel größer und stärker. Wieso sollte ich dir, du scheiß Körper, wo du so hässlich und fett bist, etwas zu essen geben? Du machst, was ich will! Vergiss es, du kriegst nichts! Und wenn du grün und blau wirst, ich gebe nicht nach! Stirb doch!

Solche »Gespräche« führte ich in dieser Zeit immer öfter in meinem Kopf. Es machte mich wahnsinnig. So wahnsinnig, dass ich nach ewig langem Rumgesuche und Gemansche einfach gar nichts mehr aß. Manchmal wusste ich auch gar nicht mehr, nach was ich eigentlich suchte, hatte ich doch an nahezu jedem Nahrungsmittel irgendwas auszusetzen. Oftmals war niemand zu Hause, wenn ich von der Schule heim kam, oder Mama war irgendwo im Haus beschäftigt. Das nutzte ich natürlich schamlos für solche Aktionen aus. Einmal pro Woche musste ich zu meiner ambulanten Therapeutin, die ziemlich nah bei meiner Schule ihre Praxis hatte. Diese Therapiestunden wurden für mich zunehmend auch wie die Schule zur gezwungenen Pflicht. Eine Verschwendung meiner begrenzten Freizeit. Ich hatte einfach überhaupt keine Lust und Motivation, immer wieder auf dem allgegenwärtigen Thema herumzureiten. Und die Klinikzeit noch mal durchzukauen. Dieses »Trauma« dort wollte ich nicht noch mal durchleben! Wie in der Schule saß ich einfach die Zeit dort ab, ohne irgendetwas Produktives für mich mitzunehmen. Sie hatte eine schöne Praxis, hell, groß und gemütlich eingerichtet. Mit sehr viel Kinderspielzeug. Ich fragte mich, ob sie wohl hauptsächlich Kinder behandelte. Wahrscheinlich schon, denn ihre Art zu reden und zu kommunizieren war mir von Anfang an suspekt. Zu kindlich, zu verständnisvoll, zu bemitleidend. Als wäre ich noch ein Kind und nicht schon fast volljährig. Ich fühlte mich nicht wirklich ernst genommen, sondern als wären meine Probleme nur irgendwelche Kindergartengeschichten, die sich schon früher oder später einfach so in Luft auflösen würden. Doch bevor die Probleme das taten, würde eher ich mich in Luft auflösen. Sie fragte mich jedes Mal, ob ich etwas Bestimmtes besprechen wollte. Meine Antwort war jedes Mal die gleiche: Nein. Keine Ahnung, was es zu besprechen gab. Sollte sie doch einen Vorschlag machen und entscheiden. Sie wollte mich ja schließlich kennenlernen und therapieren! Sollte sie doch fragen, was sie wissen wollte! Ein einziges Frage-Antwort-Spiel. Mama und Papa wollten, dass ich da hin ging. Also tat ich es, wenn auch widerwillig, um vorzugaukeln, an mir zu arbeiten. Nicht mehr und nicht weniger. Wenn ich es nicht tat, war zu Hause der Bock fett. Mir wurde zunehmend klarer, dass wirklich niemand mir helfen konnte, wenn ich es nicht zuließ. Wenn ich mir selbst nicht helfen wollte.

Natürlich sahen alle, dass ich wieder an Gewicht verlor. Schlecht gelaunt durch die Gegend rannte, das Ergebnis der Klinik am liebsten mit der Brechstange wieder rückgängig machen wollte. Natürlich wurde ich auch regelmäßig beim Arzt gewogen. Doch auch hier wusste ich mir nicht besser zu helfen, als einfach nur Unmengen an Wasser vorher in mich reinzukippen und Toilettengänge zu meiden. So sah das Ganze immerhin noch weniger bedrohlich aus, als es eigentlich war.

Skeptisch nahm ich den Vorschlag an, eine Therapiestunde bei einem anderen Therapeuten zu nehmen, der mir von Freunden meiner Eltern wärmstens empfohlen wurde. Er sollte wohl außergewöhnliche Fähigkeiten besitzen und anhand der Aura, die einen Menschen umgab, das wahre Problem erkennen. Ratlosen Ärzten nahm er schon Diagnosen vorweg oder half denjenigen weiter, bei denen die Schulmedizin vor Rätseln stand. Ob ich das wirklich glauben konnte? Zu verlieren hatte ich ja nichts, also ging ich mit einem Fünkchen Hoffnung zu ihm und wurde auch nicht enttäuscht. Schon als er mir die Tür öffnete, spürte ich: Er war anders. Anders als meine bisherige ambulante Therapeutin und sowieso als jeder andere Mensch. Die erste Frage seinerseits lautete: »Wir können nur zusammenarbeiten, wenn du auch mitmachen willst. Ich muss dir zuerst die alles entscheidende Frage stellen: Willst du wirklich leben?« Ich schluckte. Eigentlich sollte die Antwort Ja lauten, das wusste ich. Nach allem, was passiert war, musste es einfach ein Ja sein! Doch brachte ich es einfach nicht über die Lippen. Wollte ich wirklich leben? Ganz wirklich? »Ja …«, murmelte ich mit einem zögerlichen Nicken. Doch die Wahrheit, die ich tief in mir spürte, war: Es war weder Ja noch Nein. Ich wusste es schlichtweg nicht. Nein wäre in meinen Augen die falsche Antwort gewesen, also konnte es ja wohl nur ein Ja geben, auch wenn ich es nicht wirklich von innen heraus fühlte. Ich sah deutlich, dass er mir mein halbherziges Ja nicht abkaufte.

Sein eindringlicher Blick machte mir in den Stunden, die ich dort verbrachte, am meisten zu schaffen. Was machte dieser Blick bloß mit mir? Schaute ich ihm in die Augen, fing ich fast jedes Mal an zu weinen oder konnte zumindest kaum einen Pieps rausbringen, wegen des immer größer werdenden Kloßes im Hals. Er sah, was ich wirklich war, konnte durch mich hindurchschauen. Mein tiefstes Inneres, nach außen hin völlig versteckt. Vergraben unter einer bösen Krake. Ich hatte keine Ahnung, dass es überhaupt noch in irgendeiner Form existierte.

Du bist hochsensibel. Machst die Probleme anderer zu deinen. Steckst deine eigenen Bedürfnisse zu sehr zurück. Hast so eine positive Ausstrahlung. So viel zu geben. Fähigkeiten. Talente.

Ernsthaft? Fand er das etwa lustig, mich so an der Nase herumzuführen? Ich verstand absolut nicht, was er mir damit sagen wollte, fühlte mich eher abgestumpft, egoistisch, pessimistisch und zu untalentiert für auch nur irgendwas. Im Klavierspielen war ich mal gut, ja. Jetzt nicht mehr. Finger eiskalt, Konzentration schwach, Feuer und Flamme weg. Wie ausgelöscht. Ja, in der Schule war ich auch mal gut. Jetzt nicht mehr, kein Bock mehr! Was interessierten mich die Probleme anderer? Mich interessierte nur, wie ich dieses ganze blöde Fett an mir wieder weg bekam! Mein Leben war kein schönes, schon lange nicht mehr! Dauernd bekam ich zu hören, ich sähe hochgradig depressiv aus! Was hatte ich dieser Welt bitte schon zu geben? Was?

Du musst deine eigene Art des Essens finden. Niemand kann dir sagen, was dir guttut und was nicht, das musst du alleine rausfinden.

Während ich ihm gegenübersaß, schaffte er es, mich glauben zu lassen, ich müsse weitermachen. Weiter kämpfen. Weiter leben. Weil es sich für irgendetwas lohnen würde. Ich klammerte mich an dieses klitzekleine Fünkchen Hoffnung, glaubte ihm, dass irgendwo doch mehr in mir steckte. Emotionen kamen hoch, undefinierbare Emotionen, so stark und überwältigend, dass es mich schüttelte. Kein Plan, woher sie kamen, kein Plan, wohin sie gingen, und kein Plan, wann sie vorübergezogen sein würden. Wie ein großes Unwetter, ein grollendes Gewitter, was sich in und über mir in all seiner Kraft entlud. Ich war machtlos, musste da durch, aushalten, durchhalten und warten, bis es vorbei war. Diese Art der Therapie war mir eindeutig zu anstrengend. Ich konnte doch nicht jedes Mal drei Tage lang heulen, wenn ich einmal dort gewesen war! Und dass er mir helfen konnte, glaubte ich irgendwann auch nicht mehr. Immerhin war mir nun noch klarer, dass nur ich den ersten Schritt gehen konnte, Hilfe anzunehmen und die Hand zu greifen, die mir gereicht wurde. Doch noch war ich lange nicht so weit.

Das ganze Therapie-Thema ging mir irgendwann so auf die Nerven, dass ich beschloss, mich ablenken zu müssen. Es musste doch noch was anderes in meinem Leben geben! Aber was nur? Was machten denn die anderen so? Ich meldete mich für den Führerschein an, begann wieder meinen Minijob in der Eisdiele. Fühlte mich etwas selbstständiger. Kapierte, dass es da draußen noch anderes gab als nur Aussehen und die Zahl auf der Waage. Etwas anderes als das, was mein tagtäglicher Lebensinhalt war. Ablenkung. Wenigstens für ein paar Stunden.

AUSSCHNITTE AUS TAGEBUCHEINTRÄGEN VON FEBRUAR UND MÄRZ 2015

Ich lasse niemanden an mich ran, und keiner kann mir helfen, weil ich gar nicht gesund werden will. Diese Krankheit ist schon so lange bei mir, und trotz der vielen negativen Dinge, die sie mir eingebrockt hat, kann ich sie einfach nicht loslassen. Weil sie mir so viel Kontrolle und Sicherheit gibt. Aber wieso brauche ich das eigentlich? Bin ich so unsicher? Es klingt total verrückt. Niemand versteht das. Wenn ich ehrlich bin, nicht mal ich selbst.

Sie sagen immer nur, ich sei krank. Krank, krank, krank. Probleme, wohin das Auge reicht, von morgens bis abends. Manchmal glaube ich, die anderen leiden viel mehr darunter als ich eigentlich selbst. Bin ich wirklich krank? Hab ich wirklich ein Problem? Oder machen die alle nur ein Problem daraus? Nein, ich bin nicht »normal« in ihren Vorstellungen. Aber warum muss ich irgendwelchen Vorstellungen von ihnen entsprechen? Was ist »normal« überhaupt? Je mehr ich darüber nachdenke, desto weniger weiß ich. Verdammt, ich weiß überhaupt nichts, nur eins: Ich geh nicht noch mal in diese scheiß Klinik! Die können mir doch eh nicht helfen, die machen alles nur noch schlimmer!

Ich bin so ein widerwärtiges Miststück. Spiele allen etwas vor, lüge nach Strich und Faden jeden an. Mama sagt, sie ist hilflos und kann nicht mehr mit ansehen, wie ihr Kind so kaputtgeht. Kann sie nicht einfach wegsehen? Ich will nicht mehr leben, weil ich nichts habe, für das es sich zu leben lohnt. Mein Leben hat keinen Sinn mehr! Jeden Abend wünsche ich mir, einfach nur friedlich einschlafen zu können und am nächsten Morgen nicht mehr aufzuwachen. Wenn ich tot wäre, wäre alles viel einfacher. Ich wäre mein blödes Leben los, und meine Eltern hätten eine große Sorge weniger.

Meine scheiß Angst vor Kalorien ist so groß geworden, dass ich es einfach nicht schaffe, über meinen Schatten zu springen. Wenigstens ein Stückchen Kuchen am Geburtstag meiner Brüder heute essen, weil es so erwartet wird. Wenigstens ein halbes. Auch wenn ich mich hinterher so eklig fühle, verdreckt von innen mit Zucker und Fett, ich muss mein Ego ein einziges Mal zurückstellen und meine Familie glücklich machen. Ihnen das Gefühl geben, alles wäre okay, auch wenn alles nur gespielt ist.

TAGEBUCHEINTRAG VOM 25.03.2015

Endlich Osterferien! Übermorgen fahren Mama und ich für eine Woche auf die Insel Föhr an die Nordsee. Es ist so schön zu sehen, wie Mama sich darauf freut und was für eine gute Laune sie plötzlich hat! Als wären all die Probleme und Vorkommnisse der letzten Tage und Wochen wie weggefegt … Ich darf sie auf gar keinen Fall enttäuschen, deswegen habe ich mir ganz fest vorgenommen, mir mit dem Essen dort die größtmögliche Mühe zu geben! Unsere Nachbarn Meike und Benny haben uns auch Hilfe angeboten. Mit Meike komme ich echt gut klar, könnte mir *sogar vorstellen, mit ihr über meine Probleme zu reden. Mit Frau K. kann ich das immer noch nicht so richtig. Und das wird auch nicht besser werden, befürchte ich. Benny hat Sportwissenschaft studiert und könnte mir eventuell mal einen Sport- und Ernährungsplan schreiben, dass ich da mal eine Richtlinie habe, wie das Verhältnis von beidem auszusehen hat. Klingt eigentlich nicht schlecht, aber will ich das wirklich? Muss ich noch drüber nachdenken.*

TAGEBUCHEINTRAG VOM 04.04.2015

Und natürlich ist mal wieder alles schiefgelaufen, was auch nur irgendwie schieflaufen kann, und alles nur, weil ich mich nicht einmal dazu überwinden konnte, das Richtige zu tun! Ich esse viel zu wenig, werfe es manchmal sogar weg, mache stundenlange Spaziergänge bei jedem Wetter, jogge gegen den starken Nordseewind bei Regen, renne die Straße noch mal hoch und runter, nur um mein Kalorienkonto so niedrig wie möglich zu halten. Schon wieder muss ich meinen Gürtel ein Loch enger schnallen, so langsam gibt das Druckstellen auf den Beckenknochen. Doch der Schmerz gibt mir ein so gutes Gefühl … es ist krank, ich bin so eine Katastrophe! Ich fühle mich wie eine riesige Belastung für Mama und Papa, und es wäre so viel besser, wenn ich einfach nicht mehr existieren würde. Wären beiderseits die Probleme gelöst. Irgendwie glaube ich daran, dass es irgendwann diesen einen, ausschlaggebenden Stoß geben wird, bei dem es in meinem verkorksten Gehirn endlich »Klick« macht. Ein Moment, in dem ich von ganzem Herzen verstehe, dass ich wirklich und wahrhaftig ein gewaltiges Problem habe, es ändern muss und die Kraft finde, es anzugehen. Aber wann kommt der denn endlich? Wieso bin ich so unfähig? Ich hab Mama den ganzen Urlaub versaut, auf den sie sich so gefreut hat!

Wie hatte ich nur erwarten können, in diesem Urlaub über meinen Schatten zu springen? Wie konnte ich meiner Mama nur vorschlagen, zusammen mit ihrer essgestörten Tochter eine Woche allein an der Nordsee zu verbringen? Mir und auch ihr hätte klar sein müssen, dass das nur in einer Katastrophe ausarten konnte. Sie fragte mich oft, was gerade in meinem Kopf vorginge, doch manchmal wusste ich es selbst nicht genau.

»Was denkst du, wenn du das Stück Sahnetorte siehst?« – »Es ekelt mich an. Pures Fett. Fett mit Zucker. Einfach nur widerlich.«

»Wieso isst du den restlichen Fisch auf deinem Teller nicht mehr?« – »Weil die Soße ekelhaft schmeckt.«

»Ich hab Risotto gekocht, mit viel Gemüse. Ohne Sahne oder so was, kannst du ruhig essen!« – »Lass mal, später vielleicht, ich hab gerade keinen Hunger.« Eine Lüge jagte die nächste. Hunger hatte ich, aber Risotto bedeutete massig Kohlenhydrate, und die machten nicht satt, sondern nur fett!

»Da bestellst du dir Milchreis und isst nur zwei Löffel? Die Café-Besitzerin hat mich eben gefragt, ob was nicht gestimmt hat, weil du fast die ganze Portion hast zurückgehen lassen! Sag mal, hast du sie noch alle?!«

»Wieso sagst du mir, ich soll dir ein Stück Apfelkuchen bestellen, wenn du es letztendlich nur auseinandernimmst und einen einzigen Matsch daraus machst?«

Wo wir auch hingingen, nirgends gab es irgendetwas, was nach meinem Geschmack war. Alles war umgeben von Unmengen Kalorien, Fett und Kohlenhydraten. Einmal mutig sein und das bestellen, wovor ich Angst hatte. Wenigstens das kleinste Übel vom Angebot! Fühlte mich stark und zuversichtlich, bis es vor mir stand. Nahm mit zitternden Fingern die Gabel. Herzrasen, Schweißausbruch. Stocherte im Essen herum. Konnte ich das essen? Rührte ewig lange, bis ich einen kleinen Bissen zu mir nahm. Stellte fest, dass es nur nach vielen, vielen unnötigen Kalorien schmeckte. Legte das Besteck zur Seite. Trank einen Schluck Wasser. Konnte ich das wirklich essen? Ja, du musst! Komm, du hast es bestellt! Die werfen das sonst weg! Nein, ich kann nicht. Ich kann das nicht essen! Ich will im Urlaub nicht zunehmen! Ich. Kann. Nicht! Kann das einfach nicht! Will nicht fett sein!

Ich spürte die immer größer werdende Wut meiner Mama und die undurchdringliche Mauer, die sich zwischen uns auftürmte. Gespräche wurden immer weniger, wir schwiegen uns fast nur noch an. Unheilvolles Schweigen. Wie die Ruhe vor dem Sturm. Ich traute mich nicht mehr, überhaupt noch irgendwas zu sagen, aus Angst, mit nur einem falschen Wort einen furchtbaren Streit loszutreten. Dann ging es wieder ab nach Hause.

Es tat mir in der Seele weh, Mama und Papa so zu verletzen, ihnen so wehzutun. Sie mit ansehen zu lassen, wie ihre Tochter sich weiter herunterhungerte und lebensmüde war. Sie hilflos zu lassen. Doch das große Monster, das mich völlig vereinnahmt hatte, war stark. So stark, dass es mir wichtiger war, seinem Willen zu folgen und immer das zu tun, was es von mir wollte. Dann würde ich das bekommen, was ich vermeintlich wollte. Selbsthass und Perfektionismus hausten in mir, verwüsteten meine Gedanken und meinen Charakter, ließen mich nie gut genug vor mir selbst dastehen. Innerlich beschimpfte ich mich, hämmerte mir ein, dass niemand mich liebte, ich nichts wert sei und absolut zu nichts fähig war, vor allem nicht ohne meine vermeintliche Freundin Ana, die Magersucht. Wenn ich »normal« wäre, wäre ich langweilig und nichts Besonderes mehr. Aufmerksamkeitsdefizit? Vielleicht. Es war bitter, die eigene Individualität über so etwas Selbstzerstörerisches zu definieren.

Dieser Plan von Benny konnte nicht funktionieren. Nicht bei mir. Dafür musste ich ja zunehmen! Um Gottes willen! Unvorstellbar!

Ich verlor den Glauben an mich selbst, wartete auf den einen ausschlaggebenden Stoß, der mir die Entscheidung abnehmen würde, denn ich war zu schwach, um mich aufzuraffen. Gab die Verantwortung ab, es würde schon richtig sein, was passierte. Ich konnte einfach nicht mehr, war wie gelähmt. Mir selbst helfen? Mit welcher Kraft? Mit welchem Willen? Ich wusste, es würde der Moment kommen, an dem ich entscheiden musste: leben oder sterben? Und ich würde mich für Letzteres entscheiden. Ich hatte doch nichts mehr, war todsterbensunglücklich, wofür also weiterleben? Für wen? Für was? Hatte nichts, für das es sich zu leben lohnte, alles aufgegeben, was mich einmal ausgemacht hatte. Definierte mich über Zahlen, hohle Löcher im Bauch, Magenrumoren. Doch es war mir egal, ich fühlte tatsächlich kaum noch etwas. Ein grauer Schleier an Gefühlslosigkeit und Gleichgültigkeit hatte sich über meine Augen gelegt, betäubte mich. Nicht nur, dass ich zurzeit viele Haare verlor, extrem juckende, trockene Haut hatte und ständig am Frieren war, nun hörte also auch mein Gehirn langsam auf zu denken. Gefühle und Emotionen waren ihm zu anstrengend, also schalteten sich diese Areale ebenfalls in den Stand-by-Sparmodus, nur um vielleicht noch ein Quäntchen mehr Energie für mein immer noch schlagendes Herz übrig zu haben. Egal.

Jeder Naturjoghurtbecher wurde halbiert, schnell noch ein, zwei Löffel in die Spüle kippen, damit ich auch ja nicht alles davon essen musste! Haferflocken? Ich klapperte mit dem Löffel ewig lange in dem Glas herum, um auch ja zu signalisieren, dass ich mir eine ordentliche Menge auftischte. Die Wahrheit? Sparversion. Ein paar Flöckchen alibimäßig über den Joghurt verteilt. Nüsse? Um Gottes willen, Kalorienbombe! Obst? Zucker! Zehn halbierte Trauben sahen nach mehr aus, als es eigentlich war. Essen in der Schule? Ein paar Karottenschnitze vielleicht und eine halbe Scheibe Käse. Obwohl … das war ja Fett! Ab in die Tonne damit. Das obligatorische Brot? Ging wie immer an meinen Hund oder wieder in den Kühlschrank, wo es so lange herumlag, bis es von jemand anderem gegessen wurde. Nur nicht von mir. Jeder vermeintliche Tropfen Fett wurde über den Teller gewischt, damit auch ja viel Öl am Porzellan hängen blieb. Oder eben an der Serviette. Wenn niemand da war, beförderte ich die Portion, die ich mir auf den Teller getan hatte, wieder zurück in den Topf oder die Pfanne und rührte einmal alles gründlich um, sodass es aussah, als hätte ich davon gegessen. Teller und Besteck waren ja verschmiert. Salat wusch ich weiterhin gründlichst unter fließendem Wasser ab. Schließlich wollte ich Salat essen und kein Dressing! Anstatt der Reste des Mittagessens aß ich lieber noch eine dritte Karotte. Oder doch besser eine kleine Gurke? Oder einfach gar nichts mehr. Erste Amtshandlung, wenn ich nach Hause kam: Mülleimer und Kühlschrank auf eventuell benutzte Sahne- oder Schmandbecher checken. Fett- und Kalorienbombe Nummer eins im für mich aufbewahrten Rest des Mittagessens. Wurde ich fündig, aß ich es nicht. Tee schmeckte sowieso viel besser! Viel leichter, unbeschwerlicher. Das beste Mittel, den allgegenwärtigen Hunger zu bekämpfen, war aber sowieso Kaffee! Ich freute mich schon am Abend zuvor wie ein kleines Kind auf den morgendlichen Wachmacher mit Geschmack, der das immer wiederkehrende Hungergefühl zumindest für eine gewisse Zeit unterdrückte, in meinem Glauben die Fettverbrennung ankurbelte und den Grauschleier vor meinen Augen zumindest etwas lichten konnte, damit ich überhaupt noch irgendwie in die Gänge kam. Immer schlimmer werdende Rückenschmerzen quälten mich Tag und Nacht hindurch, unruhig wälzte und schmiss ich mich in meinem Bett hin und her, es gab einfach keine Schlafposition, in der ich länger als fünf Minuten liegen konnte! Das Knarzen meines Bettrosts als mein allgegenwärtiges Nachtgeräusch hielt mich neben den Rückenschmerzen vom Schlafen ab, sodass ich tagsüber mit einer unsäglichen Müdigkeit zu kämpfen hatte.

Unterwegs im Scheuklappenmodus. Stur geradeaus, nicht links, nicht rechts. Autopilot. Jeden Morgen musste es weniger auf der Waage sein, sonst plagte mich jede Minute mein schlechtes Gewissen. Das Hungergefühl immer präsent, sonst war mein Körper ja satt und verbrannte kein Fett! Ich begann immer mehr das Gefühl zu verabscheuen, überhaupt etwas in meinen Magen zu befördern.

Selbst Wasser trinken wurde langsam schwer, weshalb ich nur noch in kleinen Schlucken trank. Abends kurz vorm Einschlafen fühlte ich mich frei. Der anstrengende Tag hinter mir, einfach nur noch hier liegen und auf die wiederkehrenden Schmerzen im Rücken warten, nichts mehr denken und leisten müssen. Nur noch erschöpft die Augen schließen und davonschweben dürfen. Frei und schwerelos, leicht wie eine Feder. Da war genug Platz zum Atmen in meinem Bauch, kein Essen, das der Luft den Weg abdrückte. Kein Essen, das mir den Weg in den Himmel versperrte. Nichts, was sich permanent nach außen wölbte, weil es in mir lagerte wie eine tickende, radioaktive Zeitbombe, die nur darauf wartete, sich gemütlich in meinen Fettzellen niederzulassen und dort zu explodieren. Ich hatte das Gefühl zu fliegen, als würde ich von meiner Matratze abheben und ins Land der Träume schweben. In eine andere Welt, wo ich so leicht sein konnte, wie ich wollte. Wo keine Schwere mich mehr herunterzog. So musste es sich anfühlen, zu sterben. So schön. Das wollte ich. Ich musste sterben, es ging nicht mehr. Mama und Papa und überhaupt meine ganze Familie sollten das nicht mehr mit ansehen müssen. Ich wusste, damit machte ich es mir ganz schön leicht, mich einfach so aus dem Leben rauszumogeln und die anderen vor meinem Grab stehen zu lassen. Aber auch das war mir egal, mir fehlte die Kraft, ich konnte und wollte vor allem nicht mehr. Nur noch diesen einen Weg weitergehen. Nur noch dieses kleine Stück … Hinter mir war zu, da war nichts mehr. Keine Tür ins Licht, nur ein Weg in die finstere Dunkelheit direkt vor mir, den ich Schritt für Schritt zu Ende gehen musste. Es war bestimmt nicht mehr weit. Komm, geh weiter. Bald geschafft. Über all diese Dinge dachte ich nach, ohne Ernsthaftigkeit, ohne wirkliche Gefühlsregung. Realisierte ich überhaupt, welche Gedanken ich da gerade hatte? Was gerade mit mir passierte? Ich trieb das Spiel stumpf weiter. Weiter und weiter. Immer weiter. Automatisch. Wie wenig Gewicht ich wohl zum Sterben brauchte? Wie viel wenig war genug?

Erstes Zwischenziel: 38 Kilo. Erreicht. Check.
Zweites Zwischenziel: 36 Kilo. Erreicht. Check.
Drittes Zwischenziel: 34 Kilo. Doch dazu kam es nicht mehr.

KAPITEL 6

WILL ICH WIRKLICH LEBEN?

TAGEBUCHEINTRAG VOM 26.04.2015

AUS UND VORBEI. FERTIG. SCHLUSS. Keine Lügen mehr, keine Spielchen mehr. Die letzten zwei Wochen hat sich alles so zugespitzt, die Lügen von mir, der Selbsthass, die Hilflosigkeit, die Angst vorm Essen und Fettwerden. Ich wiege 36 Kilo. Auf dem Chor-Probewochenende bin ich fast erfroren, so kalt war es auf der Burg. Trotzdem war es gut, dass ich dort war. Denn endlich kam der entscheidende Stoß, auf den ich so lange gewartet habe. Irgendwie hat Daniel es geschafft, einen Schalter in meinem Kopf umzulegen. Er hat mich mit nach draußen genommen und eigentlich nichts anderes gesagt als das, was mein Verstand sowieso schon wusste.

»Hör endlich auf damit, siehst du eigentlich, was für ein gefährliches Spiel du da treibst?! Du bist völlig fertig, merkst du das denn nicht? Was um Himmels willen läuft denn da bloß schief? Mit wem vergleichst du dich? Überdenk mal deine Wertschätzungen! Der Spiegel ist egal! Du kannst das, du kommst da wieder raus, nach all dem, was du schon geschafft hast! Du musst nur deinen äußerst starken Ehrgeiz und Willen in die andere Richtung lenken! Du versprichst mir jetzt hier auf der Stelle, dass du wieder lernst, richtig zu essen! Schau mich an und versprich es! Schau mich an, hab ich gesagt! Klar, dass du nicht mehr Klavier spielen kannst mit den blauen Fingern und ohne Konzentration! Reiß dich zusammen jetzt! Hör auf mit der Scheiße!«

Noch immer habe ich keine Ahnung, wie er das hinbekommen oder welchen Knopf er in meinem Hirn gefunden hat. Doch in diesem Moment riss der Nebel in meinem Kopf auf, Emotionen brachen wie gleißende Sonnenstrahlen hindurch, und zum ersten Mal seit Langem spürte ich etwas, was mich wie aus dem Nichts in all seiner Wucht traf: einen unbändigen Willen, dieser Kreatur in mir endlich Kontra zu geben und mich nicht mehr von ihr fertigmachen zu lassen. Eine Gefühlswelle überrollte mich. Das Fass war übergelaufen und strömte an mir herunter wie die Niagarafälle. Ich hatte verdammt noch mal ein richtig fettes (oder eher mageres?) Problem an der Backe, und niemand, wirklich absolut niemand, konnte es für mich lösen. Konnte die Verantwortung nicht abgeben, einzig und allein ich war dazu in der Lage, mich aus dem Dreck zu ziehen, egal wie. Plötzlich sah ich es glasklar: All das, was mir schon so viele Menschen vorher gesagt hatten, stimmte. Ich tickte nicht ganz richtig im Kopf, trieb ein mehr als gefährliches Spiel! Wollte ich so mein Leben weiterleben? Definitiv nicht!

Wollte ich denn wirklich jetzt schon sterben, mit 17? Konnte es nicht irgendwie einen Weg zu einem lebenswerten Leben geben, egal wie lange es dauerte oder wie steinig der Weg dahin wurde? In diesem Moment war mir klar: Anorexia nervosa stand die längste Zeit über mir, jetzt war Schluss! Jetzt klettere ich nach oben und trete so lange auf die Krake drauf, bis sie verreckt! Natürlich war mir auch klar, dass das alles etwas weit aus dem Fenster gelehnt war in der Euphorie des Moments, und ich hatte panische Angst, diese für mich so wichtigen Worte von Daniel schon am nächsten Tag wieder vergessen zu haben. Deshalb habe ich sie mir aufgeschrieben, seitdem gut aufbewahrt und immer, immer wieder gelesen, um mich daran zu erinnern. Noch heute sehe ich das alles vor mir, als sei es erst gestern gewesen. Auch wenn es danach alles andere als leicht wurde und ich den Weg alleine gehen musste, danke ich Daniel bis heute dafür, dass er irgendeinen Schalter in meinem Kopf umlegen konnte. Es klingt zu einfach, um wahr zu sein. Irgendjemand kommt um die Ecke und sagt: »Hör auf damit.« Welcher Person in deinem Leben glaubst du das, wo schon so viele andere vorher versucht haben, dich mit den logischsten aller Argumente zu überzeugen, dass das, was du tust, absolut scheiße ist? Von wem hörst du es nicht nur, sondern glaubst es auch wirklich von innen heraus? Von wem nimmst du es tatsächlich an? Mir fällt bis heute keine Erklärung ein, wie er das angestellt hat. Das ist im Grunde aber auch egal. In diesem Augenblick damals war natürlich nicht alles wieder Friede-Freude-Eierkuchen, aber der Wille war plötzlich da, genau so stark wie früher, ein schweres Klavierstück unbedingt spielen zu wollen. Vielleicht sogar noch stärker. Ich hatte es jedes Mal geschafft, egal wie lange es dauerte. Der weite, ungewisse Weg lag jetzt vor mir. Doch der Wille und Entschluss, ihn zu gehen, waren in diesem Moment geboren.

Wieder zu Hause, musste ich erst mal alles sacken lassen. Mir war schwindlig und noch benebelter als zuvor. Irgendeinen klaren Gedanken fassen? Unmöglich. Was machte ich denn jetzt bloß? Ich hatte Daniel versprochen, etwas zu ändern. Halt, ich hatte es mir versprochen. Für niemand anderen würde ich mich verändern, nur für mich selbst! Denn ich war mehr wert als so eine beschissene Psycho-Stimme in meinem Kopf. Aber wie ging ich das jetzt bloß an? Eine Nacht drüber schlafen? Bestimmt keine schlechte Idee.

Am nächsten Morgen wollte ich meinen Eltern beim Frühstück alles beichten, schaffte es aber nicht. Ich bekam den Mund einfach nicht auf. Immerhin aß ich sichtbar mehr als die Tage zuvor und spürte die verwunderten Blicke auf mir. Sollten sie doch denken, was sie wollten, ich hatte heute einen langen Arbeitstag in der Eisdiele und wollte noch ein letztes Mal joggen gehen, bevor ich es wohl für längere Zeit verboten bekam! Mit 36 Kilo flitzte ich euphorisch in einem Affenzahn eine knappe Stunde durch den Wald, während meiner Schicht rannte ich wie ein verrücktes Reh umher, um allen Kunden gerecht zu werden. Sieben Stunden später: schweißnass und verklebt. Füße platt, Beine zittrig, todmüde. Aber glücklich. Den letzten harten Tag hatte ich erfolgreich hinter mich gebracht, und morgen früh würde ich meinen Eltern sagen, dass ich sie mal wieder ziemlich an der Nase herumgeführt hatte, jetzt aber Hilfe annehmen und wirklich etwas verändern wollte.

Todesangst. Klatschnass wachte ich auf. Albtraum! Alles dunkel, Atemnot. Kriege. Keine. Luft! Unfähig, mich zu bewegen, wollte ich schreien, aber es ging einfach nicht. Mein Herz … es schlug immer schneller und schneller … dann hörte es plötzlich auf … kalter Schweiß brach aus allen Poren, es dröhnte in meinen Ohren, die Adern pulsierten am ganzen Körper. Herzstolpern … rasen … stoppen … stolpern … rasen, stoppen, stolpern … okay lieber Gott, wenn ich jetzt sterben muss, dann ist das auch in Ordnung! Aber ich hätte es wenigstens gerne noch mal versucht, wieder gesund zu werden! Es tut mir leid, wenn ich mein Leben einfach so wegwerfen wollte! Aber es heißt ja: Dein Wille geschehe! Reglos driftete ich ab, mit der Erwartung, nicht wieder aufzuwachen.

Die höheren Mächte erhörten meinen Wunsch jedoch und beschlossen, mich doch noch nicht zu sich zu holen. So schlug ich am nächsten Morgen die Augen auf und war im ersten Moment felsenfest davon überzeugt, gestorben zu sein. Langsam schälte ich mich aus dem Bett, sah die Konturen meines Zimmers. Mein Wecker. 6.18 Uhr. Schlurfte mechanisch ins Bad zur Toilette. Okay, das konnte nicht der Himmel sein. Ich lebte also noch! Erleichterung. Mama und Papa würden wissen wollen, was ich wog. Also ab auf die Waage. 36 Kilo. Immer noch. Insgeheim hatte ich mir gewünscht, noch ein paar Hundert Gramm weniger zu wiegen als vor dem Chorwochenende.

Schock. Wut. Verzweiflung. Tränen. Das alles sah ich in den Gesichtern meiner armen Eltern, als ich ihnen berichtete, dass ich sie über Wochen hinweg nach Strich und Faden verarscht hatte. Ich erzählte ihnen alles. Dass ich die Waage manipuliert hatte, nicht 43, sondern 36 Kilo wog, dass ich auf dem Chorwochenende kapiert hatte, dass es so nicht mehr weitergehen konnte und ich letzte Nacht dachte, ich würde sterben, weil mein Herz so komisch geschlagen hatte. Oder auch nicht mehr geschlagen hatte. Mama rief sofort in der Schule, beim Arzt und bei meiner Therapeutin an. Ich schrieb Benny eine WhatsApp-Nachricht, dass ich jetzt unbedingt seine Hilfe annehmen wollte. Dann ging es los. Für die nächsten Tage war ich von der Schule befreit, und der erste Weg führte mich zum Arzt. Wiegen, EKG, Blutabnahme. Puls von 36, passend zum Gewicht. Katastrophale Werte. Die erneute Klinikeinweisung für den Fall der Fälle bekamen wir selbstverständlich mit nach Hause. Ab sofort hieß es: wöchentliches Wiegen und alle vier Wochen Blut abzapfen.

Noch am selben Tag kam Benny zu uns, und wir schmiedeten einen Plan. Natürlich wollte er erst mal wissen, was ich mir denn so vorstellte. Na ja … so genau hatte ich da jetzt noch nicht drüber nachgedacht … vielleicht eine gesunde Gewichtszunahme, die nicht so schnell vonstattenging wie in der Klinik, ein bisschen Muskulatur aufbauen, einen Trainings- und Ernährungsplan? Voraussetzung war, dass ich mich an alles hielt, was er mir vorgab, auch wenn es mir manchmal im wahrsten Sinne des Wortes nicht schmecken würde. Innerlich bereitete ich mich schon mal auf das schlimmste vor, doch was konnte bitte noch furchtbarer sein als die Zeit, die gerade hinter mir lag? Er nahm mich mit in das Reha-Zentrum, wo er arbeitete, und stellte mich dort auf eine Körperanalysewaage. »Du hast tatsächlich doch noch etwas mehr Körperfett, als ich erwartet hätte, was gut ist, gerade als junge Frau. Trotzdem viel zu wenig, aber immerhin … deine Muskulatur ist aber ziemlich ausbaufähig!« Damals bestätigte mich das nur in meinem Vorhaben: Muskelaufbau war jetzt angesagt! Angeblich bräuchte ich dafür nicht mal ein Fitnessstudio. Doch bevor ich Sport machen durfte, musste ich mich erst mal in der Ernährung beweisen. Benny wollte mir nicht vorgeben, was ich essen sollte. »Du weißt selber, was zielführend ist und was nicht. Ich möchte dir nur sagen wie viel.« Wie sollte das denn bitte funktionieren? Ich bekam einen Wochenplan mit drei 70er-Tagen, zwei 60er-Tagen und zwei Joker-Tagen, an denen ich tun und lassen konnte, was ich wollte. An den 70er- und 60er-Tagen musste ich von einer »normalen« Portion mindestens

70 oder eben 60 Prozent essen. Als Augenmaß diente mir dafür die Portion meiner Mama. Ich nahm mir immer etwas weniger als sie, da ich noch nicht so viel schaffte, und schickte meinem neuen Coach auch immer brav Bilder meines Essens. Alle waren stolz auf mich, sogar ich selbst. Was mich aber noch stolzer machte, waren die freiwilligen Zwischenmahlzeiten, die ich immer zu mir nehmen sollte, wenn ich mit Cara spazieren gewesen war oder in der Eisdiele gearbeitet hatte. Als Ausgleich eben für das Mehr an Bewegung. Dauernd zu essen war ich nicht mehr gewohnt, und es erstaunte mich, mit welcher Leichtigkeit ich das schaffte. Wie am Anfang in der Klinik. Immer noch dachte ich viel über Kalorien, eventuell unnötiges Fett oder Kohlenhydrate nach, aber mir war klar, dass Essen der einzige Weg war. Es ging nun mal nicht anders.

An manchen Tagen überrollten mich wieder Wellen von Gefühlen, und ich wurde extrem launisch, von jetzt auf gleich. Schule und Fahrschule liefen irgendwie so nebenbei, ich war körperlich anwesend, aber geistig nie wirklich da. Ging ich zu meiner ambulanten Therapeutin, hatte ich zunehmend das Gefühl der Zeitverschwendung. Es hatte eine Familiensitzung gegeben, in der ich meine Veräppelung der letzten Wochen noch einmal ausführlich kundtun durfte und mich letztendlich in Grund und Boden schämte. Frau K. war natürlich sofort für einen erneuten Klinikaufenthalt, doch meine Eltern und ich konnten es ihr ausreden. »Wenn ich sage, so etwas mache ich nicht noch mal mit, weil es mir nichts bringt, dann meine ich das auch so! Ich hab mir jetzt einen anderen Weg gesucht!« Das akzeptierte sie notdürftig, wenn auch mehr als widerwillig, und schlug mir doch noch ihren eigenen Plan vor. Ein sogenannter Stufenplan sollte es sein, wo ich mehr und mehr Freiheiten und Belohnungen bekam, je mehr Gewicht ich auf die Waage brachte. Ernsthaft? Klang ja wie Klinik zu Hause! Auch Benny fand das eine absolute Schwachmaten-Idee, denn alles, was verboten war, hatte ja bekanntlich einen ganz besonderen Reiz und wurde dann erst recht heimlich gemacht, wie beispielsweise Sport. Er wollte mir von Anfang an nichts verbieten, ich durfte mich bewegen, nur eben noch nicht in dem Ausmaß, wie er es noch mit mir vorhatte. »Wenn du glaubst, unbedingt joggen gehen zu müssen, dann darfst du das von meiner Seite aus auch. Es sollte dir aber klar sein, dass es in deinem momentanen körperlichen Zustand eher kontraproduktiv ist.« Komischerweise verstand und akzeptierte ich das, schraubte meine Laufrunden aufs Minimum herunter, fühlte mich nicht mal schlecht mit so wenig Sport. Joggte ich dann trotzdem mal, plagte mich das schlechte Gewissen, doch etwas »Verbotenes« getan zu haben.

Zwei Mal pro Woche musste ich die Zeit in der Gesprächstherapie absitzen, weil meine Eltern es unbedingt so wollten. Nahezu jedes Mal verließ ich die Stunden aber mit einem Gefühl der Ratlosigkeit. Was nahm ich denn aus der heutigen Sitzung mit? Nichts. Irgendwelche neuen Erkenntnisse? Nein. Was machte ich da eigentlich? Unnötig meine Zeit absitzen, die ich besser für andere Dinge nutzen konnte. Welche anderen Dinge? Ach, weiß ich doch auch nicht! Solche Gedanken schwirrten andauernd auf dem Weg zum Bahnhof und nach Hause durch meinen Kopf. Im Chor wurde ich von denen gelobt, die Bescheid wussten über meinen Zustand. Zugenommen hatte ich ja sichtlich noch nicht, aber ich strahlte angeblich wieder eine gewisse Lebendigkeit aus und hatte mehr Farbe im Gesicht.

Vier Wochen später hatte sich meine Körperzusammensetzung noch nicht verbessert, sondern sogar verschlechtert, was uns allen unerklärlich war. Ich schwor Stein und Bein, keine heimlichen Sporteinheiten absolviert zu haben, und das stimmte auch wirklich. Es gab nur eine Erklärung: Mein Körper brauchte noch mehr Zeit, um wieder irgendwelche Enzyme zu bilden, die die Nahrung richtig verwerteten. Momentan flutschte wohl geradezu alles durch mich hindurch, ohne auch nur irgendwo anzukommen. Das gleiche Phänomen also wie bei Maja in der Klinik damals. Ich konnte so viel essen, wie ich wollte, ohne zuzunehmen, zumindest für eine gewisse Zeit! Der Traum eines jeden Anorektiker-Hirns.

Ein neuer Plan musste her! Ab sofort gab es weniger Joker-Tage, mehr 80er-Tage, 60er-Tage und Pflicht-Zwischenmahlzeiten, auch wenn ich mich nicht mehr bewegt hatte. Noch immer bereitete mir das Mehr an Essen keine mentalen Probleme, doch der Sport fehlte mir so langsam. Innerlich wurde ich immer hibbeliger und fragte mich, wie lange es wohl noch dauern würde, bis ich endlich einen Trainingsplan bekäme … Dann kam ich doch an meine Grenzen mit den Zwischenmahlzeiten und hatte die glorreiche Idee, diese in flüssiger Form zu mir zu nehmen, da ich so mehr »Platz« in meinem Magen übrig hätte für die größeren Hauptmahlzeiten. Waren flüssige Kalorien früher einer meiner größten Feinde, so sah ich sie jetzt auf einmal als hilfreich an. Im Schrank standen noch zwei vergessene Dosen angebrochenes Eiweißpulver. Konnte man den Spieß nicht einfach umdrehen und so einen Shake als zusätzliche Zwischenmahlzeit nutzen? So kam ich ja wohl auch sicher auf meine tägliche Eiweißmenge, die ja wohl immens wichtig war, wie ich gelernt hatte, vor allem wenn ich in den Muskelaufbau starten wollte! Meine Eltern zeigten sich äußerst wenig begeistert davon, schließlich war das Zeug zum Abnehmen konzipiert, ließen es mich aber dennoch trinken, da meine Logik der zusätzlichen Zwischenmahlzeit anstatt Mahlzeitenersatz sie wohl halbwegs überzeugte.

Ich gab mir die größtmögliche Mühe beim Essen, erntete ungläubige Seitenblicke, wenn ich mir noch nachholte, denn der Hunger war manchmal einfach zu groß. Eine Erklärung dafür, dass mein Hungergefühl während des Essens oft sogar noch stärker wurde, hatte ich noch nicht gefunden. Tage des unbändigen Hungers oder eines furchtbaren Völlegefühls wechselten sich ab. Dazwischen gab es nichts, es war wie schwarz und weiß. Jeden Morgen fragte ich mich, was von beidem wohl heute dran war. Hungertag bedeutete, ich würde nicht satt werden, egal wie viel ich aß, egal wie voll mein Magen eigentlich schon war. Das Hungergefühl wollte einfach nicht verschwinden. Ich kam mir vor wie eine Fressmaschine. Dieser Zustand hielt manchmal auch tagelang an, doch ganz plötzlich konnte es sich auch wandeln in das altbekannte ekelhafte Völlegefühl, mit dem ich noch schlechter klarkam, als mit dem Hunger. Wenn ich eines in dieser Zeit lernen musste: Mein Körper holte sich wohl alles doppelt und dreifach zurück, was ich ihm zu lange weggenommen hatte. Benny lobte mich immer wieder dafür, meinen Essensbildern entnehmen zu können, dass ich wohl mehr aß, als er es eigentlich von mir erwartete, was er auch von meinen Eltern zu hören bekam. Und ich hatte nur eins im Kopf: mehr essen, schneller zunehmen, schneller zum Trainingsplan, zum Muskelaufbau und damit zum Körper meiner Träume! Dann würde es mir besser gehen! Dass diese Gleichung doch nicht ganz so einfach und simpel gestrickt war, wie sie auf den ersten Blick schien, wusste ich zu dem Zeitpunkt aber noch nicht.

TAGEBUCHEINTRAG VOM 03.06.2015

Oh Mann, ich wünschte, ich hätte mich nie dafür entschieden, unter 40 Kilo wiegen zu wollen. Wie ich diese blöde, beschissene Krankheit hasse, wenn ich sehe, was sie mir alles an unnötiger Scheiße eingebrockt hat! Ich hasse einfach alles, das wöchentliche Wiegen, die Therapiesitzungen, die viele Nachdenkerei übers Essen und die blöde Stimme in meinem Kopf, die mir immer wieder sagt, dass ich eine unfähige Versagerin und widerliche, ekelhafte Fressmaschine bin. Der Sommer steht vor der Tür, es ist wunderbares Freibadwetter, aber was soll ich da? Schwimmen soll ich nicht, und Mama meint, es starrt mich eh jeder nur blöd an, weil ich so mager aussehe! Da könnte sie sogar recht haben. Wenn ich mich angucke, sehe ich nur ein hässliches Entlein hilflos vor dem Spiegel stehen. Ich fresse und fresse und nichts geht voran. Die Schule hasse ich auch, richtig konzentrieren kann ich mich eh nicht, meine Noten sind so schlecht wie noch nie, und mich interessiert der ganze Mist, den ich da lernen soll, einfach nicht! Ich hab tierische Angst davor, so zu sein wie alle anderen. Warum denn nur? Vielleicht, weil sie in meiner Vorstellung von morgens bis abends nur rumsitzen und essen? Oder weil ich glaube, dann nichts Besonderes mehr zu sein?

TAGEBUCHEINTRAG VOM 20.06.2015

Jeder weiß alles besser und meint, mir irgendwelche »guten« Ratschläge geben zu müssen. Das macht mir ein schlechtes Gewissen und vor allem auch Druck, denn dauernd wird mir vor Augen geführt, was ich denn noch alles machen könnte oder sollte, damit das Gewicht schneller hochgeht. Seit acht Wochen bin ich unter Bennys Fittichen, und bisher habe ich nur ein einziges Kilo zugenommen ... Ich verstehe es einfach nicht, egal was ich mir reinpfeife, es kommt irgendwie nicht da an, wo es ankommen soll! Meine Eltern meinen trotzdem, ich würde nicht reichhaltig genug essen. Nein, ich schmiere mir keine Butter aufs Brot, und ja, ich habe eine Aversion gegen fettige Soßen, Salatdressings und Käse! Aber ich esse das Zeug trotzdem! Immer sehen sie nur das, was nicht klappt, anstatt sich mal über die Dinge zu freuen, die ich trotz all der Schwierigkeiten schaffe, wie mir zum Beispiel tütenweise Studentenfutter reinzuschaufeln! Ich merke ja deutlich, dass es mir besser geht mit mehr Essen, aber mit diesen riesigen Portionen, die sein müssen, komme ich manchmal einfach nicht klar! Dieses anschließende Völlegefühl treibt mich noch in den absoluten Wahnsinn!!! Und dann denke ich immer, was für eine ekelhafte, verfressene, fette Kuh ich doch bin und wo das Ganze denn noch hinführen soll. Es ist eine einzige Katastrophe! Und das Schlimmste ist: Ich muss da jetzt einfach durch. Denn nicht essen ist auch keine Lösung. Wann wird das denn bloß endlich besser?

Benny gab sich die allergrößte Mühe mit mir, und ich frage mich ernsthaft bis heute, wieso er all das freiwillig für mich getan hat. Wieso wollte er mir unbedingt helfen, egal wie und wie oft der

Plan angepasst werden musste, egal ob ich zwei Schritte vor und wieder dreieinhalb rückwärtsging? 60, 70, 80, Joker ja, Joker nein, Zwischenmahlzeiten hin und her. Egal was er sich auch Neues ausdachte, um es mir leichter zu machen, letztendlich scheiterte es doch immer wieder an meiner Angst, zu schnell zuzunehmen. Völlegefühltage häuften sich immer mehr und signalisierten mir unterbewusst: Du bist zu voll und wirst dick! Das geht zu schnell! Dagegen kam ich auf Dauer einfach noch nicht an. Nach dem Chorwochenende war mir eins so klar wie noch nie: So wie die letzten Monate konnte es nicht weitergehen. Sonst würde ich wirklich sterben. Ich wollte mein Leben wieder in den Griff kriegen! Aber einfach nur essen und zunehmen so wie in der Klinik ging auf gar keinen Fall! Damals wäre ich freiwillig eher gestorben, als mich noch einmal so mästen zu lassen. Traumatisiert wie ich war von den utopischen Essensmengen in der Klinik und was diese in und an mir ausgelöst hatten, klebte diese Erfahrung mitsamt allen Emotionen immer noch in meinem Kopf fest wie ein Kaugummi und hinderte mich an Fortschritten. Natürlich sagte mir mein Verstand, dass 40 Kilo auf der Waage viel zu wenig für mein Alter und meine Größe waren. Hallo, in zwei Monaten werde ich 18! Rational wusste ich das. Sah ich mich aber an, nahm ich nur die in meinen Augen immer noch zu dicken Oberschenkel wahr und den Bauch, der mir immer noch nicht flach und definiert genug aussah. Mein Fokus lag nur auf den Körperstellen, die ich ohnehin noch nie leiden konnte. Meinen knochigen Rücken und die Streichholzarme, an denen die Ellenbogen mittlerweile die breiteste Stelle bildeten, blendete ich gekonnt aus. Mich im Gesamtbild zu betrachten, war unmöglich. Wahrscheinlich könnte ich 30 Kilo wiegen und fände dann immer noch Stellen, an denen vermeintlich zu viel Fett dran war.

Hatte ich bis vor einiger Zeit nicht daran geglaubt, so war ich mir jetzt todsicher, mit einem neuen Sportprogramm und genauen Ernährungsplan aus Bennys Feder in gesundem Tempo zunehmen zu können. Wenn mich das bloße Hungern nicht zu meinem körperlichen Ziel geführt hatte, dann würde es eben die richtige Art von Sport tun! Doch mein Kopf wollte einfach nicht verstehen, dass dafür erst mal eine Mindestmenge an Körpersubstanz zur Verfügung stehen musste. Ich wollte Pläne! Etwas Greifbares, an dem ich mich festhalten konnte, was mir Genauigkeit und Struktur vorgab! Etwas, was ich kontrollieren konnte, so wie ich es vorher eben in die andere Richtung getrieben hatte! Doch richtiger Sport war erst einmal tabu und bei den Mahlzeiten bekam ich Prozentzahlen. 60, 70 oder 80 Prozent der Mindestmenge. Doch was verflixt noch mal war die Mindestmenge? Die Richtmenge aus der Klinik kam für mich auf keinen Fall infrage, der Schuss war schon einmal nach hinten losgegangen! Außerdem hatten wir hier viel schmackhaftere Lebensmittel, dann konnte ich mich ja wohl an die halten. Nüsse zum Beispiel hatten viel mehr Kalorien als so eine Fruchtjoghurt-Zuckerbombe, aber dafür waren sie bei Weitem gesünder! Brot und Brötchen gingen mir gegen den Strich, lieber aß ich Unmengen Haferflocken mit fettigem Joghurt. Hatte doch genauso viele Kalorien und Kohlenhydrate! Statt eines Stück Kuchens zum Nachtisch wollte ich lieber Trockenfrüchte und Nüsse essen. Oder eben einen dieser selbst gebackenen Müsliriegel. Immer mehr spürte ich, dass die Menge, die bei meiner Mama auf dem Teller lag, für mich nicht ausreichen würde. Davon dann nur 60 oder 80 Prozent zu essen konnte ich mir schenken. Entweder die gleiche Menge, oder eben mehr. Am besten das Doppelte! Doch das schaffte ich nie, denn es kamen ja fast täglich noch Zwischenmahlzeiten dazu. Kalorienmäßig musste ich einfach über meinem Verbrauch liegen, es konnte gar nicht anders sein, mehr als satt und übersatt ging als Indiz dafür nicht! Die zunehmende Vollstopferei und das Gefühl eines dauerhaft aufgeblähten Bauchs machten mich innerlich mehr und mehr fertig und vor allem extrem hibbelig und nervös. Konnte nicht still sitzen, zappelte vor mich hin, lief getrieben umher. Fühlte mich wie eine Mastgans, die keine andere Wahl hatte, als immer weiter zu fressen, wenn sie aus ihrem Stallgefängnis ausbrechen wollte.

TAGEBUCHEINTRAG VOM 05.07.2015

Mama sagt, Essen hat auch etwas mit Genuss zu tun. Klar, da hat sie recht, aber ich will sie mal mit so einer Völlerei, die ich mir antun muss, etwas genießen sehen! Keiner kann nachvollziehen, wie hart das wirklich ist. Von außen wirkt es wie das größte Sensibelchen-Gejammer. Und ich bin selbst dran schuld! Im wahrsten Sinne des Wortes muss ich die ganze Scheiße jetzt auslöffeln. Mir macht es irgendwie Angst zu sehen, wie ich mich wieder verändere. Die anderen nehmen das nicht wahr, doch ich sehe und spüre jedes Gramm mehr. Jedes einzelne. Immer mehr hab ich das Gefühl, die Zunehmerei nur für die anderen zu tun, aber nicht für mich. Es geht um nichts anderes, immer nur scheiß Essen und scheiß Gewicht. So reduziert zu werden macht mich unendlich traurig. Bin ich denn nur etwas wert, wenn ich ein bestimmtes Gewicht auf die Waage bringe?

Ist die Krankheit ein Teil von mir, oder rede ich mir das bloß ein? Vielleicht ist sie auch ein Teil in mir, der aber gar nicht zu mir gehört, sondern sich nur eingenistet hat? Wieso haben alle anderen ein glückliches Leben, nur ich nicht? Ich fühle mich so alleine, niemand hat mich lieb und versteht mich! Nichts anderes als eine große Last bin ich für Mama und Papa, ich spüre das doch ganz genau! Unausgesprochen schwebt es zwischen uns, ich traue mich nicht, was zu sagen, denn dann trete ich eine Explosionslawine los. Sobald beim Essen irgendeine Kleinigkeit nicht klappt, merke ich, dass die Stimmung kippt. Suche ich die Schuld vielleicht nur bei den anderen und merke gar nicht, wie unmöglich ich mich verhalte? Ich gehe heimlich joggen, weil mir der Sport so fehlt und ich meine aufgebaute Kondition nicht kaputt machen will, aber das kann ich doch um keinen Preis vor ihnen zugeben! Ich sollte ehrlich sein, das weiß ich eigentlich, aber die Angst vor den Konsequenzen dieses Vertrauensbruchs ist einfach viel zu groß … Ich hasse mich und meine Unfähigkeit. Nichts krieg ich gebacken, bin einfach nur klein und hässlich! Abgestumpft, fühle nichts mehr, habe an nichts mehr Spaß und weiß nicht, für was es sich zu leben lohnt! Was würde ich darum geben, die Zeit zurückdrehen zu können und alles besser zu machen!

Benny wurde langsam ratlos. So etwas hatte er in seiner Laufbahn als Sportwissenschaftler noch nie erlebt. Wie konnte es nur sein, dass ich bei diesen Essensmengen und kaum Sport hauptsächlich Muskulatur zulegte und mein Körperfett weiter schwand? Lag ich bei der ersten Messung noch bei 14 Prozent, so hatte ich nach einigen Wochen laut der Körperanalysewaage nur noch elf Prozent Fett am Körper. Für eine junge Frau viel zu wenig. 17 Prozent waren das Mindestmaß, auf das er mich bringen wollte. Damit sei wohl hormonell wieder einiges besser als jetzt, und ich würde trotzdem noch sportlich und athletisch aussehen. Ich hatte eine leise Ahnung, woran das liegen könnte. Heimliche Jogging- und Sprinteinheiten in Kombination mit den Eiweißshakes vielleicht? Doch zugeben konnte ich das beim besten Willen nicht. Zumal ich ja nicht mal genau wusste, ob das wirklich der Grund dafür war! Ich würde mich verraten und unnötigerweise noch mehr Stress auslösen. Es gab ein Krisengespräch bei uns auf der Terrasse. Die todernsten Gesichter von Benny, Meike, Mama und Papa standen im absoluten Gegensatz zum wunderschönen Sommerwetter, dem Vogelgezwitscher und dem Duft lauer Sommernächte. Es könnte so schön sein, doch anscheinend war mir ein solches Leben nicht vergönnt. Mindestens zehn Mal wurde ich in aller Ruhe und Deutlichkeit gefragt, ob ich nicht doch heimlich Sport trieb oder irgendwelche merkwürdigen Nahrungsergänzungen nahm. Ich verneinte jedes Mal vehement. Die Runde wurde schließlich ergebnislos aufgelöst, doch das schlechte Gewissen ließ mir keine Ruhe, sodass ich am nächsten Tag bei meinen Nachbarn klingelte, um ihnen alles zu beichten. Wider Erwarten waren die zwei nicht böse auf mich, sondern reagierten mit Verständnis. »Was hältst du davon, wenn wir zwei-, dreimal die Woche zusammen laufen gehen? Du bekommst deinen Sport, und ich kann ein bisschen auf dich aufpassen, dass du es dabei nicht übertreibst«, war Bennys Vorschlag. »Das ... wäre ... toll ...!«, antwortete ich völlig perplex, denn mit so einer Reaktion hatte ich absolut nicht gerechnet. »Du sollst dich wohlfühlen, dir soll es nicht schlecht gehen. Und wenn du dafür den Sport brauchst, dann machen wir das auch. Du musst aber versuchen, so viel es geht zu essen. Du weißt, um was es geht! Vergiss diese Prozentzahlen! Iss so viel du kannst und so oft wie möglich! Du weißt, wo viel Energie drinsteckt, also bitte iss dich nicht an Obst und Gemüse satt. Du siehst, dass es kaum vorangeht.« Diese Worte brachten mir wieder einen ordentlichen Motivationsschub, und ich nahm mir mal wieder ganz fest vor, ordentlich aufs Gaspedal zu treten. Anscheinend war mein körperliches Ziel doch schwerer zu erreichen, als ich gedacht hatte.

So war mein Körperfettanteil zwei Wochen später wieder erhöht auf 14 Prozent, und ich bekam eine neue Strategie an die Hand: Im 4-Tage-Rhythmus sollte ich drei harte Tage und einen Joker-Tag machen. Hart bedeutete fünf Mahlzeiten pro Tag, und Joker hieß, ich durfte tun und lassen, was ich wollte. Innerhalb eines 4-Tage-Rhythmus durfte ich jeweils eine Kraft- und Ausdauereinheit machen, für jeweils 15 Minuten. Ich bemühte mich nach allen Kräften, die ich hatte, und es ging auch spürbar voran, doch kam das Leben unerwartet mal wieder dazwischen.

Zu Hause im gewohnten Umfeld klappte alles so weit ganz akzeptabel, doch sobald ich mal woanders war, wurde ich unsicher. Sehr unsicher und sehr vorsichtig, sodass ich in alte Muster zurückfiel, ohne es wirklich zu merken. So stand kurz vor den Sommerferien eine Klassenfahrt nach München an und am Ferienbeginn ein mehrtägiger Besuch bei Maja. Alles in allem genoss ich die Zeit, in der ich mal eine andere Umgebung sah, keine »Richtlinien« zu erfüllen hatte und niemand meinen Tellerinhalt kritisch beäugte, jedoch war ich ratlos, was das Essen anging. Was sollte ich denn da essen, wenn ich meine gewohnten Nahrungsmittel nicht hatte? Beim Frühstücksbuffet wusste ich nicht, ob in den Haferflocken nicht vielleicht doch ein Zuckermüsli versteckt war oder ob der Naturjoghurt vielleicht doch eher zehn Prozent Fett statt der gewohnten 3,5 Prozent hatte. Unterwegs konnte in jeder Salatsoße eine Kalorienbombe lauern, wenn ich mir aber im Supermarkt eine Flasche Buttermilch und Radieschen kaufte, würde ich nur schräg angeschaut werden. Ein belegtes Brötchen auf die Hand hielt mich keine halbe Stunde satt, damit brauchte ich erst gar nicht anzufangen! Wo ich auch hinschaute, entweder war das Essen viel zu teuer oder für meine Vorstellungen viel zu ungesund. Mit den anderen zu McDonald's gehen? Höchstens für einen Salat oder einen Kaffee! Zumal ich sowieso kein Fleisch aß. Das konnte ich mir eigentlich gleich sparen. Weißwurst oder Schnitzel essen? Natürlich gab es in diesen Lokalen auch Vegetarisches, doch ich wusste genau, wie deftig, fettig und dementsprechend kalorienreich bayerisches Essen war, und hatte viel zu viel Angst vor den Kalorien aus Lasagne, Semmelknödeln in Rahmsoße oder Käsespätzle. Überall wo ich war: Kohlenhydrate und Fett in Massen! Schon allein der Geruch sprang mich an, sodass ich allen Ernstes im Vorbeigehen an den Restaurants glaubte, ich hätte mir gerade eine derartige Kalorienbombe einverleibt. Prompt wurde mir kotzübel, und der Hunger war wie weggefegt. Wie ich Essen hasste! Einfach überall war es, es verfolgte mich! Seit ein paar Tagen hatte ich nun schon nichts wirklich Handfestes zu mir genommen, aber nicht eine Sekunde lang zog ich auch nur in Erwägung, dem immer mehr aufkommenden Hungergefühl mit mehr als einem Salat ohne Dressing nachzugeben. Im Gegenteil, wenn die anderen jammerten, sie seien ja jetzt so satt und könnten mindestens drei Tage lang nichts mehr essen, war ich heilfroh, dass ich mich an meine Prinzipien gehalten hatte. Oder eben doch an Buttermilch mit Gurke.

Bei Maja zu Hause lief es ähnlich. Wir unternahmen viel, doch kam immer wieder der Störfaktor Essen dazwischen. Frühstück hier, Zwischensnack da, Eisdiele dort, und spätabends noch was zum Knabbern. Mir ging das dermaßen auf den Keks. Natürlich wussten sie und ihre Eltern Bescheid über meinen Zustand. Regelmäßige und reichhaltige Mahlzeiten waren Pflicht, doch sie nahmen das in meinen Augen etwas zu ernst. Irgendwann sträubte ich mich dagegen und aß zwischendurch kein Eis, keinen Kuchen und bei den Hauptmahlzeiten nur noch eine Miniportion. Andauernd diese prüfenden Blicke auf meinen Teller, oder bildete ich mir das bloß ein? Verzweifelt versuchte ich, mit irgendwelchen möglicherweise interessanten Gesprächsthemen die Aufmerksamkeit woanders hinzulenken, doch vergeblich. Keine Mahlzeit verging, bei der ich nicht noch dreimal gefragt wurde, ob ich mir denn nicht doch noch einmal Nachschub auftun wollte. Jedes Mal lautete die Antwort: Nein danke, ich bin satt! Wollte mich denn jeder nur mästen? War ich denn für alle und jeden nur die kleine Magersüchtige, die man dringend und schnellstmöglich in eine Gänsestopfleber verwandeln musste?

Diese beiden Erfahrungen Anfang der Sommerferien zeigten mir, dass ich zu Hause vielleicht langsam klarkam, woanders hingegen noch überhaupt nicht. Wenn Unsicherheit da war, wählte ich doch immer, was mir am wenigsten Angst bereitete und mir ein Gefühl der Sicherheit verschaffte: meine alten Verhaltensmuster. Fortschritt hin oder her, der war für mich in solchen Momenten komplett nebensächlich. Ich konnte mich einfach nicht gehen lassen und irgendetwas essen, was in meinen Augen total ungesund war, sofort ansetzen würde und von dem ich die Zutaten nicht kannte. Womöglich würde ich am nächsten Morgen aufwachen und hätte eine dicke Speckrolle am Bauch! Nein, nicht um alles in der Welt durfte das passieren!

Ende Juli zeigte eine neue Körperanalysemessung nur minimalste Fortschritte. Benny stellte mir ein Ultimatum: Die nächsten drei Wochen seien entscheidend, wenn ich bis dahin nicht das schon so lange geforderte Minimalziel von 17 Prozent Körperfett erreicht hätte, sei er nicht mehr bereit, sich weiter Gedanken um irgendwelche Pläne und Maßnahmen für mich zu machen. Ich verstand es. Sehr gut sogar. Schon lange wunderte ich mich, dass er mich nicht schon längst hingeschmissen hatte. Ein Schritt vor und zwei zurück. Seit Wochen, wenn nicht sogar Monaten ging das schon so, Startschwierigkeiten hin oder her.

»Du rechnest, kalkulierst und verhandelst zu viel. Denk nicht so viel nach, sondern mach einfach!«

Wie recht er damit hatte! Doch war ich nicht mein ganzes Leben lang schon so? Musste ich nicht schon immer alles unter Kontrolle haben? Hatte ich nicht schon immer Angst gehabt, machtlos und hilflos dazustehen, wenn sich irgendetwas veränderte? Für mich gab es keine andere Option. Aufs Geratewohl zunehmen und mich fett fressen wie zu Klinikzeiten konnte ich einfach nicht. Es musste auch einen anderen Weg geben, und diesen sah ich in Bennys Hilfe. Verdammt noch mal, ich musste mir jeden Tag unzählige Arschtritte verpassen, wenn ich ihm zeigen wollte, dass der Wille da war, mich zu verändern! Auf der einen Seite standen Angst und Skepsis gegenüber einem sich verändernden Körper, langsam verschwindenden Knochen und enger sitzenden Hosen. Auf der anderen Seite die Hoffnung, diesen Kontrollzwang über mein Äußeres endlich hinter mir lassen zu können, mich wohlzufühlen in meiner Haut, wenn ich nur endlich so aussähe, wie ich es mir schon so lange wünschte. Doch es sollte noch einige Zeit dauern, bis ich kapierte, worum es wirklich ging.

Die ambulante Therapie wurde zum Teil abgebrochen. Mama und Papa sahen endlich ein, dass ich aus den Gesprächen mit Frau K. nichts, aber auch wirklich überhaupt gar nichts mitnahm und jedes Mal eine üble Laune an den Tag legte, wenn eine neue Sitzung bevorstand oder gerade vorüber war. »Was schaust du denn so böse?« – »Ich hab keinen Bock, schon wieder meine Zeit abzusitzen.« – »Wie war es heute? Über was habt ihr gesprochen?« – »Keine Ahnung, die fragt mich immer das gleiche Zeug, und ich weiß genau, was sie hören will. Ich kann damit nix anfangen und hab einfach keine Ahnung, was ich da noch soll! Was bringt mir das denn schon?« Zum Glück sahen meine Eltern das irgendwann ein, doch sollte ich weiterhin in Therapie bleiben.

Alle zwei Wochen ging ich von nun an zu dem anderen Therapeuten. Mit ihm kam ich deutlich besser klar, doch jedes Mal schwappten so viele Gefühle und Emotionen in mir hoch, dass es mich wieder richtig fertigmachte. Er legte mir dringend ans Herz, meine Denkweise umzupolen auf »positiv«. Anstatt zu denken »Warum bin ich so hässlich?« oder »Warum kann ich dies und jenes nicht?«, sollte ich diese Gedanken umformulieren in »Warum bin ich schön, genauso wie ich bin, und warum kann ich das so gut?«. Wenn ich so dachte, würde sich mein Unterbewusstsein verändern. Es würde nach Antworten auf die positiven Fragen suchen und so sich auch mein Verhalten ins Positive ändern. Wenn das passierte, würde ich auch positive Resultate erzielen in allen Lebensbereichen. Das klang alles sehr logisch und vielversprechend, doch merkte ich schnell, dass es unheimlich schwer, eher nahezu unmöglich für mich war.

Während er meine Gefühlswelt und Seele auseinandernahm, um herauszufinden, wo die Magersucht ihre Wurzeln hatte, klang alles, was er mir sagte, so logisch und einfach, doch an der Umsetzung haperte es gewaltig. Mentale Strategien sind super, klingen plausibel und einleuchtend, doch muss man sich im Klaren sein, dass man sich dauernd, und zwar wirklich andauernd, damit beschäftigen muss. Denn Gedanken kreisen pausenlos. Sind immer da, selbst im Schlaf. Nur wenn man wach ist, kann man sie wirklich kontrollieren, und selbst dann driften sie oft genug in andere Richtungen ab. Immer wieder zu beobachten und zu hinterfragen, was man gerade denkt und warum, ist unglaublich anstrengend und erfordert unheimlich viel Übung und gescheiterte Versuche, bis man merkt, dass die eigene Einstellung besser wird, wenn man sich mit den richtigen Gedanken umgibt. Es brauchte Geduld, sehr viel Geduld. Und die hatte ich nicht.

Ich verstand, was er mir mit dieser Positiv-formulieren-Strategie sagen wollte, doch ich bekam es im Alltag einfach nicht so richtig hin und schmiss schneller das Handtuch, als mir lieb war. Das Leben konnte einfach nicht positiv sein, nicht bei mir! Ich war schon zu lange gefangen in irgendwelchen Negativ-Schleifen, um mich herum nichts als Stress, Druck, Überwachung und Pessimismus, wie sollte ich denn da bitte optimistisch drauf sein?!

Des Weiteren sollte ich Ziele formulieren. Und zwar ganz genau. Also steckte ich mir ein Gewichtsziel von 45 Kilo bis November und ein Klaviersolo bei den nächsten Chorkonzerten. Doch wieder mal erreichte ich beides nicht, redete mir ein, mein Körper konnte und wollte nicht zunehmen, doch in Wahrheit war ich mir immer noch unsicher, ob ich meine dünne Gestalt wirklich hinter mir lassen wollte. Wie konnte das nur sein, nach allem, was passiert war? Aß ich mal sehr viel und fühlte mich hinterher schlecht, konnte ich am nächsten Tag einfach nicht anders, als das miese Gefühl wieder auszugleichen durch weniger essen, sonst nagte sich das schlechte Gewissen in mir bis auf die Knochen durch und verfolgte mich bis in den Schlaf. Nichts bereitete mir ein größeres Sicherheits- und Hochgefühl als ein sich leerender Magen und ein Hohlraum im Bauch. Ich hatte mir ein tolles Solostück ausgesucht, es zwei Mal mit Daniel geübt, und er gab mir das Okay für die Konzerte. Obwohl ich natürlich wusste, dass ich ohne Ende aufgeregt und nervös sein würde, mir Hände und Knie zittern und mein Herz bollern würde wie ein Presslufthammer, wollte ich es unbedingt spielen. Und doch schaffte ich es nicht. Beim ersten Konzert schlug er mir vor, das Ganze erst mal auf mich wirken zu lassen und das Solo dann einen Tag später zu spielen. Gesagt, getan. Fest entschlossen, es zu wagen, sackte mir aber das Herz in die Hose, als ich am nächsten Tag mitbekam, dass 700 Menschen in der Kirche saßen. Um Gottes willen! Rückzieher! Ich begab mich auf die Suche nach Daniel, sagte ihm, das konnte ich beim besten Willen nicht, und fühlte mich mal wieder wie die größte Versagerin. Hatte ich schon das Gewichtsziel nicht erreicht, denn ich lag bei 42 Kilo, so hätte ich wenigstens das Solo spielen können. Ich wollte es einerseits so unbedingt, doch war die Angst vorm Versagen mal wieder größer. Während des Konzertes wurde ich dann etwas ruhiger und überlegte, wie es wohl wäre, jetzt das Solo zu spielen. Irgendwann schaute Daniel mich vom Dirigentenpult aus noch einmal vielsagend fragend an und deutete Richtung Klavier. Ob ich es nicht doch spielen wollte? Doch noch bevor ich diese Chance wirklich realisierte, hatte ich auch schon den Kopf geschüttelt, und es ging weiter im Programm. Im nächsten Moment hätte ich mir am liebsten in den Hintern gebissen. Jetzt hätte ich mich doch getraut! Doch wieder mal war die Angst eine kleine Spur größer als der Mut gewesen. Wieso war ich nur so ein ängstlicher Mensch? Hatte Angst, so dick zu sein wie früher, Angst vor Essen und allem, was damit zusammenhing. Angst, die Kontrolle zu verlieren, etwas zu wagen und damit ein Risiko einzugehen. Angst, etwas zu fühlen. Hatte ich diese beiden Ziele, die ich mir selbst gesteckt hatte, wirklich erreichen wollen? Ganz wirklich? Oder war nicht schon die ganze Zeit über in meinem Hinterkopf die Annahme einbetoniert, dass ich es doch eh nicht schaffen würde? Das alles ratterte nach dem zweiten Konzertabend durch meinen Kopf, als ich mal wieder in schwärzester Dunkelheit die Zimmerdecke anstarrend schlaflos in meinem Bett lag, Tränen die Schläfen herunterströmend, und mich fragte, was aus mir denn nur mal werden sollte. Ich konnte einfach gar nichts. Bekam nichts, aber auch wirklich gar nichts gebacken. War zu nichts zu gebrauchen.

TAGEBUCHEINTRAG VOM 07.09.2015

Meine Mama und mein Papa … ich hab sie so lieb. Warum kann ich nur so schlecht Gefühle zeigen? So gerne würde ich sie einfach mal in den Arm nehmen und ihnen sagen, dass es mir so leidtut, was ich ihnen angetan habe, und wie unfassbar schwer das Ganze gerade für mich ist, da mehr oder weniger alleine rauszukommen. Aber ich habe keine andere Wahl, ich muss es alleine schaffen! Es ist so verrückt: So gerne würde ich ihnen sagen, dass ich sie liebe, aber ich traue mich einfach nicht!

Alles hab ich kaputt gemacht! Hab eine Mauer um mich herum gebaut, über die ich nicht mal selbst drüber komme! Bin abgestumpft und gefühlskalt, innen wie außen. Aber vielleicht ändert sich das Innere, wenn sich das Äußere verändert? Wie kann ich eigentlich immer noch Hoffnung haben, das alles wieder in den Griff zu kriegen, nach allem, was passiert ist und wie lange sich die Geschichte schon hinzieht? Ursprünglich war der Plan, mein Gewicht im Urlaub zu halten, aber oh Wunder, das hat natürlich mal wieder nicht geklappt, obwohl ich mich immer satt gegessen habe! Heute Morgen hatte ich 40,5 Kilo auf der Waage. Und mein Hass aufs Essen wird schon wieder größer. Nichts schmeckt mir, und ich werde kaum satt! Immer heißt es, ich mache die Extrawurst. Ich esse nun mal lieber Haferflocken mit Joghurt statt trockenes Marmeladenbrot! Was ist denn daran so verkehrt?! Und ich rieche schon die nächste Katastrophe. Kürbissuppe und Zwetschgenstreuselkuchen. Ich werde aber nur die Suppe essen, die bestimmt nicht kalorienarm ist! Und wenn ich mir dann keine Kürbiskerne drüberstreue, heißt es nur wieder: »Wieso isst du die denn nicht?« Am besten, ich verzieh mich nach der Suppe direkt mit Cara in den Wald, so schnell wie ich weg bin, kann sie mich nicht mal fragen, warum ich denn keinen Kuchen will. Wobei die Frage eh überflüssig ist. Diese Streusel verseuchen die ganzen Zwetschgen, die ich ja eigentlich essen würde. Aber so zuckerertränkt wie die dann sind, bekommen mich keine zehn Pferde dazu, von dem Zeug auch nur einen Bissen zu essen!

TAGEBUCHEINTRAG VOM 03.10.2015

Diese Woche stand ein langes Familiengespräch bei meiner Therapeutin an. Zwei Stunden ging das. Und alles, was dabei rauskam, ist, dass ich mich wie die größte Last fühle und niemand mehr an mich glaubt. Ganz ehrlich, so langsam wird es mir gleichgültig. Ich kann es doch eh nicht ändern! Verständlicherweise haben Mama und Papa gesagt, sie haben keine Kraft mehr. Ich doch auch nicht! Die ganze Odyssee geht einfach schon viel zu lange!

Ich war schon immer unheimlich schlecht im Gefühlezeigen gewesen, frage mich, was andere dann wohl über mich denken. »Wenn dich etwas stört, dann sag es doch!« Keine Ahnung, wie oft mir dieser Satz gesagt wurde. Doch werde ich dann mal wütend und laut, kommt sofort die strenge Ermahnung, ich soll aufhören, so rumzuschreien. Und überhaupt, das, was mich stört, sei ja wohl überhaupt nicht nachvollziehbar. Wen wundert es da bitte noch, dass ich mich über die Zeit hinweg immer weiter zurückgezogen habe? Und immer stiller geworden bin? Wird über mein Essverhalten diskutiert, ist jedes Wort von mir ein falsches. Deshalb antworte ich darauf auch einfach gar nicht mehr. Ich bin es so leid und mittlerweile daran gewöhnt, nicht verstanden zu werden. »Sag doch mal was zu der Sache!« Wieso denn? Nur damit ihr mir das Wort im Mund umdreht? Es hat absolut keinen Zweck, mit euch auch nur über irgendwas zu reden! Es wird sowieso immer zu meinem Nachteil ausgehen, hinterher bin ich immer die Schuldige, und das Problem ist doch keinen Schritt weiter gelöst! Also wozu?

So langsam verstehe ich: Die Magersucht bietet mir einen Rückzugsort, wo ich alles mit mir alleine ausmachen kann und durch die Kontrolle, die ich auf mich ausübe, von meinen eigentlichen Problemen abgelenkt werde. Weil ich mich überfordert fühle von dem, was auf mich einprasselt, betäube ich diese Überforderung mit dem Kontrollbedürfnis über mein Gewicht und überhaupt alles, was auch nur im Entferntesten mit Essen zu tun hat. Ich habe kein Bedürfnis nach Nähe oder Familienleben, dementsprechend lassen sie mich auch alle irgendwann in Ruhe. Werde ich doch mal in den Arm genommen, sträubt sich alles in mir, länger als nötig in dieser Umarmung zu bleiben. Einfache Berührungen wie eine Hand auf der Schulter oder ein Anstupsen lassen mich sofort zurückschrecken wie ein Stromschlag. Körperkontakt kann ich nicht aushalten. Niemand soll mir zu nahe kommen, das fühlt sich einfach unangenehm an!

Ich weiß es doch. Ich will so nicht weiterleben. Aber wieso kann ich es nicht? Diskutieren ist sinn- und zwecklos, das wissen Mama und Papa mittlerweile, und so lese ich immer aus ihren Gesichtern ab, wenn mal wieder irgendwas nicht stimmt. Problemkind. Nichts zu machen. Hoffnungsloser Fall. Esse ich nicht nach ihren Vorstellungen, spüre ich im Sekundentakt, wie sich die Luft elektrisch auflädt. Sorgenvolle, kritische Blicke wandern über meinen Teller und wandeln sich irgendwann in Nichtbeachtung. Es kann auch sein, dass ich das sehr übertrieben wahrnehme, aber so fühlt es sich eben für mich an!

Natürlich liebe ich meine Eltern nach wie vor und weiß tief in mir, dass sie mich als ihre Tochter auch lieben, sonst wäre es ihnen egal, was ich esse und wie viel ich wiege.

Mit jedem Tag, der vergeht, hab ich das Gefühl, einsamer zu werden. Niemand will mit mir reden. Niemand mag mich. Ich bin allen egal und mir selbst irgendwie auch. Und obwohl mein Verstand weiß, dass es nicht ganz so ist, fühlt es sich doch so an. Mein Instinkt sagt mir: Halte dich fern von deinen Eltern und Geschwistern, sonst gibt's bloß wieder Stress. Dauernd sehen sie das Problem vor sich sitzen. Andererseits mache ich mit meinem Verhalten aber alles nur noch schlimmer! Ich steh unter Druck und Beobachtung, und meine Aufgabe ist es wohl, durch »gute« Kommunikation und »gutes« Essen meinen Eltern das Gefühl zu geben, es ginge mir gut. Das tut es aber nicht, und ich bin die Theaterspielerei so leid! Es tut weh, sie so kraft- und energielos dasitzen zu sehen, wohl wissend, dass ich daran schuld bin. So was heilt nicht von heute auf morgen, das braucht Zeit. Ich bin so egoistisch und blöd.

Benny und Meike wurden langsam, aber sicher zu meinen alltäglichen Begleitern und Ratgebern in der kurzfristigen Not. Zum Beispiel wenn ich wieder mal nicht wusste, wie groß denn eine Portion für mich sein sollte, oder ich mich nicht entscheiden konnte, ob ich eher die Einladung einer Freundin annahm oder mit zum Familiengeburtstag ging. Oder hatte doch eher das Lernen für die nächste Bio-Kursarbeit Vorrang? Meike schloss sich oft meinen Spaziergängen mit Cara an, dabei fragte sie mich aus über meine Kindheit, die ganze Krankheitsgeschichte und was ich mir in Zukunft so für ein Leben vorstellte. Manchmal erzählte sie auch über sich, manchmal unterhielten wir uns auch einfach nur über Banales wie Kleider, Urlaubsziele oder sehenswerte Filme. Etwas Ablenkung von den schweren Gesprächsthemen tat gut und gab mir wenigstens kurzfristig ein Gefühl von ansatzweiser Normalität. Zeigte da wirklich jemand ehrliches Interesse an mir? Wahrscheinlich berichtete sie Benny regelmäßig von unseren Gesprächen, denn auch er fragte mich immer mehr über mein eigentliches Leben, anstatt über Messergebnisse, Zahlen und Ziele zu philosophieren. Immer deutlicher wurde mir bewusst, dass die beiden mir anscheinend wirklich helfen wollten und deshalb versuchten, mich von Grund auf kennenzulernen. Sie reduzierten mich nicht mehr auf Gewicht, Essverhalten und Krankheit, sondern sahen mich, wie ich wirklich war. Sahen auch noch anderes in mir und nicht ständig das allgegenwärtige Problem. Benny erwähnte sehr lange nichts mehr von Messungen, stattdessen schrieb er mir einen Mini-Trainingsplan für zu Hause, wo ich bestimmte Kraftübungen mit meinem eigenen Körpergewicht trainieren konnte. Wie oft ich das durfte, da setzte er mir plötzlich keine Limits mehr. Dasselbe beim Ausdauertraining. »Mach so viel Sport, wie du willst, aber vergiss nicht, dass du ein Ziel hast und die Ergebnisse stimmen müssen.« Auch bei Daniel hatte ich das Gefühl, dass es in unseren Gesprächen meistens um Musik ging und um nichts anderes. Um den Chor, die nächsten Konzerte oder das neueste Klavierstück, das ich ihm präsentiert hatte. Kein schräges Mustern und vielsagende Oh-Gott-siehst-du-aus-Blicke, wie ich sie so oft von meinen Schulkameradinnen und Lehrern abbekam. Einfach mal nicht Magersucht. Nicht Krankheit. Nicht Essen. Nicht Gewicht. Einfach nur ich. Als Mensch. Dieses Gefühl, von ein paar wenigen irgendwie doch angenommen zu werden, war unfassbar und so hoffnungsvoll, dass ich mich daran festklammerte und das angespannte Dauerstromverhältnis zu Hause wenigstens für ein paar Stunden vergessen konnte.

TAGEBUCHEINTRAG VOM 23.12.2015

Mit Papa kann ich mittlerweile echt gut reden, aber Mama und ich kriegen uns dauernd in die Haare. Aber immerhin haben wir jetzt mal Auseinandersetzungen, und ich verteidige mich, anstatt aus Angst vor Streit ins bloße Schweigen überzugehen. Sie erwartet den »großen Durchbruch«, den es nicht geben wird, da brauche ich ihr und mir gar nichts mehr vorzumachen! Denn wie oft habe ich mir schon geschworen, dass ab morgen alles anders wird, nur um dann eine Woche später wieder einen Schritt zurückzufallen? Wieso kapiert sie nicht endlich, dass ich wohl genauso lange brauche, um da rauszukommen, wie ich drin war in der ganzen Misere? Sie kriegt die Krise, wenn ich die Krise beim Anblick von Kalorienbomben wie Nudelaufläufen und Grießbrei kriege und mir vor Brechreiz der Appetit vergeht. Wie kann sie glauben, nur weil ich dünn bin, würde ich den ganzen Tag mit Hunger durch die Gegend rennen? Im Gegenteil, ich fühle mich mal wieder wie eine gestopfte Gans! Trotzdem gebe ich mir immer und immer wieder Mühe! An manchen Tagen bin ich nur essstörungsgesteuert, an anderen hochmotiviert und fest entschlossen, es zu schaffen und nicht mehr in die Anorexenwelt gehören zu wollen. Die guten Tage überwiegen momentan immerhin.

Im Februar 2016 bekam das ganze Drama wieder einen Höhepunkt. Die Therapiesitzungen wurden immer weniger, da ich kaum noch Bereitschaft zeigte, mitzumachen. Wo war bitte der Sinn, noch länger auf all diesen Problemen herumzukauen? Ich eierte nur so herum ohne wirklich spürbare Resultate, deshalb beschlossen meine Eltern, jetzt strenger durchzugreifen. Es wurde mal wieder ein förmlicher Familienrat abgehalten, wo Papa mir eröffnete, er stelle mir jetzt bis April ein Gewichtsultimatum von 45 Kilo. Ob ich weiter in Behandlung sein wollte, konnte ich selbst entscheiden, schließlich war ich ja jetzt volljährig. Erreichte ich das Ziel nicht, müsste ich raus. Wohin konnte er mir nicht sagen. »Außerdem kommt die Waage im Bad weg, du wiegst dich doch bestimmt jeden Tag mindestens dreimal! Deinem Kontrollzwang setzen wir jetzt ein Ende. Einmal die Woche wirst du gewogen, und einer von uns steht nebendran!« Was?! Hatte ich mich verhört? Ich war 18 und niemandem mehr Rechenschaft wegen meines Gewichts schuldig! Konnte selbst bestimmen, was mit mir passierte! Wieder einmal flammte und brodelte Zorn in mir auf, wohl wissend, wenn ich jetzt einen Wutausbruch hinlegte, würde alles eskalieren. Ich explodierte nicht oft, aber wenn, dann so richtig. Keine Ahnung, wie ich noch einigermaßen sachlich reden konnte, aber dann verfiel ich doch in ein verzweifeltes Geschrei. »So ein Quatsch, ich wiege mich alle zwei Tage einmal morgens! Ihr wollt, dass ich zunehme, bekomme aber nur einmal pro Woche die Möglichkeit zu sehen, wo ich stehe? Sagt mal, seid ihr jetzt komplett verrückt geworden? Wie schwer wollt ihr es mir denn noch machen? Wie bescheuert seid ihr?! Außerdem – wo wollt ihr mich denn hinstecken? In ein therapeutisches Wohnheim?!« – »Das wäre eine Idee, darüber könnte man mal nachdenken.« In diesem Moment loderte ein ekelhafter Hass in mir auf, zuerst auf meine Eltern, dann auf mich selbst, denn ich realisierte schnell: Schon wieder war ich daran schuld. Ich, die einfach nicht die Kurve kriegte, irgendwo zwischen 41 und 42 Kilo herumdümpelte, und das schon seit Monaten. Wieder einmal musste ich lernen, dass diese beschissene

Krankheit nicht nur mich von innen heraus auffraß, sondern auch mein ganzes Leben mitsamt allen Beziehungen zerstörte. Alles ging den Bach herunter, einfach alles!

Ich suchte das Gespräch mit Benny, inständig hoffend, ihn auf meiner Seite zu wissen, doch er hatte sich den Bedingungen meiner Eltern tatsächlich angeschlossen. Das alles war hinter meinem Rücken abgemacht worden! Er versuchte, mich zu beruhigen, indem er mir prophezeite, dass die Wogen sich bestimmt bald wieder glätten würden. Ich solle das Ganze als Herausforderung sehen und auch mal die andere Perspektive wahrnehmen. »Sie wollen, dass du vorankommst, und deine Arschtritte, die du dir selber verpasst, sind einfach zu zaghaft. Deshalb wollen sie dich jetzt mit viel Druck zu deinem Glück zwingen.« Aha. Zu meinem Glück zwingen. Dass ich nicht lache! Aber hatte ich eine Wahl? Wieder einmal fühlte ich mich wie eine Marionette, gefangen in einem miesen Spiel, das zu Ende gespielt werden musste.

Natürlich diskutierte ich noch etliche Male, wieso das alles in der Art und Weise absolut keinen Sinn machte, doch umstimmen ließen sie sich partout nicht. Es machte mich wahnsinnig, nicht alle zwei Tage mein Gewicht überprüfen zu können. Was, wenn es von einer Woche auf die nächste hochschoss wie eine Rakete an Silvester und ich beim allwöchentlichen Montagswiegen den Schock des Lebens bekam? Obwohl ich mehr als genau wusste, dass mein Gewicht nach oben gehen musste, so erleichtert war ich einerseits, wenn es so war, andererseits keimte aber jedes Mal gleichzeitig auch Angst in mir auf. Die in mir festsitzende Urangst vor Kontrollverlust. Wo hatten diese 500 Gramm mehr jetzt angesetzt? Sah ich jetzt speckig aus? Verzweifeltes Drehen und Wenden vor dem Spiegel mit dem Lupenblick. Ich wollte die Kontrolle über meinen Körper behalten, keine unerwünschten Speckrollen von heute auf morgen an mir finden und nicht bei jeder Mahlzeit ratlos sein, ob es denn gereicht hatte oder wie viel ich diesmal über den Hunger hinaus in mich reinstopfen musste! Ich brauchte die Waage!

Doch schon im März ruderten Mama und Papa anscheinend etwas zurück, denn plötzlich stand das Gerät wieder im Bad, und zwar nicht nur an den Wiegetagen. Hatten sie es also doch kapiert? Ich traute dem Frieden nicht, wog mich trotzdem nur alle paar Tage, weil ich zugegebenermaßen doch gemerkt hatte, dass mich die ständige Gewichtskontrolle einengte und doch immer irgendwie mein Essverhalten beeinflusste. War es von heute auf morgen »zu viel« Gewichtszunahme, so hatte ich auch weniger Hunger, und dauernd plagten mich Gedanken wie »Siehst du, wie schnell das jetzt schon wieder hochging! Soll das so weitergehen? Reiß dich zusammen und friss nicht so!«. Hatte ich auf unerklärliche Weise von jetzt auf gleich wieder Gewicht verloren, so war der Hunger bei den Mahlzeiten größer als sonst, und ständig dachte ich an die niedrige Zahl auf dem Display und wie weit der Weg denn jetzt schon wieder war, um die magischen 45 Kilo zu erreichen. Ich hatte verlernt, auf meinen Körper zu hören, stattdessen wurde ich von äußeren Einflüssen fremdgesteuert. Das wöchentliche Kontrollwiegen mit Papa war die reinste Qual und Bloßstellung, sowohl für ihn als auch für mich. Ich fühlte mich wie ein zur Schau gestelltes Tier im Zoo. Er hatte dafür den Montag ausgesucht, und schon sonntagabends gingen Bauchschmerzen und Übelkeit los. Die Nacht auf Montag verbrachte ich meist halb schlaflos, aus lauter Angst, welche Katastrophe am nächsten Morgen im Bad lauern würde. Zu viel Gewicht bedeutete Angst vorm Fettwerden. Zu wenig Gewicht bedeutete den Rauswurf Ende April. Immer wieder bekam ich Gespräche meiner Eltern hinter verschlossener Tür mit, wo sie sich über mich aufregten. Was ich denn heute schon wieder getrieben hatte, aber die Aktion von gestern war ja wohl unter aller Kanone! »Da fischt sie sich aus der Nudelpfanne nur das Gemüse raus und lässt die Hälfte der Nudeln links liegen!« – »Dauernd finde ich irgendwelche halb leeren Joghurtbecher im Kühlschrank! Da sind doch nur 150 Gramm drin, wieso kann man das nicht einfach leer essen?« – »Sie muss raus hier, das geht so nicht mehr. Sie muss raus!« Dass Mama und Papa so über mich redeten, machte mich todtraurig. Vertrauen konnte ich ihnen nicht mehr.

Das einzig Positive, woran ich festhielt, waren die anstehenden Chorkonzerte Mitte Juni, bei denen ich zeigen durfte, was ich konnte. Den Großteil der Stücke sollte ich am Flügel begleiten, und ich bekam sogar zwei Solos! Da hatte ich vor Publikum noch nie ein einziges Solo gespielt, und jetzt sollten es gleich zwei sein! Um Gottes willen! Aber ich freute mich darauf und traute es mir auch endlich zu, auch weil es eher kleinere Konzerte waren mit maximal 200 Zuschauern in der kleinen Synagoge. Ich erinnerte mich an das Konzert 2011, wo ich mir gewünscht hatte, irgendwann so wie mein Klavierlehrer spielen zu können. Fast genau fünf Jahre später bekam ich die Chance dazu, am gleichen Ort, am gleichen Instrument, wenn ich auch natürlich nicht so gut war wie er. Doch für so ein kleines Konzert schien es wohl zu reichen. Hätte mir das vor fünf Jahren jemand prophezeit, ich hätte es nicht geglaubt. Und irgendwie war ich doch auch ein klein wenig stolz, was ich da erreicht hatte.

TAGEBUCHEINTRAG VOM 02.04.2016

Ob ich das magische 45-Kilo-Ziel erreiche, keine Ahnung ... aber irgendwie mach ich da auch gar keine Panik und Hektik mehr. Bringt doch eh nix. Ich weiß gerade einfach gar nichts. Fühle mich leer und ausgeliefert. So als läge alles, was jetzt kommt, nicht mehr in meiner Hand. Ratlos lasse ich einfach alles passieren. Vielleicht ist das auch eine bessere Art, mit den Dingen umzugehen, anstatt mich immer so zu stressen und unter Druck zu setzen. Wird schon schiefgehen.

TAGEBUCHEINTRAG VOM 09.04.2016

Ich versinke in Traurigkeit, Ungewissheit … und niemand kann mir helfen. Standardsatz: »Nimm endlich professionelle Hilfe an!« Das hab ich doch schon so oft versucht! Aber niemand kommt an mich so richtig ran, vorher mach ich immer dicht! Und ich weiß einfach nicht, wie ich das ändern kann! Ich bin so ein Sturkopf. Je näher der 30. April rückt, desto mehr Angst bekomme ich. Tierische Angst. Ich wiege 42 Kilo, und es geht einfach nicht aufwärts. Ich esse schon gar nicht mehr, ich fresse. Aber nicht weil ich will, sondern weil ich mal wieder muss. Diese ständige Völlerei macht mich noch viel kränker, als ich eh schon bin, absolut wahnsinnig, und schon wieder kommt dieser miese Selbsthass auf. Wieso muss ich nur so sein, wie die es wollen? Wieso kann ich nicht so sein, wie ich es möchte? Will nur noch allein sein. Gestern Abend hab ich allen Ernstes das erste Mal überlegt, ob ich die Chorprobe nicht einfach sausen lasse. Bin aber doch hin und hab natürlich rumgeheult. Ich bin so ein Weichei. Zitat Daniel: »Wenn ich dir helfen könnte, würde ich es sofort tun. Das Einzige, was ich dir sagen kann, ist: dranbleiben und weitermachen. Nicht lockerlassen.« Angst, Einsamkeit und Bauchweh. Was anderes kenne ich nicht mehr.

Trotz aller Anstrengungen schaffte ich die 45 Kilo damals nicht bis zum besagten Datum. Ich versuchte auch nicht, mir die zwei Kilo, die noch an Gewicht fehlten, vorm Wiegen anzutrinken, sondern ich war ehrlich. Es würde ohnehin auffliegen. Und zu meiner großen Verwunderung wurde ich nicht rausgeworfen. Wieso Mama und Papa ihre Drohung nicht wahr gemacht hatten, obwohl sie so oft darauf rumgeritten waren, kann ich bis heute nicht sagen. Benny lud mich auf eine neue Körperanalysemessung ein, und ich staunte nicht schlecht, als das Ding wirklich mal signifikante Fortschritte in Sachen Muskelmasse und Körperfett anzeigte. Von den 17 Prozent Körperfett als Mindestanforderung für einen konkreten Trainings- und Ernährungsplan hörte ich auch nichts mehr, vielleicht hatten alle in meinem Umfeld verstanden, dass man mich mit Hochdruck und einem beschissenen Zahlenultimatum nirgendwo hinbringen konnte.

Langsam, aber sicher begann ich, mich in die ganze Materie genauer einzulesen, denn mein Coach war zu beschäftigt, um sich mit mir ewig lange über all die Fragen zu unterhalten, die ich mir immer wieder stellte. Außerdem wollte ich ihn nicht noch mehr belästigen, als ich es eh schon getan hatte. Stundenlang verbrachte ich meine Freizeit im Internet, googelte nach Informationen zum Zunehmen, Muskelaufbau und wie denn eine gesunde Ernährung wirklich auszusehen hatte. Da musste es doch irgendwelche Geheimtipps geben, von denen ich noch nie gehört hatte! Schnell merkte ich jedoch, dass das alles wesentlich komplexer war, als ich es mir vorgestellt hatte. Jede Seite, jeder Blog, jedes Video war irgendwie ähnlich und doch wieder anderer Meinung. Alles klang irgendwo plausibel, aber woher sollte ich denn wissen, was wirklich die richtigen Infos für mich waren? Viel Ausdauertraining oder eher weniger? Krafttraining zu Hause oder im Fitnessstudio? Welche Übungen waren sinnvoll? Wie viele Muskeln konnte ich eigentlich aufbauen? Wie viele Kalorien musste ich essen? Was war mit der Verteilung von Kohlenhydraten, Eiweiß und Fett? Wie berechnete ich das überhaupt? Und waren die Tipps für sehr Untergewichtige auch brauchbar? Dachte ich, eine gute Antwort auf irgendeine meiner Tausenden von Fragen gefunden zu haben, so las ich kurz darauf genau das Gegenstück dazu, was aber genauso logisch klang. Wer hatte denn jetzt recht, verflixt noch mal? Willkommen im Google-Dschungel der Informationen.

Doch ich gab nicht auf, recherchierte immer weiter und stieß irgendwann auf den Blog der australischen Fitnesstrainerin Kayla Itsines. Von Anfang an zogen mich die Beiträge magisch an, ich konnte es manchmal kaum erwarten, bis der nächste rauskam. Obwohl alles auf Englisch geschrieben war, verstand ich den Großteil doch ziemlich gut. Am meisten inspirierten mich ihr Mindset und die Vorher-Nachher-Fotos unzähliger Frauen, die mithilfe ihres Hometraining-Programms nun ein gesünderes, fitteres Leben führten. Die einen verloren enorm Gewicht, wieder andere wurden fitter und sahen komplett verändert aus, obwohl das Gewicht nahezu gleich blieb. Und manche bauten damit sogar Muskeln auf, wogen mehr als auf dem Vorher-Bild und hatten schlichtweg eine beneidenswerte Figur! War das wirklich möglich? Konnte das gleiche Work-out-Programm wirklich all diese Ziele realisieren? Der Unterschied musste in der Ernährungsweise der Leute liegen, anders war das nicht zu erklären! Verflixt, wie machten die das nur? Konnte ich das vielleicht auch? Hm … Was brauchte ich denn dafür? Eine kleine Matte und ein bisschen Equipment wie kleine Hanteln, Wasserflaschen, einen Wasserkasten oder einen Stuhl. Wenn ich das schaffte, konnte ich mir das viele Essen wirklich guten Gewissens »erlauben« und würde sogar noch Muskeln aufbauen, die ja schwerer waren als Fett und noch dazu viel schöner aussahen … Als ich jedoch herausfand, dass das 24-wöchige Programm, das aus Work-outs und Ernährungsplänen bestand, fast 200 Euro kosten sollte, schob ich den Gedanken schnell wieder beiseite. Noch dazu konnte ich den Großteil der Übungen ja gar nicht! Auf Kaylas Instagram-Profil sah ich mir oft Ausschnitte der einzelnen Work-outs an. Bei dem Anblick klappte mir die Kinnlade runter. Wie konnte man so dermaßen hoch und weit springen, Liegestütze machen und dabei so leichtfüßig und kaum angestrengt aussehen? Um Himmels willen, Liegestütze konnte ich sowieso wenn überhaupt nur auf den Knien! Und dann nicht mal fünf am Stück! Das konnte ich ja gleich bleiben lassen. Doch andere Frauen beschrieben genau diese Probleme unter ihrem Vorher-Nachher-Bild. Dass sie zu Beginn noch keinen einzigen Burpee schafften, geschweige denn einen einzelnen Liegestütz. Dass der Muskelkater unerträglich war und sie wohl oder übel manche Übungen verändern mussten, um das Training überhaupt die halbe Stunde durchzuhalten. Dass der innere Schweinehund manchmal eben doch wieder größer wurde und sie wochenlang keine Work-outs durchgezogen und nur Junkfood in sich reingestopft hatten. Und doch fanden sie immer wieder zurück, fingen wieder von vorne an, gaben nie ganz auf. Wenn man den Spieß umdrehte, klang das irgendwie wie meine Situation … was hatte ich nicht schon alles versucht, um mit mir und meinem Körper endlich klarzukommen? Wie oft war ich schon einen Schritt vorwärts gekommen und dann doch wieder drei zurückgefallen?

Ich hatte nur noch eins im Kopf: das Programm durchziehen und aussehen wie diese Fitness-Ikone! Dann würde ich bestimmt endlich zufrieden mit mir sein, super aussehen und mehr Gewicht auf die Waage bringen, als so mancher glaubte, denn ich würde ja mit Sicherheit nur Muskeln aufbauen, die nicht so voluminös waren wie Fett! Mehr wiegen und trotzdem noch dünn sein … super Plan! Ich hatte noch keine Ahnung, dass das die naivste Idealvorstellung war, die ich hätte haben können. Doch ich bin dankbar für meine damalige Blauäugigkeit, sonst hätte ich wahrscheinlich nie begonnen, mein Schicksal selbst in die Hand zu nehmen.

Kaylas Schreibweise beeindruckte mich, sie erweckte in mir wieder mehr Motivation und Kampfgeist. So wurde ich seit Langem mal wieder kreativ, war sogar mit Spaß und Konzentration dabei. Ich schrieb mir meine Lebensweisheitsfavoriten mit bunten Stiften in verschiedenen Schriftarten und Verzierungen auf Papierfetzen, die ich dann in mehreren Bilderrahmen zusammenpuzzelte und neben meinem Bett aufhängte. Jeden Abend starrte ich gedankenverloren auf die Worte, las sie immer und immer wieder. Verinnerlichte sie irgendwie. Wunderte mich darüber, dass erneut vorsichtig Hoffnung in mir aufkeimte. Die skeptische Hoffnung, endlich die Kurve zu kriegen.

Mitte Juni war es so weit: Ich durfte fast ein ganzes Konzert am Flügel begleiten! Neun Chorstücke und zwei Solos, davon ein klassisches und ein moderneres Stück hatte ich geübt wie verrückt. Die Aufregung war kaum auszuhalten, Hitzewallungen, Herzstolpern und alle Gliedmaßen puddingweich. Wie sollte ich so bloß spielen?! Doch alles lief glatt, ich war stolz wie Oskar, überwältigt vom Applaus und all den Komplimenten, die ich an dem Abend noch bekam. Mein Selbstvertrauen schoss durch die Decke, und seit Langem hatte ich endlich mal wieder das Gefühl: Ich konnte also doch etwas!

Kurz darauf kam ich auf die glorreiche Idee, das Internet zu durchforsten, ob eventuell jemand das Programm von Kayla Itsines verkaufte, denn ich wurde den Gedanken einfach nicht los, das Ganze auch auszutesten. Tatsächlich wurde ich fündig und bekam das gesamte Programm für nur 15 Euro per E-Mail geschickt! Ich konnte mein Glück kaum fassen. Enthusiastisch und voller Motivation berichtete ich Benny von meiner neuesten Errungenschaft. Der einzige Haken war, dass die Ernährungspläne angeblich nur zwischen 1600 und 1800 Kalorien pro Tag vorsahen. Doch er sah darin kein Problem, denn Essensmengen konnte man ja schließlich anpassen. Sollte ich halt einfach erst mal das Eineinhalbfache der Vorgaben essen! Er versprach, sich den gesamten Plan mit mir zusammen in absehbarer Zeit anzusehen, wenn er wieder etwas mehr Luft hatte.

In der zwölften Klasse stand mal wieder eine Kursfahrt an. Eine Woche Allgäu, das Programm stand unter dem Motto »Aktiv«. Geplant waren Rafting, Canyoning, Wasserski, Klettern und natürlich Wandern, Wandern und nochmals Wandern. Das perfekte Programm für mich, könnte man meinen. Einerseits ja, denn Sport und Bewegung zog ich eindeutig dem stundenlangen Rumgehocke in der Schule vor. Andererseits graute es mir schon von Anfang an vor den gemeinsamen Mahlzeiten und der Tatsache, nicht meine gewohnten Lebensmittel zu haben. Wir waren in einem Selbstversorgerhaus untergebracht, im Voraus legten wir Küchenteams und verschiedene Gerichte für die Woche fest, schon allein beim Gedanken daran zog sich mein Magen zu einem Wollknäuel zusammen. Was ich da wohl alles essen musste, was ich eigentlich nie im Leben anrühren würde? Zum Essen zwingen konnte mich ja niemand, dennoch würde ich in Erklärungsnot geraten, wenn sie wissen wollten, warum ich denn dies und jenes nicht aß. Unsere Lehrer predigten uns, wie wichtig das Essen in diesen Tagen für uns sei, weil wir fast ununterbrochen auf den Beinen sein würden. Ich sah mich vor riesigen Kohlenhydratbergen beim Frühstück sitzen und mittags mit quälendem Hunger irgendwo den Berg hochsteigen, weil wir da immer unterwegs sein würden und nur Kleinigkeiten mitnehmen oder kaufen konnten. Abends würden wir uns dann wohl ein Festmahl kredenzen: deftige Käsespätzle, Spaghetti mit Schinken-Sahne-Soße, Kartoffelpuffer oder Kaiserschmarrn. Für mich die Katastrophe der Hölle höchstpersönlich. Alles mal wieder nur voller Kalorien, Fett und Kohlenhydrate! Ich würde fett werden in dieser Woche! Oder auch wieder abnehmen, wenn ich es nicht über mich brachte, auch nur irgendwas von der unbekannten Gefahr zu essen … irgendwie musste es doch möglich sein, mein Ding da durchzuziehen! Klassenfahrten konnte ich noch nie leiden, sie waren für mich schon immer eine furchtbar lästige Pflicht und Qual gewesen, die ich einfach nur absitzen musste, denn leider wurde ich nie wirklich krank bei solchen Events. Doch diese letzte Fahrt in meiner Schullaufbahn würde für mich die bisher schlimmste werden.

TAGEBUCHEINTRAG VOM 03.07.2016

Scheiße! Ich hab mal wieder so dermaßen Mist gebaut, und diesmal krieg ich alle Konsequenzen ohne Schonfrist oder Welpenschutz. Die Kursfahrt war wie zu erwarten ein einziges Desaster, und alles nur, weil ich das, was die anderen gegessen haben, nicht essen wollte. Es hat überhaupt gar nichts geklappt, wie ich schon befürchtet habe. Während die anderen gemampft haben wie die Scheunendrescher, hab ich mich an Obst, Gemüse, Joghurt, hart gekochte Eier und Haferflocken gehalten. Nicht nur, aber überwiegend. Hab im Voraus gesagt, ich hätte eine Weizen- und Gluten-Allergie, um den schlimmsten Teil der Mahlzeiten zu umgehen. Damit fielen Brot, Nudeln und Käsespätzle immerhin mal raus, ohne dass ich dafür dumm angeglotzt wurde. Es ging für mich nicht anders, wie hätte ich denn sonst argumentieren können, dass ich das nicht essen will? Die ganze Zeit über drehten sich meine Gedanken nur um die nächste Mahlzeit, wann, wie, wo und was, wann der Hunger wieder aufhören würde, was ich mir wohl noch mitnehmen könnte oder wie ich um das nächste Essen irgendwie herumkäme, ohne dass ich das herunterwürgen musste, was die anderen aßen. Keine Ahnung, was mich da wieder geritten hat, wahrscheinlich die Angst … und mir hätte auch klar sein müssen, dass es irgendwie rauskommt. Lügen haben immer kurze Beine, das sollte ich doch jetzt mal langsam kapiert haben! Dass ich jetzt wieder nur noch 40 Kilo wiege, ist eigentlich nicht mal das Schlimmste. Eine Lehrerin von mir war mit uns dort, sie kennt meine Vorgeschichte schon länger, und am letzten Abend wollte sie mit mir reden. Von wegen es würden sich ja so viele Leute Sorgen um mich machen, sie hätte Gespräche von den anderen Mädels mitbekommen, in denen sie über mich geredet und sich Sorgen gemacht hätten, ich solle aufhören zu lügen und so weiter … natürlich hat sie dann auch gleich meine Eltern angerufen und denen so viel Mist erzählt, der zum Teil noch nicht mal wahr ist, aber mir glauben sie ja sowieso nix mehr! Nur weil die da irgendwas mitgehört haben will von Leuten, die irgendetwas weitererzählen und sich selbst etwas dazureimen, muss die gleich meine Eltern anrufen! Und Mama geht natürlich gleich zu Benny und erzählt ihm die ganzen Halbwahrheiten! Vorhin gab es mal wieder ein »Gespräch« mit Mama und Papa. Ich werde wohl bald rausgeworfen, und Benny will mir nicht mehr helfen mit irgendwelchen Plänen und Messungen. Tolle »Freundinnen« hab ich da, die zu feige sind, um selbst mit mir zu reden und stattdessen lieber hintenrum lästern! Dann meine Lehrerin mit ihrer blöden Petzerei. Ich hasse mich dafür, nicht besser auf mich aufpassen zu können! Und alles nur, weil ich mich meiner Angst mal wieder nicht stellen konnte. Das Ganze stinkt zum Himmel, und ist so unfair! Ich werde versuchen, noch mal mit Benny persönlich zu reden, wobei ich bestimmt nichts mehr retten kann. Aber ich will zumindest versuchen, es einigermaßen richtigzustellen. Ich weiß gerade mal wieder gar nichts … wo ich hin will, was kommt, keine Ahnung. Komplett ratlos, sauer und traurig.

Einige Tage später bekam ich eine WhatsApp-Nachricht von ihm: *Sorry, dass ich erst jetzt schreibe. Wegen mir musst du nichts klarstellen. Jedoch muss ich dir sagen, dass ich an einem Punkt bin, an dem ich mich zurückziehe. Nicht als Nachbar und Mensch, aber als Ansprechpartner für deine Krankheit. Ich bitte dich, das zu akzeptieren. Diese Entscheidung kann ich dir nun sagen, aber sie ist für mich längst überfällig. Ich sehe, dass du Fortschritte gemacht hast. Ich sehe aber auch, dass du noch viele weitere Schritte gehen musst. Dafür wünsche ich dir viel Power, Durchhaltevermögen und Gelassenheit. Diese Nachricht hat nichts mit den Ereignissen der letzten Tage oder des letzten Monats zu tun. Das möchte ich klarstellen. Meine Entscheidung ist endgültig, und ich hoffe, du findest deine Stärke und deinen Weg, glücklich zu sein. Grüße, Benny.*

Das saß. Ordentlich. Wieder mal hatte ich jemanden, der mir eigentlich helfen wollte, zurückgestoßen und verloren. Wieder mal eine Chance verspielt. Ging ich denn komplett den Bach runter? War ich denn wirklich so unfähig? Konnte es mir denn nicht gelingen, aus diesem Hamsterrad zu fliehen? Stand ich mir tatsächlich immer nur selbst im Weg?

Die meisten Menschen würden spätestens an dieser Stelle denken: »Meine Güte, was ist daran denn nur so schwer? Iss doch einfach!« Ja, das Wörtchen »einfach«. Aber so einfach, wie sich diese Worte aussprechen lassen, ist es nun mal nicht. Niemand, der nicht selbst mit einer Essstörung zu tun hatte, kann das wirklich verstehen. Und die ganze Sache sollte unvorstellbarerweise allen Ernstes noch verrücktere Formen annehmen.

KAPITEL 7:

FESTGEFAHREN, FORTSCHRITT FEHLANZEIGE?

Nachdem ich ein paar Tage vor mich hin getrauert hatte und nicht so recht wusste, was anfangen, schöpfte ich ein wenig neuen Mut und rief das Programm von Kayla Itsines auf meinem Laptop auf. Scrollte mich durch Work-outs, Ernährungspläne, Anleitungen und überlegte, wie das wohl am besten in meinem Tagesablauf unterzubringen war. Direkt morgens nach dem Aufstehen? Wäre mir am liebsten, denn schlafen konnte ich ohnehin nicht lange. Den Wecker eine Stunde früher stellen? Na, Mama und Papa würden sich freuen, wenn ich morgens um halb sechs wild herumspringend das Haus zusammenpolterte! Also doch eher nach der Schule? Dann schob ich es aber fast den ganzen Tag vor mir her und war schon halb platt, bis ich nachmittags heim kam … Welches Zusatzmaterial könnte ich bei welcher Übung benutzen? Ich las alles. Jede Übungsbeschreibung, wie das Warm-up und Cool-down aussehen sollte, wie wichtig Dehnen und eine Faszienrolle war. Warum mindestens ein Pausentag pro Woche eingeplant werden sollte. Für was genau Kohlenhydrate, Eiweiß und Fett im Körper gut waren. Gut, das meiste davon hatte ich ja schon mal in irgendeiner Form gehört, aber der stete Tropfen höhlte ja bekanntlich den Stein. Außerdem war ich überzeugt davon, jetzt endlich die richtigen Informationen an der Hand zu haben. Das Interessanteste war eine Tabelle mit Empfehlungen für Portionsgrößen und Mengen. Dort stand nun endlich einmal das, was ich mir von Benny immer erhofft, er mir aber nie genau in dieser Form gegeben hatte. Wie viele Portionen Kohlenhydrate täglich und wie groß war eine Portion? Dasselbe für eiweißhaltige Lebensmittel, Gemüse, Obst und Fette. Das Ganze war mit 1600 bis 1800 Kalorien pro Tag definitiv nicht ausreichend für mich, doch ich rief mir wieder Bennys Ratschlag in den Kopf, einfach die anderthalbfache Menge jeder Portionsangabe zu essen, um mehr Kalorien rein zu bekommen. Schnell fand ich heraus, dass ich bis dato zu wenig Gemüse und zu viel Obst gegessen hatte. Zu wenig Kohlenhydrate und zu viele Milchprodukte. Und vor allem zu viel Fett!

Frühmorgens, wenn noch niemand wach war, schlich ich in die Küche und kramte die Küchenwaage aus der Schublade. Legte alles Mögliche drauf, von Radieschen über Kürbiskerne bis hin zu Äpfeln, Brotscheiben und Eiern. Wie viel Gramm waren ein Esslöffel Joghurt? Und wie viel ein Löffel Haferflocken? Nur um zu wissen, was ungefähr wie viel wog, damit ich meine Portionen besser einschätzen konnte. Vor jedem Essen alles abzuwiegen kam nicht infrage, meine Eltern würden mich für noch bescheuerter erklären und wieder sinnlose Diskussionen anfangen. Ich wollte einen Neuanfang mit diesem Programm wagen und von Anfang an alles so gut es ging richtig machen! Ungefähr eine Woche verbrachte ich mit Einlesen in den Plan und beschloss, dass es keinen Sinn ergab, mir genau die Mahlzeiten nachzukochen, denn erstens hatten wir gar nicht alle Zutaten zu Hause, und zweitens würde Mama die Krise kriegen, wenn ich jeden Tag mein extra Essen vorbereitete und nichts mehr von ihren gekochten Mahlzeiten aß. Deshalb hielt ich mich zuerst an die Tabelle und schrieb mir ein System zusammen, mit dem ich wie mit einem Baukasten hantierte. Am Ende des Tages würde ich aus allen Lebensmittelkategorien alle Mindestmengen gegessen haben, und je nachdem, wie ich mich nach den ersten Wochen fühlte und was Spiegelbild und Waage sagten, würde ich die Mengen eben anpassen. Ich schrieb mir einen ungefähren Wochenplan, was ich an welchem Tag essen würde, und erkannte schnell, dass es ja gar nicht so schwer und aufwendig war, wie es schien. Einzig und allein die Mahlzeiten, die Mama kochte, konnte ich nicht kalkulieren, denn sie entschied immer spontan, was mittags auf den Tisch kam. Hatte ich lange Schule, war ich für mein Essen mehr oder weniger komplett selbst verantwortlich, was mir immer mehr gefiel. Ich probierte mich an Linsensalaten, entdeckte Quinoa und Kichererbsen für mich, versuchte Porridge in allen möglichen Varianten. Alles Dinge, die recht schnell vorbereitet waren und sich als eindeutig nahrhafter rausstellten als das altgebackene, traditionelle Käse-Pausenbrot. Oder schon wieder Joghurt mit Haferflocken und Apfel, was ich ohnehin seit Jahren fast täglich zum Frühstück und Abendessen gegessen hatte. Ich experimentierte mit verschiedenen Gewürzen und Kräutern, testete ab und an auch mal ein Rezept aus dem Programm aus. Begann, Verantwortung für mein Essen zu übernehmen, war stolz, dass es funktionierte, doch wurde mir wieder Sand ins Getriebe geblasen. »Musst du dir denn immer was extra kochen? Nimm doch ein Brot mit, wenn du lange Schule hast! Abends kannst du dann das essen, was ich zum Mittagessen gekocht habe! Das hast du doch bisher auch immer gemacht!« Was, wenn ich das aber nicht mehr wollte? Musste alles, was schon immer so war, auch immer so bleiben? Ich brauchte mittags was anderes als immerzu diese belegten Brote! Was war das denn für ein bescheuertes, ungeschriebenes Gesetz bei uns? Da konnte ich zehn Scheiben essen und war nicht satt! Alle Diskussionen ließ ich mal wieder unkommentiert, denn mir war mehr als klar, dass ich wie immer den Kürzeren ziehen würde. Ich hatte ein Ziel und wusste, was ich dafür zu tun hatte. Was war bitte so verkehrt daran, dass ich begann, mich selbst zu kümmern? Mich nicht mehr darauf zu verlassen, dass es schon irgendwie was Passendes geben würde, was für mich zielführend war? Ich wollte endlich das tun, was ich für richtig hielt, und von niemandem ausgebremst werden!

Aber ich trieb auch merkwürdige Dinge, beispielsweise schlenderte ich manchmal in der Mittagspause zum Supermarkt und kaufte mir Magerquark für eine ganze Woche, um sichergehen zu können, meinen Eiweißbedarf auch wirklich zu decken. Von irgendwas mussten meine Muskeln doch wachsen! Ich hatte keine Lust auf irgendwelche Kommentare wegen des Quarks, deshalb versteckte ich ihn in den hintersten Kühlschrankecken, in der Hoffnung, dass es niemand bemerken würde. Den Müll stopfte ich dann entweder ganz nach unten oder in eine leere Chipstüte meiner Brüder hinein. Das Spielchen flog natürlich nach kurzer Zeit auf, und wieder erntete ich nur verständnisloses Kopfschütteln über so ein dermaßen komisches Verhalten. »Wieso gehst du einkaufen? Ich kaufe doch alles, was wir brauchen.« – »Ich brauche aber noch ein bisschen mehr Eiweiß im Essen.« – »Dann iss doch mehr Käse und Joghurt.« – »Joghurt hat kaum Eiweiß und Käse einen Haufen Fett! Ich will nicht so viel Fett essen!.« – »Dann mach doch, was du willst, ich kaufe keinen Magerquark!« Natürlich, was war auch anderes zu erwarten gewesen? Egal, ich war es ja gewohnt, dass mir immer alles schwerer gemacht wurde, als es eigentlich war. Das Gemüsedefizit aufzuholen, gestaltete sich aber als noch verrückter. Wenn ich jetzt noch anfangen würde, mir das auch noch selbst zu kaufen, würde ich endgültig als hoffnungslos krank abgestempelt werden. Also wurde ich zur Gemüsediebin. Tomaten? Immer wenn keiner schaute, nahm ich mir noch mal zwei aus der Schale. Gurken? Schnitt ich mir von einer angeschnittenen unbemerkt ein paar Scheiben ab. Zur Not taten es auch rohe Karotten und Kohlrabi, obwohl mir davon immer übel wurde. Gab es beim Mittagessen etwas, was ich eigentlich gar nicht wollte, aber notgedrungen essen musste, aß ich nur das Nötigste und klaute mir aus dem Kühlschrank im Keller eben noch eine dritte Karotte, um satt zu werden. Oder eine rohe Zucchini, die furchtbarer schmeckte als eingeschlafene Füße. Manchmal schnappte ich mir auch eine Dose Tomaten und aß diese in meinem Zimmer. Sich unbemerkt einen Löffel mit nach oben zu nehmen, stellte die wirkliche Herausforderung dar, denn was tat ich denn bitte damit in meinem Zimmer? Abends ließ ich die Dose direkt im Gelben Sack in der Garage verschwinden, in der Hoffnung, dass der rapide Dosentomatenschwund nicht irgendwann auffiel. Gab es Nudelgerichte, Reispfannen oder Eintöpfe, wo das Gemüse noch gut sichtbar drin herumschwamm, fischte ich mir einen Großteil davon heraus. Doch Mama kam schnell hinter meine Aktionen und fragte sich zu Recht, woher ich mir das Recht nahm, der ganzen Familie das Gemüse wegzuessen. Doch ich wusste mir nicht anders zu helfen. Ich brauchte mindestens fünf Portionen Gemüse, also wollte ich es auch umsetzen! Wenn schon, dann zu 100 Prozent!

Jahrelang waren Joggen und Schwimmen die einzigen sportlichen Betätigungen bei mir gewesen, natürlich ausschließlich zum Zweck des Kalorienverbrennens und des Essenverdienens. Bennys Übungszusammenstellung, die ich nach wie vor mehrmals pro Woche in meinem Zimmer abtrainierte, wurde mir irgendwann zu langweilig, und ich kaufte mir eine Yoga- und Pilates-DVD. So richtig glaubte ich ja nicht dran, aber beides machte mir dann doch irgendwie Spaß. Abends in meinem Zimmer bei gemütlichem Licht die Augen schließen und nur mit mir sein. Das gab mir irgendwie etwas, und ich begann mich langsam, aber sicher wohler in mir zu fühlen. Es veränderte sich etwas in meinem Kopf, noch stieg ich aber nicht dahinter, was es war. Bevor die Hardcore-Work-outs starteten, begann ich das vierwöchige Pre-Training, in dem man auf bevorstehende härtere Übungen vorbereitet wurde. Jedes Work-out bestand aus zwei Zirkeln mit jeweils vier Übungen. Jeder Zirkel wurde zwei Mal durchgeführt, dafür sollte man sich die Stoppuhr auf sieben Minuten stellen und die Übungen mit den angegebenen Wiederholungen so oft durchlaufen, bis die Uhr piepte. Insgesamt also 28 Minuten Krafttraining mit dem eigenen Körpergewicht, das konnte ja nicht so wild sein! Tatsächlich bekam ich in den ersten vier Wochen kaum Muskelkater. Ich war stattdessen eher überrascht, wie es sich anfühlte, wenn ein Muskel mal wirklich brannte. Das Gefühl nach einem vollendeten Work-out war ganz anders, als ich es vom Joggen oder Schwimmen gewohnt war. Anders, komisch, aber irgendwie sogar besser … das gefiel mir! Also weiter damit! So stieg ich schon bald bei der »richtigen« Woche eins ein und spürte dann noch mal einen deutlichen Unterschied. Mehr Sprünge, mehr Wiederholungen, die Muskeln brannten wie Feuer, vor allem die Oberschenkel, oft keuchte ich schwer in der sicheren Annahme, gleich zu ersticken, und sehnte mich nur nach dem Piepen der Stoppuhr. Was war das denn bitte?! Damit konnte man sich ja umbringen! Sieben Minuten ... nur viermal sieben Minuten ... ich war kurz vorm Verrecken ... wie konnten sieben Minuten nur so verdammt lang sein?

Keine Ahnung, was da gerade mit mir passierte, aber mein Körpergefühl veränderte sich. Manchmal war es die Hölle, vor allem an heißen Sommertagen nachmittags nach der Schule in meinem aufgeheizten Zimmer im Obergeschoss unter der Holzdecke war ich nach nur fünf Minuten schweißüberströmt. Doch ich zog durch, gab mein Bestes. Einheit für Einheit. Woche für Woche. Das Gefühl danach war unbeschreiblich, vor allem hielt es auch länger an als nach den obligatorischen Laufeinheiten, die nach wie vor zu meinem Pflichtprogramm gehörten. Diese alte Routine gehen zu lassen oder auch nur geringfügig zu verändern, packte ich einfach noch nicht. Sonst würde ich ja meine Kondition verlieren und weniger essen dürfen, weil ich nicht so viele Kalorien verbrannte! Auf Empfehlung des Programms war mindestens ein kompletter Pausentag pro Woche eingeplant, den ich auch einhielt, doch ich konnte einfach nicht still sitzen, zu nervös machte mich das Gefühl, heute keinen Sport zu treiben. Also ging ich entweder eine riesige Spazierrunde oder schnappte mir die Yoga-DVD. Ich wusste, dass mein Bewegungsdrang ziemlich groß war, aber sah keine Notwendigkeit, dagegen anzugehen. Da hatte ich es geschafft, etwas Neues an Sport in mein Leben zu integrieren, und konnte doch das Alte nicht loslassen, obwohl ich deutlich spürte, dass die Summe von beidem auf Dauer für mich etwas viel war. Aber ich war der felsenfesten Überzeugung, dass es so sein musste, jeden Tag zu spüren, was ich gestern trainiert hatte. Dauermuskelkater quasi, heute in den Beinen, morgen im Bauch, übermorgen die Schultern und Arme, dann wieder von vorne. Joggen mit dem übelsten Beinmuskelkater? Kein Problem, da wurde durchgebissen, auch wenn die Beine schwer wie Blei waren und ich nur so vor mich hin eierte! Dreimal Ausdauer- und dreimal Krafttraining pro Woche wurden zu meinem neuen Standard. Kein Problem für mich, dachte ich! Eher im Gegenteil, war ich vorher nur drei Mal joggen gewesen und konnte es mir mit den Home-Work-outs jetzt so richtig zeigen, trieb ich höchstwahrscheinlich mehr Sport als die meisten in meinem Alter. Anders als die anderen war ich irgendwie gefühlt schon immer, aber wieso musste ich mir das ständig beweisen? Wusste ich das nicht so langsam?

TAGEBUCHEINTRAG VOM 14.08.2016

Die Einzelgängerin. Egal wann ich mal etwas mit Freundinnen unternehme, hab ich das Gefühl, alles ist nur oberflächliches Gerede. Über mich und meine »Krankheit« (mittlerweile hasse ich dieses Wort) wird nie gesprochen. Noch mehr als das Wort hasse ich es aber, als »krank« abgestempelt zu werden und auch genau das immer wieder aufs Neue zu spüren. Habe ich überhaupt Freunde? So langsam bezweifle ich das ernsthaft. Traut sich denn keiner, mich danach zu fragen? Als hätte ich was Ansteckendes ... neulich war ich auf einem 18. Geburtstag eingeladen mit knapp 30 Leuten. Die allermeisten kannte ich eh aus der Schule. Ich weiß, es ist meiner »Krankheit« (habe ich schon erwähnt, dass ich dieses Wort hasse?!) geschuldet, dass ich zu viel allein und isoliert bin, aber an diesem Abend hab ich wirklich gemerkt, wie unanpassungsfähig ich bin. Sobald ich meine Komfortzone verlassen muss, werde ich unruhig, nervös, schaue dauernd auf die Uhr, überlege mir, was ich sagen könnte, warum ich denn jetzt schon nach Hause fahren muss, und lasse es dann aber letztendlich doch bleiben, weil ich nicht aus der Reihe tanzen will. Einerseits möchte ich nicht mit dem Strom schwimmen, andererseits aber auch irgendwie dazugehören. Als dann die Trinkspiele angefangen haben, hab ich mich komplett fehl am Platz gefühlt. Ich trinke nicht. Erstens sind flüssige Kalorien nach wie vor so ziemlich das Letzte, was ich jemals schlucken würde, und zweitens schmeckt mir Alkohol nicht. Von nur einem Schluck krieg ich Magenschmerzen. Ich will nicht trinken, und nur weil die anderen das tun, werde ich es noch lange nicht nachmachen! Irgendwo hört der Gruppenzwang mal auf! Zwar hat mir niemand was aufgedrängt, aber die komischen Seitenblicke haben mich zersägt. Klar, die kleine Dünne da trinkt nix, hat Angst vor den Kalorien und gleich voll zu sein! Ja, so ist es. Und ich stehe dazu, aber warum spricht niemand mit mir darüber, sondern behandelt mich wie eine Fremde? Ich bin es so leid, immer wieder gezeigt zu bekommen, wie wenig ich hineinpasse. Und dann das mit der Müdigkeit ... Ich kann einfach nicht bis ewig spät feiern, dazu fehlt mir die Kraft. Die Augen werden so schwer und trocken, sodass ich sie kaum noch offen halten kann. Und bin ich doch mal viel länger wach als normal, schlafe ich so schlecht, dass ich drei Tage brauche, um das wieder auszugleichen. Was ist das bloß mit mir? Wieso bin ich so anders? Warum kann ich so wenig mit dem anfangen, was die anderen machen?

Mit Benny ging ich in Frieden auseinander. Im August sprach ich noch mal mit ihm über die Vorkommnisse im Allgäu und wie es sich in meinen Augen zugetragen hatte, denn es war mir unheimlich wichtig, die ganze Sache noch mal persönlich zu klären und ihm vor allem auch dafür zu danken, was er alles versucht und wie viel Zeit er in mich investiert hatte, wenn auch vergeblich. Ich mochte ihn, er sollte kein letztes schlechtes Bild von mir in Erinnerung behalten. Alles, was ich loswerden wollte, konnte ich aussprechen, er hörte zu, ohne mich auch nur ein einziges Mal zu unterbrechen. Am Schluss meines Monologs wiederholte er das, was er mir sowieso schon geschrieben hatte: Als Ansprechpartner für irgendwelche Pläne wollte er sich zurückziehen, als Nachbar und Mensch war er jedoch noch völlig offen für mich. Es fühlte sich befreiend an, noch einmal persönlich darüber zu reden, mit dem nötigen Abstand zu den Ereignissen im Juli und den Monaten zuvor. Und doch, als er aufstand und davonlief, fühlte ich mich mal wieder wie der einsamste Mensch auf der Welt. Das wäre meine Chance gewesen, da ging jemand weg, der mir hatte helfen wollen. Doch zu spät, mal wieder vergeigt! Ich war einfach zu unfähig, hatte nicht genug Vertrauen, die Hilfe anzunehmen. Vollkommen auf mich allein gestellt saß ich nun wieder da mit meinem mehr als schwierig zu knackenden Problem.

TAGEBUCHEINTRAG VOM 11.10.2016

Es sollte schneller gehen, aber ich kann nicht. Ein Kilo pro Monat, mehr ist einfach nicht drin. Mit mehr komm ich nicht klar, und wenn's zu schnell hoch geht, dann geht der Schuss nur wieder nach hinten los, so wie schon etliche Male. Ich weiß es ganz genau. Und doch spüre ich die Ungeduld meiner Eltern. Sie haben sich damit abgefunden, dass ich regelmäßig meine Zimmertür verschließe, springe und herumpoltere, was das Zeug hält. Zwei Kilo mehr bringe ich auf die Waage, seit ich mit dem Work-out-Programm angefangen habe und anders auf meine Ernährung achte. Zwei mickrige Kilogramm. Und das war vor drei Monaten. Ich sehe einen Unterschied, sie natürlich nicht. Nicht schnell genug. Zu langsam. Blicken sie es nicht, dass das Ganze ein Marathon und kein Sprint ist? Das größte Problem ist allerdings, dass ich bestimmte Lebensmittel einfach nicht in diesen Mengen essen will, wie sie bei uns auf den Tisch kommen, und das gibt dauernd Stress. Kein Essen kommt ohne Fett aus, da mal die Soße, da mal das Dressing. Warum heißt es immer nur: »Steht das so nicht in deinem Plan oder was?« Wie oft soll ich es ihnen denn noch sagen? Ich habe keinen konkreten Essensplan! Was ist daran so schwer zu kapieren?! Dauernd reden sie über mich, ich sei ja so unnormal, komplett isoliert, ziehe nur mein Ding durch, ohne Rücksicht. Mich macht das traurig, ich fühle mich ausgestoßen, ungeliebt und unerwünscht. Aber wie kann man so einen furchtbar egoistischen Menschen wie mich überhaupt gern haben? Ich mache die Familie kaputt, und zum Schutz der anderen muss ich raus, schon verstanden. Wie kann ich das alles nur wieder gut machen? Wahrscheinlich gar nicht mehr.

Das Abitur rückte immer näher, langsam, aber sicher wurde ich unruhig, denn ich hatte noch keinen wirklichen Plan für danach. Immer war anderes wichtiger gewesen, dauernd hatte ich Zukunftspläne und Überlegungen beiseitegeschoben, in der Hoffnung, eines Tages die Erleuchtung schlechthin zu haben, was ich denn Tolles anfangen könnte. Doch diese Erleuchtung kam nicht, welch große Überraschung. Im Gegenteil, je näher die Prüfungen rückten, desto nervöser wurde ich. Druck von außen gab es natürlich auch mal wieder. So langsam sollte ich doch jetzt aber mal wissen, wohin es denn gehen sollte! Doch ich war immer noch zu stark auf mein Problem fixiert. Wenn ich mit 43 Kilo Abi machen würde, schön und gut, das bekam ich ja gerade noch hin, aber danach? Ich wusste nur eins: Studieren wollte ich noch nicht direkt im Anschluss. Doch egal, was ich in der Zwischenzeit vorhatte; Auslandsaufenthalt oder Freiwilliges Soziales Jahr, mit einem derart niedrigen Gewicht konnte nichts Neues auf Dauer gut gehen. Ich bekam immer mehr zu spüren, dass mein Körper auf dem Zahnfleisch ging. Der Stress, den ich mir zum Großteil auch selbst machte, ging mir an die Nerven, ließ mich nachts kaum schlafen, tagsüber chronisch müde sein und äußerte sich auch tageweise in totaler Appetitlosigkeit oder unbändigem Hunger. All das erschwerte das Projekt Muskelaufbau ziemlich, und bis zu meinem gut bestandenen Abi im März 2017 tat sich auf der Waage gar nichts. 43 Kilo, das war's. Ich existierte irgendwie so vor mich hin, erfüllte meine Pflichten, von Leben weit entfernt. Die Work-outs zog ich nach wie vor eisern durch, wenn es sein musste auch frühmorgens um fünf, nüchtern noch dazu. Und ich aß mal wieder mehr schlecht als recht. Nicht immer, aber für nennenswerte Resultate reichte es eben nicht aus.

Doch ich gab die Hoffnung nicht auf, denn nach einigen Anlaufversuchen hatte ich einen vorläufigen Zukunftsplan geschmiedet. Ob es das Richtige war? Aber so hatte ich wenigstens etwas in der Hand. Wenn das erst mal fertig organisiert war, würde ich mich wieder mehr dem Gewichtsthema widmen, versprach ich mir. Beides war einfach zu viel für mich. Ha ha. Klassische Aufschieberitits in wundervoller Kombination mit Essstörungsgedanken, die mich nach wie vor nicht loslassen wollten und wieder nach mehr Aufmerksamkeit schrien. Kam etwas Unbekanntes auf mich zu, klammerte ich mich mit all meinen Kräften an altbekannten Mustern fest, um wenigstens die Kontrolle über mich zu behalten. Wann hörte der ganze Spuk denn endlich auf? Würde ich irgendwann mal ein normales Leben haben? Aber was war normal eigentlich? Und überhaupt: Warum musste ich eigentlich normal sein?

Rund um die Zeit des Abiturs, im Frühjahr 2017, recherchierte ich sehr viel nach Freiwilligenprojekten im Ausland. Kam auf die Idee, auf eine Pferdefarm nach Kanada zu gehen, schließlich war ich früher mal jahrelang geritten und konnte mit Pferden umgehen. Bekam aber eine Absage, sie hätten sich für jemand anderes entschieden. Enttäuscht schrieb ich noch mehr Ranch-Besitzer an, bekam sogar Zusagen, doch sagte ich diese aus Unsicherheit letzten Endes wieder ab. War ich für so etwas wirklich bereit? Körperliche Arbeit den ganzen Tag in meinem Zustand, und dann noch im Ausland? Was die da wohl essen? Das Neue, Ungewohnte, das zwangsläufig nach dem Abi auf mich zukam, machte mir jetzt schon furchtbare Angst, egal was es letztendlich werden würde. Sprung ins kalte Wasser, raus aus der Komfortzone. Panik. Mir war aber genauso klar, dass ich unbedingt einen Tapetenwechsel brauchte, und war es noch so verdammt schwer für mich. Raus aus der tristen Dauer-Lernerei und meinem gewohnten Umfeld in die große weite Welt, um mich weiterzuentwickeln. Neue Menschen kennenlernen, ein anderes Leben führen, Schwierigkeiten überwinden, Herausforderungen meistern und daran wachsen. Erleben, dass es noch etwas anderes gab als meine kleine, beschränkte Welt. Vielleicht hoffte ich auch, durch so einen Radikalschlag dazu gezwungen zu werden, sämtliche Gedanken und Aktionen, die mit der Essstörung einhergingen, endlich loszuwerden. Denn ich war es mittlerweile einfach nur noch leid, hatte keinen Bock mehr, so vor mich hin zu dümpeln. Wollte etwas verändern und schaffte es am Ende doch wieder nicht, den letzten notwendigen Schritt zu gehen, denn alte Gewohnheiten hielten mich immer weiter gefangen im vertrauten Käfig der Essstörung, sobald ich versuchte, auch nur einen Fuß nach draußen ins wahre Leben zu setzen. So viele Anzeigen gab es von Farm- oder Ranchbesitzern über die ganze Welt verteilt, auf der Suche nach jungen Leuten, die ein paar Monate mit anpackten. Ich hatte Bilder im Kopf von Spaß, Abenteuern und Selbstständigkeit. So viele schrieb ich an, und wenn es dann doch mal zu einer Zusage kam, machte ich doch wieder den Rückzieher und erklärte, ich hätte mich schon anderweitig entschieden. Ich traute mich einfach nicht, den allerletzten entscheidenden Schritt zu gehen. Zweifelte, ob ich das wirklich schaffen konnte. Kein Vertrauen, kein Selbstbewusstsein. Sondern Angst. Riesige Angst vor der Veränderung.

Doch ich wusste tief in mir, es führte für mich kein Weg daran vorbei. Niemand zwang mich zu so einer Reise, und doch sah ich es als meine Pflicht an. Für mich. Um es mir zu beweisen, um endlich mal zu lernen, für mich selbst die volle Verantwortung zu übernehmen, nicht immer die Schuld auf andere zu schieben oder mich auf andere zu verlassen. Keiner konnte für mich essen, Sport treiben und mich zum Körper meiner Träume bringen, keiner konnte mein Leben für mich in die Hand nehmen. Nur ich selbst. Und das auch nur, wenn ich endlich begriff, wie Eigenverantwortung übernehmen funktionierte.

Letztendlich entschied ich mich für Neuseeland. Ab September 2017 für ein halbes Jahr. Dort würde ich von Ort zu Ort reisen mit der Organisation WWOOF. Das Prinzip war, dass man über deren Homepage potenzielle Gastgeber anschreiben konnte und dort für ein paar Stunden am Tag arbeitete im Gegenzug für Unterkunft und Verpflegung. Für mich war das die beste Möglichkeit, Land und Leute wirklich kennenzulernen und nicht nur als Tourist durchs Land zu streifen oder permanent zu arbeiten. Ich klickte mich durch unzählige Profile. Die einen suchten Erntehelfer für Kiwis oder Avocados, andere renovierten gerade ihre Farm oder suchten ein Au-Pair, und die nächsten betrieben ein Hotel oder ein Geschäft. Bei so was würde ich bestimmt viel fürs Leben lernen und supertolle Leute treffen! Und wenn es mir irgendwo nicht gefiel, konnte ich einfach weiterreisen, denn es war ja alles auf freiwilliger Basis, und ich hatte ja keinen Vertrag unterschrieben. Bis heute habe ich keine Erklärung dafür, wieso ich mir das Ende der Welt ausgesucht habe, den wohl entferntesten Ort von ganz Deutschland aus, noch dazu mutterseelenallein, wo ich doch eindeutig schon Schwierigkeiten hatte, zu Hause ein einigermaßen normales soziales Leben zu führen. Nahezu jeder redete mir ins Gewissen. »Bist du dir da wirklich ganz sicher? Hast du eine Ahnung, wie weit Neuseeland weg ist?« – »Was, DU willst SO etwas machen? Das glaubst du doch selber nicht!« – »Das glaube ich erst, wenn du wirklich fliegst und nicht schon nach zwei Wochen wieder da bist!« – »Träum weiter und komm mal auf den Boden der Tatsachen!«

Doch anstatt mich von den Meinungen anderer runterziehen und entmutigen zu lassen, bestätigten mich genau solche Sprüche in meinem Vorhaben. Letztendlich gaben mir sogar Mama und Papa nach verständlichem Hin-und-her-Überlegen ihre Unterstützung für meine Mission Neuseeland. Vielleicht wusste mein Unterbewusstsein ganz tief in mir drin, dass es nur einen einzigen Weg gab, selbstständiger und erwachsener zu werden, egal wie viel Furcht es mir auch bereitete, denn die Zeit ließ sich nun mal nicht aufhalten. Und das war, nach dem Abi eigenes Geld zu verdienen, ein halbes Jahr weg von zu Hause auf sich allein gestellt zu sein und anschließend ein Studium zu beginnen. Es war an der Zeit. Raus aus der Komfortzone!

Doch wie überbrückte ich die Zeit von März bis September? Ich brauchte Geld, einen Job, besser sogar zwei! Wie der Zufall es so wollte, bekam ich meinen alten Arbeitsplatz in der Eisdiele wieder und sogar noch einen weiteren Minijob als Erntehelferin im gleichen Ort. Ab sofort hieß es Spargel stechen und bald darauf auch Erdbeeren pflücken. Jeden Morgen um Viertel vor sieben radelte ich die paar Kilometer zum Spargelacker, zog die Folien ab, stach den Spargel, was gar nicht so einfach war, und deckte die Reihen wieder zu. Hatte es die Nacht zuvor geregnet, kam ich als matschige Dreckschleuder wieder zu Hause an. Es war viel anstrengender, als ich es mir vorgestellt hatte, und ich hoffte, dadurch wenigstens ordentlich Kalorien zu verbrennen, um mir mein Essen noch mehr zu verdienen. Natürlich war ich dort nicht alleine, aber alle anderen ernteten viel schneller als ich. Und blieben auch nicht bis zu den Knien im Matsch stecken und verloren dabei fast die Gummistiefel. Gut, sagte ich mir, die machten das ja auch schon jahrelang, und ich musste es erst richtig lernen. Danach ging's zurück auf den Hof, der Spargel musste gewaschen und sortiert werden, teilweise schnitt ich ihn auch von Hand. Anschließend wechselte ich aufs Erdbeerfeld in der prallen Sommersonne. Abwiegen, aussortieren, oft bekam ich noch andere Aufgaben: Tomaten hochbinden, Kartoffeln abpacken, abgeerntete Pflanzen rausreißen. Im Sommer fand man mich oftmals noch auf den Kirsch- und Pfirsichbäumen oder in den Himbeer- und Johannisbeersträuchern. Auch die Zwiebelernte und Unkraut hacken im Karottenfeld waren ein anstrengendes Stück Arbeit. Der Muskelkater am nächsten Tag im gesamten Oberkörper war unglaublich, bestätigte mich aber nur darin, wohl recht hart zu arbeiten. Meistens war ich vier bis fünf Stunden auf dem Hof beschäftigt, an manchen Tagen danach noch bis zu sieben Stunden in der Eisdiele. Dort rannte ich als Bedienung umher, Geschirr rein, Geschirr raus, Bestellung aufnehmen, Bestellung rausbringen. Immer konzentriert und freundlich zu bleiben mit einem dauerhaften Lächeln im Gesicht konnte anstrengender sein, als eine widerspenstige Blumenkohlpflanze aus dem Boden zu reißen. Natürlich machte mir die Arbeit auch irgendwo Spaß, und das Geld brauchte ich auf jeden Fall, doch es war gerade an so manchen 12-Stunden-Tagen in der sommerheißen Hochsaison unglaublich kräftezehrend. Zeit zum Essen blieb mir an solchen Tagen kaum, und ich war auch mal wieder auf den neuesten Trend gestoßen, den ich natürlich ausführlichst recherchieren und danach unbedingt ausprobieren musste! Intervallfasten nach dem 16/8-Modell war in aller Munde und sollte wohl neben unzähligen positiven gesundheitlichen Auswirkungen auch Wunder bewirken für den Muskelaufbau, da es die körpereigenen Wachstumshormone erhöhe. Allerdings dachte ich nicht so weit, dass das vielleicht nur bei normalgewichtigen Menschen der Fall sein könnte und es eventuell noch andere Faktoren gab, die den Muskelaufbau beeinflussten. Gekonnt ignorierte ich sämtliche Warnungen, die vom Intervallfasten abrieten, wenn man untergewichtig war, mit einer Essstörung zu tun hatte und noch dazu ein hormonelles Ungleichgewicht herrschte. Ach was, bei mir würde das schon funktionieren! Dieses Konzept war doch wie für mich gemacht! Wie angegossen! 16 Stunden fasten und acht Stunden Zeit zum Essen, das passte doch wunderbar in meinen aktuellen Tagesablauf, bei dem ich ohnehin nicht viel Zeit zum Essen hatte! Wie konnte ein untergewichtiger Mensch bei einer Nahrungskarenz von 16 Stunden und viel körperlicher Arbeit allein durch irgendwelche Hormonumstellungen an Muskulatur zunehmen? Keine Ahnung, doch ich glaubte es. Natürlich aß ich in den verbleibenden acht Stunden entsprechend mehr, wenigstens das hatte ich kapiert, doch es reichte bei Weitem nicht aus. Mein Energieverbrauch war schlichtweg höher als das, was in meinen Magen passte.

So fuhr ich jeden Morgen nüchtern zum Spargelstechen und aß bis Punkt 11 Uhr nichts. Nicht mal eine einzige Erdbeere. Mit dem Schlag der Kirchturmglocken um 11 Uhr begann mein Essensfenster, keine Minute früher. War ich um diese Uhrzeit schon zu Hause, frühstückte ich nur eine Kleinigkeit, denn es würde ja auch bald Mittagessen geben. Kniete ich noch im Erdbeerfeld, aß ich eben ein paar rote Früchte. Um 19 Uhr war Schicht im Schacht, danach durfte um Himmels willen nichts mehr gegessen werden! Ausnahmen konnte ich mir nicht erlauben, ich wollte das durchziehen! Alle Artikel, die ich online darüber verschlungen hatte, klangen so vielversprechend, dass ich mich einfach unbedingt zu 100 Prozent daran halten musste! Arbeitete ich manchmal bis 21 Uhr in der Eisdiele, ging ich auch ohne Abendessen ins Bett, denn ich war ja zwei Stunden über der Zeit! Wenn ich jetzt noch was aß, hätte ich entweder nur 14 Fastenstunden, oder ich durfte erst zwei Stunden später, um 13 Uhr, am nächsten Tag mit dem Essen beginnen. Beides ging mir gegen den Strich, also beschloss ich, an solch langen Tagen das Abendessen einfach ausfallen zu lassen und dafür beim Mittagessen richtig zuzuschlagen. Lieber ein paar Stunden länger fasten als zwei Stunden zu wenig! Fühlte mich nach solchen Tagen furchtbar müde, ausgezehrt, leer, schleppte mich verschwitzt mit letzter Kraft in die Dusche, schlief nahezu zehn Stunden durch wie ein Stein, wachte am nächsten Morgen von meinem schmerzenden Magen auf. Und wunderte mich, welche merkwürdigen Geräusche dieses Organ von sich gab. Wenigstens dann war ich schlau genug, nicht bis um 11 Uhr zu warten, sondern zügig etwas zu essen. Heute kann ich wirklich nur den Kopf schütteln darüber, was ich mir damals angetan habe. Durch dieses selbst auferlegte Fastenregime machte ich mir das Leben noch schwerer, als es sowieso schon war. Wie dumm war ich eigentlich? Hatte die Magersucht schon angefangen, meine Gehirnzellen aufzufressen? Offensichtlich, denn jeder normal denkende Mensch hätte ziemlich schnell gemerkt, dass so etwas in meinem momentanen Alltag hinten und vorne nicht funktionieren konnte! Es war so ziemlich das Bescheuertste, was ich hätte tun können. Und doch meinte ich, es auf Biegen und Brechen durchziehen zu müssen, um mein Muskelaufbauziel schneller zu erreichen, was in all meinen Recherchen so angepriesen wurde. Doch bei mir war genau das Gegenteil der Fall, wie ich nach Monaten feststellen musste. Und wieder fragte ich mich: Wie lange dauerte es denn noch? Wie lange hielt ich an etwas fest, bis ich kapierte, dass es mich nicht zum Ziel brachte? Viel zu lange.

Nach dem Motto »Viel hilft viel« trainierte ich auch im Fitnessstudio, wo ich mich direkt nach dem Abi im April 2017 für ein halbes Jahr anmeldete. Ich brauchte mal eine andere Trainingsumgebung als meine vier gewohnten Zimmerwände zu Hause. Ich wurde am vollelektronischen, chipgesteuerten Krafttrainingszirkel eingewiesen und trainierte fleißig drei- bis viermal pro Woche. In meiner Freizeit hing ich mal wieder im Netz, recherchierte sämtliche Übungen und deren richtige Ausführung, Trainingspläne, Ernährungstipps und musste wie schon Tausende Male vorher feststellen, dass jeder etwas anderes sagte. War die eine Übung oder das eine Lebensmittel heute super, schrieb morgen einer genau das Gegenteil. Wem konnte ich denn da noch glauben? Ich fragte die Trainer im Studio, doch die Aussagen waren mir zu schwammig. Was hieß denn bitte »schwer trainieren« genau? Was sind denn »viele Kohlenhydrate«? 100 Gramm? 300 Gramm? Reichte das Eiweiß überhaupt, das ich aß? Wenn ich nicht arbeitete, drehte sich mein Alltag nur darum, was ich wann am besten essen sollte und ob der Muskelkater stark genug war, damit ich auch ja Muskeln aufbauen würde. Spürte ich am nächsten Tag nichts vom Training am Tag zuvor, kreisten in meinem Kopf nur Gedanken wie: »Du hast das Essen heute nicht verdient!«, »Nächstes Mal strengst du dich noch mehr an!« oder »Du musst noch eine Zirkelrunde mehr drehen!«. Ans Limit gehen. Immer. Ausnahmslos. Egal wie erschöpft ich auch war, egal wie sehr der Muskel brannte, egal wie der Schweiß an mir herunterfloss oder wie sehr ich keuchte. Muskelaufbau brauchte hartes Training und viel, viel Essen, wofür ich überhaupt auch erst mal ordentlich was leisten musste! Mein Ziel: so viele Kalorien wie möglich verbrennen, um so viel wie möglich essen zu dürfen! Das große, nagende Hungerloch im Magen nach dem Sport war für mich Bestätigung und Erlaubnis, jetzt guten Gewissens essen zu können.

Ich schnappte mir ein Notizbuch und schrieb weiter meine Wochenpläne. Plante Training, passende Mahlzeiten und noch mehr Sport in meine vollgepackte Arbeitswoche ein. Rund um die Uhr war ich auf den Beinen. Regeneration, Pause? Fremdwörter. Irgendwann kam ich auch auf die glorreiche Idee, die acht Kilometer zum Fitnessstudio mit dem Fahrrad zu fahren, um unabhängiger von den Busfahrzeiten zu sein. Noch ein bisschen mehr Ausdauertraining? Ja, bitte! Hunger war in dieser Zeit nahezu immer anwesend, ich aß und aß und aß, doch nichts tat sich. War mein Magen schon kurz vorm Platzen und mir schon richtig übel von der riesigen Haferflocken-Quark-Bananen-Schüssel und dem Eiweißshake, so überlegte ich doch ständig, was ich denn jetzt noch essen könnte. Ich musste essen und zwar viel, sonst würde ich keine Muskeln aufbauen! Selbst meine Eltern wunderten sich irgendwann, wie viel eigentlich in mich hineinpasste. »Das müsste doch langsam mal ansetzen, das gibt's doch gar nicht!«

Ein einziges Kilo nahm ich in diesem Sommer zu, mehr nicht. Doch eins sahen sie nicht: An den Tagen, an denen ich maßlos übertrieb, mich vollstopfte ohne Ende mit nahezu allem, was mir unter die Finger kam, fühlte ich mich dann doch wieder ekelhaft und wie die größte Versagerin. Legte mich an den schönsten Sommerabenden auf mein Bett, dunkelte mein Zimmer ab und weinte stumm an die Decke starrend vor mich hin. Das altbekannte Völlegefühl trieb mich in den absoluten Wahnsinn. Große, dicke Tränen kullerten meine Schläfen entlang und bildeten kleine Pfützen auf meiner Bettdecke. Sitzen ging nicht, mein Magen war zu voll, selbst Atmen war unangenehm schmerzhaft. Und trotzdem stand in meinem Kopf nur eins: Hunger. Wie konnte das sein? Was tat ich denn da bloß? Wie konnte ich nur in solchen Extremen leben? Natürlich musste ich meine regelmäßigen Fress-Exzesse am nächsten Tag wieder gewaltsam ausgleichen, ich wollte mich nicht so widerlich verfressen fühlen wie gestern und um Gottes willen nicht ein, zwei Kilo von heute auf morgen zunehmen! Meine Kalorienzufuhr schwankte jeden Tag von viel zu viel bis viel zu wenig. Meinem Körper war das zu unsicher. Wieso sollte er etwas aufbauen, wo er sich nicht sicher sein konnte, ob er es nicht sofort wieder hergeben musste?

Mein Notizbuch war mittlerweile vollgekritzelt mit Plänen und durchgestrichenen Umplanungen. Alles musste optimal zum Tag passen! Mehr Kohlenhydrate an Trainingstagen, die sparsamste Verwendung vom bösen Fett und vor allem Unmengen an Eiweiß! Ich machte mir viel zu viele Gedanken um Kleinigkeiten, hielt mich stundenlang daran auf, war restlos überfordert, wenn etwas mal nicht nach Plan lief und ich spontan gezwungen war, anders zu essen oder den Sport zu verschieben. Wachte ich morgens auf und spürte nichts vom gestrigen Training, machten sich Enttäuschung und Wut breit, denn ich war der Meinung, dass alle Anstrengung umsonst gewesen war.

Doch was machte ich? Immer wieder die gleichen Übungen mit den gleichen Gewichten am Zirkel. Ab und an stellte sich automatisch eine neue Trainingsmethode ein, doch meine bewegten Gewichte blieben nahezu gleich. Bis zu dem Tag, an dem ich mich weg von den Zirkelgeräten und meiner gewohnten Ecke des Studios in den hochinteressanten und irgendwie bedrohlichen Wald der »normalen« Fitnessstudio-Geräte bewegte. Meine Logik: Ich brauchte einfach noch mehr Geräte und Übungen! Den Zirkel kannte ich jetzt, das war mir langsam, aber sicher zu langweilig. Nach und nach erweiterte ich mein Übungsrepertoire, fragte immer wieder die Trainer oder irgendein bekanntes Gesicht aus dem Studio. Ob ich wirklich richtig trainierte – keine Ahnung, ich machte einfach. Alles in allem aber mal wieder viel zu viel. In meinem Kopf hatte sich der Glaubenssatz verankert, nahezu jede Übung trainieren zu müssen, die ich kannte. Ging mein Vorhaben im Kopf vorm Training minutiös durch, bloß keine zu langen Pausen! Weiter, weiter, immer weiter! Nicht selten schleppte ich mich erst nach zweieinhalb Stunden völlig fertig aus dem Fitnessstudio und fuhr dann noch eine knappe halbe Stunde die hügelige Straße mit dem Fahrrad nach Hause. Auf dem Weg freute ich mich auf nichts mehr als eine gute Mahlzeit. Die hatte ich mir ja nun auch mehr als verdient! So ging das den ganzen Sommer hindurch. Arbeiten, essen, trainieren, essen, schlafen. Und wieder von vorne. Zwar unternahm ich auch mal etwas mit den Freundinnen, mit denen ich auch nach dem Abi noch Kontakt hielt, doch das war eher die Seltenheit. Mein Alltag ließ nichts anderes zu. Ich hatte keine Zeit! Oder wollte sie mir nicht nehmen. Ich musste arbeiten, denn ich brauchte das Geld für Neuseeland. Ich musste trainieren, denn ich wollte Muskeln aufbauen und so an Gewicht zunehmen statt nur über die Fresserei. Ich musste essen, sonst konnte ich alles andere sowieso an den Nagel hängen!

Langsam begann ich auch, mich mehr und mehr vom Essen meiner Mama zu distanzieren. Das war für meinen Geschmack einfach immer viel zu kalorienreich. Kohlenhydrate, okay, da hatte ich einen Sinneswandel hingelegt und nun gelernt, diese massenhaft verspeisen zu müssen, wenn ich Muskeln aufbauen wollte, aber Fett war ja wohl das Unnötigste und vor allem Dickmacher Nummer eins überhaupt! Kalorien, die ich lieber an anderer Stelle essen könnte! Also kochte ich immer öfter für mich selbst, oft auch doppelte Portionen, um am nächsten Tag noch etwas zu haben. Mama entging das natürlich nicht, was unser Verhältnis nicht gerade besserte. Sie schimpfte über Unmengen an Geschirr, eine dauerhaft volle Spülmaschine, über irgendwelches verschwundene Gemüse, das sie noch gebraucht hätte, oder über meinen hohen Quark- und Eierkonsum. Ich war ratlos. Was sollte ich denn sonst essen? Ständig Brot oder was? Durfte ich hier überhaupt noch etwas essen? Essen mit der Familie wurde mir immer unangenehmer, denn immer war da dieses Gefühl, den anderen etwas wegzuessen. Außerdem starrten sie immer nur mit komischen Seitenblicken auf meinen

Teller. Als würde ich Haifischflossen oder Insektenschwänze essen! Familienmahlzeiten waren nach wie vor eine einzige Anstrengung für mich, die ich irgendwie notgedrungen aushalten musste. Also versuchte ich, auch diesem Problem aus dem Weg zu gehen und so oft wie nur möglich alleine zu essen, was durch meine Arbeitszeiten bedingt auch meist klappte. Ich wollte einfach nur meine Ruhe haben und kein beklemmendes Gefühl! Wollte essen, was ich wollte, und nicht das, was andere von mir erwarteten.

TAGEBUCHEINTRAG VOM 21.07.2017

Mich stresst einfach alles. Dieses Denken an 1000 Kleinigkeiten, die mit der Neuseelandreise zusammenhängen, ist das eine, aber das Gefühl, nicht verstanden zu werden, ist das andere. Ich will doch einfach nur mein eigenes Ding durchziehen! Ich hab nun mal andere Vorstellungen als sie! Werde ich nur geliebt und akzeptiert, wenn ich mein Leben so lebe, wie sie es gerne hätten? Keine Ahnung, wann ich das letzte Mal so chronisch müde war, das Ganze macht mich einfach komplett fertig … wenn ich an früher denke und mir Bilder von damals anschaue, weine ich jedes Mal, weil ich mir so sehr die Zeit von damals zurückwünsche. Mit dieser Situation kann und will ich nicht ans andere Ende der Welt fliegen! Aber wirklich miteinander reden geht auch nicht mehr, weil wir uns so weit auseinandergelebt haben.

Wie schlimm musste es für Eltern sein, wenn ihr Kind sich erst zu Tode hungern will und sie hilflos dabei zusehen müssen?

Wie schlimm musste es für Eltern sein, machtlos dabei zuzuschauen, wie ihr Kind verzweifelt versucht, sich aus dem ganzen Schlamassel eigenständig rauszuziehen, und keine Hilfe von außen annehmen kann? Ihnen grundsätzlich widerspricht und das Essen mehr oder weniger verweigert?

Ich konnte mir nicht vorstellen, wie furchtbar das sein musste.

Konnte mir nicht vorstellen, was ich Mama und Papa damals alles abverlangt habe.

Ich liebte meine Eltern zweifelsohne, doch ich haderte, weil meine und ihre Vorstellungen von einem gesunden Leben so weit auseinander lagen.

Beides war wohl nicht vereinbar.

Die Zwickmühle drohte mich zu zerquetschen.

Was war mir wichtiger? Meine Ziele und Vorstellungen zu verwirklichen oder akzeptiert und geliebt zu werden?

PAPA

Magersucht in der Familie. Ein Albtraum. Diese Erfahrung mussten wir machen. Damit umzugehen zählte zu den größten Herausforderungen meines Lebens, und ich kann bis heute nicht einmal sagen, dass es mir wirklich gelungen ist. Diese Krankheit hat uns Eltern und der ganzen Familie sehr viel abverlangt. Ihre Ausprägungen sind das eine, das Wechselbad zwischen Hoffen und Bangen und der letztlich offene Ausgang ist das andere. Ein Drittel der Erkrankten schafft es, ein Drittel wird rückfällig, ein Drittel stirbt. Wie lebt man über Jahre mit dieser Prognose und dem Anblick seines Kindes, das gefühlt am lebendigen Leib verhungert?

Bei uns wurde nahezu täglich frisch gekocht. Vom Essensangebot sind wir in unserer Familie bis zum heutigen Tag in seiner Vielfalt und Qualität verwöhnt. Mehr noch – es hat sich über die Zeit eine Philosophie entwickelt, die sich kurz und knackig beschreiben lässt: »regional und saisonal, natürlich und gut«. Die Fleischesser waren dabei ebenso bedacht wie die Vegetarier.

Wie bizarr ist es, wenn ein Mitglied der Familie dieses Angebot nicht annehmen kann und eigene Wege beschreitet? Wie bizarr ist es, wenn eine Reihe von Lebensmitteln gar nicht mehr, andere dafür in großen Mengen und ausschließlich in den Fokus der täglichen Er-

nährung rücken? Dabei verändert sich der Fokus auch über die Zeit mehrmals. Speiseplan, Zubereitung und Essenszeiten des Betroffenen sind völlig konträr zum Rest der Familie. Sich entwickelnde Egoismen und Lügen rund um das Essgeschehen führen zu wiederkehrenden Konflikten. All dies geschieht in einem Umfeld, in dem eigentlich keine Not herrscht. Das galt es auszuhalten.

Du nimmst wahr, dass etwas aus dem Ruder läuft, und nicht nur beim Essen. Dein Kind ist zunehmend freudlos und zieht sich zurück. Du erreichst es nicht. Ohnmacht macht sich breit. Es folgen Gespräche – viele Gespräche, mit Ärzten, Therapeuten, dem erweiterten Familienkreis, Freunden, Betroffenen, Institutionen. Helfen konnte niemand. Wie oft mussten wir die individuellen Ausprägungen der Krankheit erläutern, ernteten verständnislose Blicke und Schulterzucken oder bekamen gut gemeinte Ratschläge. Letztlich blieben wir hilflos zurück.

Fehlte es an Konsequenz im Umgang mit der Krankheit und letztlich mit der Betroffenen – unserem Kind? Überfordert und verzweifelt glaubten wir nach vielen Gesprächen und Beratungen das Richtige zu tun, indem wir auf einen Klinikaufenthalt hinwirkten. Heute wissen wir, dass es in unserem Fall nicht das Richtige war. Unbeantwortet bleibt die Frage, was alternativ richtig gewesen wäre.

Loslassen und ins Vertrauen gehen – war das die Herausforderung und eine Alternative? Aber da war die Angst vor der Rückfallquote. Wie lange würde es dauern mit all dem Auf und Ab – etwa bis zum bitteren Ende? Wie viel Kraft hätten wir, uns das anzusehen und die Ohnmacht auszuhalten? Außerdem sind da noch Geschwister, die auch ein Recht auf Aufmerksamkeit und Zuwendung haben. Wie lange konnte ich mit solchen familiären Belastungen die beruflichen Anforderungen stemmen? Spannungsfelder und Konflikte waren häufig und energieraubend. Brauchten wir gar eine räumliche Trennung? Keiner wollte dies wirklich.

Insgesamt ist das eine riesige Belastung für die ganze Familie und auch für die Beziehung der Eltern, die daran zu zerbrechen droht.

Resignation und bisweilen Wut waren die Folgen. Wut auf dieses Monster »Magersucht«, das die ganze Familie über lange Zeit beherrschte. Warum unser Kind? Warum unsere Familie? Wer oder was waren die Auslöser? Darauf gibt es keine abschließende Antwort.

Mit der Zeit und zuletzt mit diesem Buch haben wir verstanden: Es war nicht der Hunger nach Essen, es war der Hunger nach Leben. Es war die Frage – will ich leben oder will ich es nicht? Warum sich diese Frage überhaupt stellte, konnten wir bis heute nicht verstehen. Aber diese Frage konnte nur Lea-Sophie selbst beantworten, und sie musste einen Weg finden.

Sie hat ihn gefunden und sich für das Leben entschieden. Wir sind sehr froh darüber. Die Zeit wird unsere Wunden heilen. Für die Narben hilft vielleicht ein wenig Schminke.

Es gab eine Zeit der Distanz, des fehlenden Verständnisses, der Wut und der Resignation – aber niemals eine Zeit, unser Kind aufzugeben oder nicht mehr zu lieben.

KAPITEL 8

ALLES AUF ANFANG

Die Entscheidung wurde mir vorerst abgenommen, denn es war an der Zeit. Im September 2017 hob mein Flieger ab Richtung Auckland. Mama war mit mir zum Flughafen gefahren. Von Papa hatte ich mich bereits zu Hause verabschieden müssen, denn er hatte gerade eine Bandscheiben-OP hinter sich und konnte nicht so lange im Auto sitzen, wie die Fahrt nach Frankfurt dauerte. »Meine Maus, jetzt musst du alleine weitergehen. Ich kann ab hier nicht mehr weiter«, waren die letzten Worte meiner Mama vor der Handgepäckkontrolle, bevor wir uns eine halbe Ewigkeit zum Abschied weinend in den Armen lagen. Würde ich sie je wiedersehen? »Mama, ich hab dich so lieb.« Diesen Satz hatte ich monate- und jahrelang nicht mehr über die Lippen gebracht. Was hatte ich ihr nur angetan? Was, wenn ich unterwegs irgendwo sterben würde? Ich musste mein Leben unbedingt ändern, wenn ich zurückkehrte. Nein, ich musste es jetzt schon ändern! Meine Füße trugen mich schwerfällig, fast wie angefroren durch die Kontrolle. Um Gottes willen, auf was hatte ich mich da nur eingelassen?! Was kam denn jetzt auf mich zu?! Ich konnte noch umkehren, noch war ich nicht im Flieger! Irgendetwas versuchte mich zurückzuhalten, drückte mich zurück wie ein starker Gegenwind. Jeder Schritt war mühsam, schwer wie Blei und in Zeitlupe. Doch irgendwie setzte ich weiter einen Fuß vor den anderen, mit einer riesengroßen Portion Angst im Bauch.

In dem Moment, als die Rollen unter dem Flugzeug abhoben, holte mich die Endgültigkeit ein und überfiel mich wie ein großer, dunkler Schatten. Da flog ich davon, irgendwohin, unheimlich weit weg, ganz auf mich allein gestellt. Auch wenn die Furcht vor dem

Unbekannten noch so groß war, ein winziger Teil wusste tief in meinem Herzen, dass ich diese Reise für mich angehen musste, auch wenn es jetzt gerade noch so schwer und unmöglich schien. Eines Tages würde ich verstehen warum. Ausnahmsweise hatte ich im allerletzten Schritt mal nicht auf den großen Angst-Teil gehört, der mir vermeintlich immer Sicherheit verschafft hatte, sondern auf den klitzekleinen Mut-Teil, der mich zwang, aus der Komfortzone auszubrechen. Ich musste einfach weg, weit weg, wenn ich endlich zur Vernunft kommen und zu mir finden wollte. Wenn ich endlich etwas über mich selbst lernen wollte. Wenn ich lernen wollte, zu leben.

Neuseeland war definitiv die Aktion meines Lebens. Bis heute kann ich kaum glauben, dass ich das wirklich getan habe. Alleine am anderen Ende der Welt für sechs Monate. Ich lernte unzählige Menschen kennen, die vom ganzen Erdball her kamen, erlebte gute wie schlechte Zeiten. Gleich meine erste Station auf einer Pferdefarm stellte sich als riesengroßer Flop heraus. Ich mistete ihnen nicht schnell genug aus, also war Putzen angesagt. Noch nie hatte ich ein so dreckiges Haus gesehen. Vor allem die Fenster waren eine einzige Katastrophe, und natürlich durfte ich genau die als Erstes schrubben. Schwarze Wollmäuse aus Spinnweben klebten an den Außenseiten, weder von innen noch von außen war dieser Dreck auch nur irgendwie wegzubekommen. Ich skypte mit Mama: Welches verflixte Putzmittel von denen im Schrank konnte ich denn nehmen? Ich kam mir vor wie eine Sklavin. Diesen Mist machte ich tatsächlich weg, nur damit ich hier schlafen konnte und etwas zu essen bekam? Offensichtlich war die Besitzerin mit meiner Arbeit nicht zufrieden, denn nach nur einer Woche verkündete sie mir wie selbstverständlich, dass sie mich am morgigen Tag zur Bushaltestelle bringen würde, damit ich den nächsten Bus nach Auckland nehmen konnte. Mir ist es bis heute ein Rätsel, was ich dort denn so falsch gemacht hatte. Natürlich hätte ich sofort die Flinte ins Korn schmeißen können, aber aufgeben war nicht drin, denn ich wusste: Das war meine erste große Herausforderung, die ich zu meistern hatte! Im Gegenteil, ich fühlte weder Enttäuschung noch Verzweiflung, sondern eher Abenteuerlust! Mir gefiel es hier sowieso nicht, also nichts wie weg! Ganz fest glaubte ich daran, schnell eine neue Anlaufstelle zu finden. Zur Not musste eben erst mal eine Jugendherberge in Auckland herhalten. Dutzende Leute schrieb ich an und bekam bis zum letzten Abend auf der Pferdefarm keine Antwort. Scheiße. War ich denn im falschen Film gelandet oder was? Plötzlich ploppte eine Nachricht auf: eine Familie aus Greenhithe, einem Vorort von Auckland, war bereit, mich aufzunehmen! Glück und Erleichterung waren kaum zu fassen. Wir skypten kurz, vereinbarten einen Treffpunkt für den morgigen Tag, und ich merkte schon beim Anblick meiner neuen Gastfamilie auf dem Laptop-Bildschirm, dass es mir dort garantiert besser gehen würde als hier.

In Greenhithe blieb ich ganze acht Wochen, bis meine schon im Voraus geplante Rundreise begann. Es war wie ein Traum, dort hatte ich das Gefühl, angekommen zu sein. Das war mein neues Zuhause. Ich schmiss den Haushalt, kochte, arbeitete im Garten, ging mit dem Hund spazieren und passte auf die beiden Mädels auf, wenn die Eltern mal aus dem Haus waren. Sie nahmen mich mit ans Meer, zu Wasserfällen, ins Hobbit-Land und nach Auckland City. Wir besuchten Freunde der Familie, ich lernte ein paar mehr Einheimische kennen, führte tolle Gespräche und durfte mir des Öfteren sagen lassen, wie klasse mein Englisch doch war. Der Abschied von ihnen fiel mir sehr schwer, doch ich wusste: Man sah sich immer zweimal im Leben. Vielleicht konnte ich am Schluss meiner Reise noch mal hierher zurückkommen? Während der Rundreise lernte ich wieder unglaublich viele Menschen kennen und sah so viele faszinierende Orte, auf die ich alleine niemals gekommen wäre.

Auf der nächsten Farm in Christchurch wurde ich allerdings ins Gartenhäuschen verfrachtet und bekam nur eine einzige Mahlzeit am Tag, obwohl ich sehr viel im Garten schuften musste. Mich ergriff das Heimweh, tagelang heulte ich wie ein Schlosshund. Ernsthaft überlegte ich, den nächsten Flieger nach Hause zu nehmen. Was war das denn hier, wenn ich nachts beinahe erfror, weil es so verdammt kalt in diesem Ding wurde und ich tagsüber in der prallen Sonne stundenlang Gartenarbeit zu verrichten hatte? Und noch dazu am Verhungern war? Ich kontaktierte neue Anlaufstellen und telefonierte nahezu jeden Tag spätabends per Internet mit meinen Eltern. Schluchzte ihnen die Ohren voll, während ich in den klaren Sternenhimmel blickte, dass ich endlich wieder nach Hause wollte. Dabei war es erst November und ich somit erst zwei Monate weg! Ich hatte ja erwartet, dass Schwierigkeiten kommen würden, doch war es dann doch beängstigend, damit konfrontiert zu sein. Die Ungewissheit war das Schlimmste. Wie lange musste ich noch hier bleiben? Wo würde ich als Nächstes landen? Glücklicherweise hatte dieser Spuk nach einer Woche ein Ende, denn ich bekam eine neue Zusage in der Nähe von Queenstown.

Nach einer unheimlich langen Busfahrt landete ich in dem Bed & Breakfast, wo wieder Haus- und Gartenarbeit auf der Agenda standen. Es lag mitten in der Pampa, kilometerweit ringsum nur Wiesen und Berge mit massenhaft Schafen. Die Besitzer waren diesmal unheimlich freundlich, ich bekam sogar eins der Gästezimmer mit einem riesigen Queensize-Bett! Und sogar ein Flügel stand im Wohnzimmer! Ich lernte, wie man einen Rasentrimmer benutzte, Rasentraktor fuhr, Gästezimmer richtig herrichtete und Laufenten geschickt einfing. Der selbst gefangene Lachs war das Beste, was ich in meinem Leben wohl jemals gegessen hatte. Am wärmsten Tag das Jahres stellten wir den Weihnachtsbaum auf, dekorierten und sahen uns abends Weihnachtsfilme an. Für die Neuseeländer ganz normal, Weihnachten im Sommer zu feiern, für mich mehr als merkwürdig. An meinen freien Tagen durfte ich mit nach Queenstown, einer der schönsten Städte Neuseelands, streifte durch die Straßen, vorbei an den Touristenläden, schlenderte über die Promenade und wanderte hoch zur Seilbahn, um den atemberaubenden Ausblick zu genießen.

Weiter ging es dann nach Dunedin zu einer Familie, die sehr naturverbunden lebte. Die beiden Kinder gingen nicht zur Schule, sie wurden zu Hause unterrichtet, wie die meisten in dieser Region. Auf die beiden passte ich auf, backte Weihnachtsplätzchen mit ihnen, versuchte ihnen etwas am Klavier beizubringen und half im Garten mit. War auf Kindergeburtstagen am Strand dabei und an der »Christmas-Eve-Party« im Dorf, die bei uns als Faschingsveranstaltung durchgegangen wäre. So was Verrücktes hatte ich lange nicht gesehen! Die feierten tatsächlich Weihnachten im Fastnachts-Country-Style! Wieder war ich hier auf eine sehr liebevolle und großzügige Familie gestoßen, die das Miteinander sehr schätzte.

In Greenhithe und Dunedin sah ich seit Langem, was glückliches Familienleben denn wirklich bedeutete, und musste feststellen, dass ich mal wieder nicht richtig hineinpasste. Klar, wie denn auch, das war ja nicht meine richtige Familie. Doch ich bewunderte den lockeren Umgang zwischen Eltern und Kindern und vor allem die Liebe, die sie einander zeigten. Das war bei uns einfach ganz anders, so verklemmt irgendwie. Früher war es bei uns mal so wie hier, doch jetzt? Auch in Dunedin holte mich das Heimweh wieder ein, doch vielleicht waren es auch einfach nur Traurigkeit und Enttäuschung darüber, dass unser aktuelles Familienleben zu Hause das Gegenteil von dem war, was ich hier gerade erleben durfte. Ich lernte Samantha kennen, eine Freundin meiner Gastmutter, sie kam aus Deutschland und lebte schon seit vielen Jahren hier. Mit ihr sprach ich öfter über mein Heimweh, und sie versuchte mich zu trösten, lud mich sogar einmal zum Abendessen ein. Ihre beiden kleinen Söhne waren das Putzigste, was ich seit Langem gesehen hatte. Einer von beiden hatte mir einen Stoffelefanten gebastelt. »Mum said you are homesick. This is for you, he will make you feel better.« Mama hat gesagt, du hast großes Heimweh. Nimm den Elefanten, mit ihm wird es dir besser gehen. Das trieb mir die Tränen in die Augen. Ein kleiner, fünfjähriger Neuseeländer schenkte mir etwas? Er kannte mich doch gar nicht, hatte mich noch nie vorher gesehen, und dennoch hatte er etwas für mich gebastelt. Das Geben, ohne einen Gegenzug zu erwarten, und die Herzlichkeit so vieler Menschen, die ich in diesem Land kennengelernt habe, berührt mich bis heute.

Die nächste Station lag in Hokitika, wo ich mir ein zweites Paar Ohrringe stechen ließ, dann ging es nach Kaiteriteri an den goldenen Strand der Südinsel in die Hotelanlage eines Allgäuer Ehepaars, die in den 80er-Jahren ans andere Ende der Welt ausgewandert waren. Freiwillige wie mich waren dort gang und gebe, alles war perfekt organisiert, von der Schichteinteilung über die Zimmer und das Einarbeiten. Dort gefiel es mir auch unheimlich gut, ich hatte wieder viele Kontakte geknüpft und einfach nur Spaß an der ganzen Sache. Ich war froh, nicht beim Zimmerservice eingeteilt worden zu sein, das hatte ich schon zur Genüge gehabt während meiner Reise, stattdessen war ich im Frühstücksteam, bei der Wäsche und als Kellnerin abends im Restaurant. Freizeit hatte ich sehr viel, so erkundete ich die Gegend und fuhr mit meinen neuen Freunden durch die nächstgelegenen Städtchen, wenn wir gemeinsam freie Tage hatten. Es gab dort sogar einen Yoga-Raum, der allerdings nur zweimal in der Woche genutzt wurde. Bis zu dem Tag, an dem ich kam. Die Besitzer hatten nichts dagegen, wenn ich dort drinnen Sport machte, und so begann ich wieder mit den Kayla-Itsines-Work-outs, was sich rasch zu meiner alltäglichen Morgenroutine entwickelte. Schnell spürte ich, dass das eine gute Entscheidung gewesen war, und startete auch eine Yoga-Reihe auf YouTube. Der Sport fühlte sich irgendwie anders an, als ich es in Erinnerung hatte. Ich stieg noch nicht wirklich dahinter wie anders, aber irgendwas hatte sich noch-mal verändert. Irgendwie stark, kraftvoll, als würde mir das morgendliche Work-out wirklich Power für den Tag geben und nicht wie früher, mir einiges meiner Kräfte rauben. Ich war wie im Fluss, als hätte ich meinen Körper an die Hand genommen und ginge mit ihm statt gegen ihn, wie all die Jahre zuvor.

Hörte auf, bei irgendwelchen Fitnessmagazinen oder Foren nach Ernährungstipps zu suchen, sondern recherchierte auf wissenschaftlichen Seiten und YouTube-Kanälen von Forschern und Ärzten. Das alles war nicht gerade leicht zu verstehen, manches sogar noch auf Fachenglisch, dennoch startete ich einen neuen Anlauf. Ich wollte endlich wissen, wie es denn wirklich war. Was passierte wirklich in meinem Körper? Worauf kam es denn wirklich an, wenn ich gesund, fit und stark sein wollte? Plötzlich fand ich einen deutschen YouTube-Kanal, der sehr einfach und anschaulich genau das erklärte, was ich mir mühsam über Wochen hinweg angelesen hatte. Also folgte ich diesem weiterhin, in fester Überzeugung, nun die wirklich richtigen Informationen gefunden zu haben. Die, die ich brauchte. Und genau so war es auch. Allerdings glaubte ich nicht alles blind, startete Gegenrecherchen und erweiterte mein Wissen ungemein. Mein ganzes Denken stellte sich auf den Kopf, auf einmal war alles logisch. Manchmal hätte ich einfach nur weiterdenken müssen! Warum war ich nur so blöd gewesen, nicht gleich nach so etwas zu suchen? Wie hatte ich mir immer nur von anderen einreden lassen können, was ich tun sollte, obwohl ich mich offensichtlich nicht gut damit fühlte? Na ja, hinterher war man ja immer schlauer. Noch während meiner Zeit in Kaiteriteri stellte ich meine Ernährungsweise komplett auf mein neu errungenes Wissen um, fühlte mich besser und fitter als jemals zuvor. Endlich war ich auf dem richtigen Weg, davon war ich felsenfest überzeugt!

Es war schon Februar, der Rest meiner Reise war zu Ende geplant, Anfang März 2018 würde ich nach Hause kommen. Von Kaiteriteri aus würde ich mit dem Bus nach Nelson fahren, einem gemütlichen kleinen Städtchen, dort eine Nacht bleiben und dann Richtung Nordzipfel, zur Bay of Islands fliegen. Danach noch mal drei Tage bei meiner ersten Gastfamilie in Greenhithe und dann ab nach Deutschland! So der Plan. Doch plötzlich war in Kaiteriteri die Rede von einem großen Sturm, manche sprachen sogar von einem Hurrikan. Ausgerechnet jetzt … am Tag meiner Abreise stürmte und schüttete es tatsächlich, wie ich es noch nie zuvor in meinem Leben gesehen hatte. Der Hotelbesitzer fuhr mich zur Bushaltestelle, mit dem Jeep mitten durch bereits überschwemmte Straßen, wo die Mülltonnen schon davonschwammen. Wie sollte da bitte ein Bus kommen?! Ich stand an der Haltestelle, etwas zu spät, befürchtete, der Bus war schon weg, oder eher, er würde gar nicht erst auftauchen. Regen und Wind peitschten mir ins Gesicht, ich sah kaum etwas, stellte mich notdürftig am Toilettenhäuschen unter. Tatsächlich entdeckte ich bei diesem Weltuntergang ein paar Menschen, fragte sie, ob sie einen Bus gesehen hatten in den letzten paar Minuten. »No«, war die Antwort, und so hoffte ich weiter, dass er doch noch kam. Doch mit jeder Sekunde schrumpfte die Hoffnung. Wo sollte ich denn jetzt noch hin? Vielleicht noch mal im Hotel anrufen und fragen, ob ich noch da bleiben könne, bis der Sturm vorübergezogen war? Wie aus dem Nichts erschien er auf einmal. Echt jetzt?! Sicherheitshalber fragte ich nach, ob er wirklich nach Nelson fuhr. »Yes«, bekam ich zur Antwort. Ich traute meinem Glück kaum.

Doch ich wollte mich nicht zu früh freuen, denn schließlich mussten wir da erst mal ankommen! Wie selbstverständlich durchquerte der Busfahrer tiefenentspannt die Überschwemmungen, die mindestens so hoch wie die Busreifen selbst waren. Wie durch ein Wunder blieben wir nicht stecken. Am Straßenrand sah ich schon die ersten Verwüstungen: abgedeckte Dächer, zerrissene Zäune, überschwemmte Häuser, zerstörte Fenster und Terrassen. So ähnlich musste das sein, wenn in tropischen Gebieten ein Hurrikan über die Landschaft zog. Und wieder einmal war mein Schutzengel für mich da. Ich kam in Nelson an, war schnell in meinem Hostel und musste noch am selben Abend feststellen, dass mein Flug Richtung Norden gestrichen worden war. Also hieß es nun: alles umorganisieren. Neuer Flug und eine Nacht mehr in Nelson. Zum Glück funktionierte das alles reibungslos, selbst meine geplanten Touren in der Bay of Islands konnte ich ohne Probleme verschieben.

Genauso schnell, wie der Sturm auftauchte, war er auch wieder weg. Strahlender Sonnenschein am nächsten Tag, an dem ich Nelson erkundete. Irgendwie war ich dann doch auch ein wenig dankbar für diesen Sturm, denn ich hatte ein weiteres Abenteuer erlebt und sah noch etwas mehr von diesem kleinen Städtchen.

Angekommen in der Bay of Islands, erwachte die Vorfreude in mir. Noch zehn Tage in diesem wunderschönen Land, nicht mehr arbeiten müssen, sondern Tagestouren unternehmen, mich ausruhen. Ich genoss diese Freiheit, konnte tun und lassen, was ich wollte, war nur mit mir selbst unterwegs. Den ganzen Tag durchstreifte ich die Gegend auf Wanderwegen durch urwüchsige Wälder zu malerischen Wasserfällen, buchte eine Tour zu einem großen Kauri-Wald, staunte über die größten Bäume, die ich jemals gesehen hatte, verbrachte einen ganzen Tag auf einer Bootstour durch die Bay of Islands, sah sogar das erste Mal in meinem Leben Delfine! Und stand atemlos am Cape Reinga, dem nördlichsten Punkt Neuseelands. Strahlend blauer Himmel, ungetrübter Sonnenschein, türkisfarbenes Meer, goldener Strand und baumbesetzte, grüne Klippen in den kräftigsten Farben. Ich war mir sicher: Das war der schönste Ort der Welt. Eine irreale Filmkulisse. Photoshop. War ich wirklich hier, oder träumte ich das nur? Konnte so ein Ort wirklich existieren? Welch ein verdammtes Glück hatte ich denn bitte, das hier sehen zu dürfen? Der Legende nach stiegen an diesem heiligen Ort die Seelen der verstorbenen Maori, der Ureinwohner, in den Himmel. Es herrschte eine bedächtige Stimmung, und die Atmosphäre übertrug sich sofort auf mich.

Gänsehaut am ganzen Körper. Ein magischer Ort. Definitiv der schönste Platz meiner ganzen Reise, wahrscheinlich auch meines ganzen Lebens, und ich schwor mir: Irgendwann würde ich noch mal hierher zurückkehren. Als ich mit der Gruppe zurück zum Bus schlenderte, drehte ich mich noch gefühlte tausend Mal um. Ich konnte mich an diesem faszinierenden Bild einfach nicht sattsehen. Völlig überwältigt von den Eindrücken und der Schönheit der Natur in den letzten Tagen verbrachte ich den Rest meiner Reise in Greenhithe, bei meiner ersten »richtigen« Gastfamilie.

Am Tag der Heimreise war ich schon früh in Auckland City und wartete in einem Café nah der Bushaltestelle, bis der Flughafenshuttle-Bus kam. Während mein Kaffee vor mir dampfte, rührte ich gedankenverloren, starrte auf den Hafen, die vorbeifahrenden Schiffe, ließ mein ganzes Abenteuer noch mal Revue passieren. Schüttelte innerlich den Kopf über so manche Leute, die ich hier kennengelernt hatte, grinste triumphierend über erfolgreich gemeisterte Herausforderungen und verspürte eine riesige Dankbarkeit den Menschen gegenüber, die mir ein Zuhause geboten und versucht hatten, mir das manchmal unerträgliche Heimweh und die Überforderung des Alleinseins etwas zu nehmen.

Ich schrieb allen noch einmal ein großes Dankeschön per WhatsApp, während ich in dem Hafen-Café wartete. Das war zwar nicht wirklich persönlich, doch die Zeit, mit jedem zu telefonieren, hatte ich nun nicht mehr, denn in einer halben Stunde würde ich unterwegs sein zum Flughafen. Ein halbes Jahr hatte ich mich durchgekämpft, von Norden nach Süden und wieder zurück. Unglaublich viel gesehen und vor allem viel erlebt. Wie hatte ich mich vor dieser Reise gefühlt, und wie ging es mir jetzt? Ich erinnerte mich noch glasklar, als sei es erst gestern gewesen, an das überwältigende Angst- und Beklemmungsgefühl am Flughafen, die schier unüberwindbare Schwere in mir und den fetten Kloß im Hals, als ich in Frankfurt in den Flieger gestiegen war. Unfassbar, diesen Schritt wirklich gewagt zu haben. Glauben konnte ich es immer noch nicht. Stolz und Erleichterung machten sich breit und durchfluteten mich von oben bis unten, während ich die Skyline am Horizont betrachtete. Alle Anspannung fiel plötzlich von mir ab. Ich fühlte mich so selbstständig wie noch nie zuvor in meinem Leben. Wenn ich das geschafft hatte, konnte ich alles schaffen! Nun lag es nicht mehr in meiner Hand, ob ich wieder heil nach Hause kam. Ich war hier, am Ziel, musste nur noch zum Flughafen, der Bus kam zehn Meter vom

Café entfernt, ich würde frühzeitig da sein, vermutlich viel zu früh, aber das war mir egal.

Grinsend und voller Stolz wartete ich am Gate, das Flugticket Richtung Frankfurt festgekrallt in meiner Hand. In ungefähr 24 Stunden würde ich zu Hause landen, mit einem kurzen Umsteigestopp in Katar. Ich konnte es kaum glauben. Hatte ich das alles wirklich erlebt? Schlafen konnte ich im Flugzeug sowieso nicht, dafür war ich viel zu aufgekratzt. Ich sortierte meine Fotos, erstellte ein Best-of-Album und kam auf die Idee, meine ganze Essstörungsgeschichte in einem Buch niederzuschreiben, um endgültig damit abzuschließen. Denn das war doch der eigentliche Grund, weshalb ich weg wollte. Abschließen mit der ganzen Sache, einen Schlussstrich ziehen. Klar ist Neuseeland wohl eines der wunderschönsten und sehenswertesten Länder der Welt, aber wieso war ich eigentlich auf die Reise gegangen? Was war der Hauptgrund gewesen? Um zu lernen, Selbstverantwortung zu übernehmen. Um mir zu beweisen, dass ich nicht unfähig war, mein Leben selbst in die Hand zu nehmen.

Um Antworten zu finden auf die Fragen, wer ich denn war und was ich im Leben wollte. Fest davon überzeugt, diese Antworten zu finden, hatte ich mich auf die Reise gemacht, monatelang mehr oder weniger unbewusst darüber nachgegrübelt und stand jetzt hier, zugegebenermaßen ohne irgendeine brauchbare Antwort gefunden zu haben. Mein triumphierendes Grinsen wich plötzlich einem nachdenklichen Stirnrunzeln. Was hatte ich denn erwartet? In Neuseeland mir nichts, dir nichts die Antwort auf mich und mein Leben auf dem Silbertablett präsentiert zu kriegen? Vielleicht hatte ich sie auch gefunden, nur nicht als solche erkannt? Frust machte sich plötzlich breit. Zwar hatte ich meine Sache gemeistert, und das gar nicht mal so schlecht, wie ich fand, doch wie ging es denn jetzt weiter? Und wieder einmal stand ich vor dem gegabelten Weg mit dem dicken, großen Fragezeichen drüber. Was wollte ich im Leben? Wie ging es jetzt weiter?

Die Wiedersehensfreude war riesig und das Gefühl, alle geliebten Menschen nach einem halben Jahr wiederzusehen, nahezu unbeschreiblich. Von jedem bekam ich zu hören, wie unfassbar es doch war, diese Reise tatsächlich angetreten und durchgezogen zu haben, einfach so aus dem Nichts heraus! Keiner hätte mir so etwas jemals zugetraut! Ganz ehrlich: ich mir auch nicht. Und doch war ich über meinen Schatten gesprungen und trotz mancher Schwierigkeiten und Probleme mehr als froh, mich dazu überwunden zu haben. Auf die Frage »Würdest du noch mal nach Neuseeland gehen?« antworte ich noch heute mit: »Ja, aber nicht ganz alleine.« Es war damals gut so, alleine zu reisen, denn nur so lernte ich, die nötige Selbstständigkeit aufzubringen, war gezwungen, aus der Komfortzone auszubrechen und mit anderen Leuten in Kontakt zu treten. Doch alleine war auch einsam. Und so hatte ich mich sehr oft gefühlt, am anderen Ende der Welt. Ich mochte es, mein eigener Herr und von nichts und niemand abhängig zu sein, doch auch das hatte nun mal seine Grenzen. Manchmal war die Stille mit mir selbst kaum auszuhalten gewesen, hatte ich mir mehr als alles andere gewünscht, irgendjemand von zu Hause wäre mit mir hier.

Als ich wegen des Sturms gezwungen war, länger als geplant in Nelson zu bleiben, entdeckte ich in meinem Jugendherbergszimmer ein Bild an der Wand mit einem Zitat von Emily McDowell, das ich mir unbedingt abfotografieren musste, denn irgendwie faszinierte es mich, auch wenn ich zu dem Zeitpunkt noch nicht wirklich etwas damit anfangen konnte:

»Finding yourself is not really how it works. You aren't a ten dollar bill in last winter's coat pocket. You are also not lost. Your true self is right there, buried under cultural conditioning, other people's opinions, and inaccurate conclusions you drew as a kid that became your beliefs about who you are. Finding yourself is actually returning to yourself. An unlearning, an excavation, a remembering who you were before the world got its hands on you.« (Emily McDowell)

»Sich selbst finden«, das hörte man ja oft. Doch war es wirklich so einfach? In Urlaub fahren, auf Reisen gehen, den Job wechseln, ein neues Hobby wie Yoga, Meditation, Zeichnen, Klavier spielen oder sonst was anfangen, und schon hatte man sich selbst gefunden? War das Leben so simpel gestrickt? Ich konnte mir beim besten Willen nicht vorstellen, wo ich überhaupt anfangen sollte zu suchen, um mich wiederzufinden! Offensichtlich war ich aber irgendwo auf diesem ganzen Irrweg verloren gegangen, denn den Weg der Magersucht hatte ich mir mit Sicherheit nicht freiwillig ausgesucht. Wenn ich dem Zitat Glauben schenken konnte, dann war ich ja aber gar nicht wirklich verloren. Mein wahres Selbst war anscheinend irgendwo vergraben unter dem, zu was mich die Essstörung gemacht hatte.

Doch was wollte ich denn wirklich, losgelöst von allen äußeren Einflüssen und vor allem: losgelöst von der Magersucht? Woher wusste ich, dass diese hinterhältige Krankheit nicht doch meine Entscheidungen zu ihren Gunsten beeinflusste? Das war gar nicht so leicht herauszufinden, nein, eigentlich sogar ziemlich schwer. Oder sogar unmöglich? Kein Wunder, dass ich es in Neuseeland nicht herausgefunden hatte! Woher wusste ich denn, ob es das Richtige war, was mir in den Kopf kam? Um mich selbst wiederzufinden und zu wissen, was ich wirklich im Leben wollte, musste ich mich also erinnern, was für ein Mensch ich einmal war, als ich noch glücklich, unbedarft und mit Leichtigkeit durchs Leben ging.

Na klasse. Wie zum Teufel stellte ich das denn an? Immer noch keinen Schritt weiter! Wo verdammt sollte ich denn anfangen bei den ganzen Baustellen, die mein Leben gerade zu bieten hatte? Resigniert beschloss ich, einfach alles auf mich zukommen zu lassen. Irgendetwas wisperte mir zu, dass sich alles irgendwie fügen würde und ich mir besser nicht so viele Gedanken machen sollte. Vertraue. Vertraue aufs Leben. Es spielt nicht immer gegen dich.

Im März 2018 ergab sich dann wirklich nach und nach eins nach dem anderen. Zum Sommersemester mit dem Studium zu starten war mir zu knapp, zumal ich ja immer noch nicht genau wusste, was ich denn genau wollte, also beschloss ich, zum Wintersemester anzufangen. Bis dahin würde ich meinen beiden früheren Jobs im Hofladen und in der Eisdiele wieder nachgehen. Wie es der Zufall so wollte, ergab sich sogar die Möglichkeit auf ein gebrauchtes Auto, die ich sofort ergriff. Zack, war ich eine Spur unabhängiger. Konnte irgendwohin fahren, wann immer ich wollte. Wieder ein Stück Freiheit mehr.

Im Fitnessstudio meldete ich mich nach langem Überlegen auch wieder an, doch nahm ich mir fest vor, diesmal nicht so planlos und übertrieben wie das Jahr zuvor zu trainieren, zumal ich auch einsah, dass mein damaliger Sportexzess kaum Resultate gebracht und mich schlichtweg nur erschöpft und ausgezehrt hatte. Der furchtbare Glaubenssatz, so viele Kalorien wie möglich verbrennen zu müssen, um danach so viel wie möglich essen zu dürfen, hatte meinen Körper ausgelaugt. So viel Energie, wie ich verheizt hatte beim Arbeiten und beim Sport, konnte mein Magen einfach nicht mehr aufnehmen. Ernsthaft habe ich bis heute keine Antwort darauf, wie ich das Ganze damals eigentlich monatelang, noch dazu bei der größten Sommerhitze in der Rheinebene, durchhalten konnte. Mein Körper war zäh, das hatte Benny mir auch oft gesagt. Nach dieser ganzen Odyssee wusste ich: Er hatte recht. Ich war zäh und konnte so einiges mehr aushalten, als mir zugetraut wurde. Die Frage war nur, ob das wirklich nötig war und welche Opfer mein Körper dafür bringen musste. Ging es ums Leben oder Überleben?

40 Kilo. Schon wieder. Obwohl ich in Neuseeland nie gehungert hatte, waren doch wieder ein paar hart erkämpfte Kilos flöten gegangen. Andererseits, was hatte ich denn erwartet? Die ganze Aktion war doch irgendwie auch ein Stresstest gewesen, und unter Stress war Gewichtsverlust bei mir schon immer vorprogrammiert. Wie hätte ich es dort auch kontrollieren sollen? Nirgendwo war eine Waage gewesen! Und selbst wenn, hätte ich mich draufgestellt und dem Ding wieder die Macht über mich gegeben? Wahrschein-

lich eher nicht. Aber suchte ich jetzt gerade nicht schon wieder nach Ausreden und Rechtfertigungen? Irgendwie war ich aber auch stolz auf mich, denn ein halbes Jahr war mein Gewicht für mich unbekannt und es hatte mich nicht einen Zentimeter gejuckt. Monate zuvor noch unvorstellbar! Am anderen Ende der Welt zählten andere Dinge plötzlich mehr. Die Essstörungsgedanken waren dort irgendwie langsam in den Hintergrund gerückt. Natürlich hatte ich weiterhin darauf geachtet, mich möglichst ausreichend und gesund zu ernähren, jedoch verschwendete ich auf meiner Reise bei Weitem nicht so viele Gedanken ans Essen wie zuvor zu Hause. Mein Fokus war woandershin gerichtet worden, dadurch, dass ich gezwungen war, mich alleine durchzuschlagen, Unterkünfte zu finden und den Anspruch an mich zu erfüllen, möglichst viel von Neuseeland zu sehen, mitzunehmen und zu üben, wie man auf andere, fremde Menschen zuging. Das alles hatte die Magersucht zumindest zu einem gewissen Teil in die Ecke gedrängt, und ich wusste nun wirklich:

Das Leben hat mehr zu bieten als die Scheinwelt der Essstörung. Andere Dinge waren so viel wichtiger und fühlten sich vor allem auch viel besser an, als immer der kranken Stimme im Kopf hörig zu sein. Trotzdem, 40 Kilo … wie lange der harte Kampf um jedes Gramm wohl jetzt wohl wieder dauern würde? Egal, es war so, wie es war. Hatte keine andere Wahl, als die Situation so anzunehmen, wenn ich weiterkommen wollte. Neuanfang. Alles auf null. Meine neue, lieb gewonnene Sportart hatte mich irgendwie angefixt, und ich war gnadenlos davon überzeugt, mit der richtigen Dosis Krafttraining plus Ernährung zu dem Körper zu gelangen, den ich mir schon so lange wünschte. Wenn es auch nur einer vor mir geschafft hatte, konnte ich das ja wohl auch! Trainieren musste ich einfach für das gute Körpergefühl, für mich von elementar wichtiger Bedeutung. Fühlte ich mich wohl in mir, war ich zufrieden, und ich hatte keinen Grund, wieder an Gewicht verlieren zu wollen. Fühlte ich mich unwohl durch Sportverbot und Überfressen, kreisten alle meine Gedanken nur darum, wie ich mich dafür bestrafen und schnellstmöglich wieder Gewicht reduzieren konnte.

Ich fing langsam an, gewöhnte mich wieder an das Zirkeltraining, besuchte meistens sonntags einen Kurs, der so ähnlich aufgebaut war wie ein Kayla-Work-out. Der Spaßfaktor war diesmal viel größer als der unbändige Drang, möglichst viele Kalorien zu verheizen. Das befreiende Gefühl nach dem Training bestätigte mich immer wieder, da unbedingt dranzubleiben und regelmäßig ins Studio zu gehen, obwohl ich die berechtigte Skepsis meiner Eltern deutlich spürte. Ich war zufriedener, ausgeglichener, dachte weniger über Essen nach. Fing an, nicht mehr unzählige Übungen für jeden Muskel zu trainieren, sondern meine Trainingseinheit entweder oberkörper- oder unterkörperfokussierter zu gestalten, immer im Wechsel. Natürlich schlichen sich dauernd Gedanken von damals mit hinein: »Das war doch noch nicht genug! Was, ich kann noch die Treppe hochlaufen, ohne dass die Beine zittern! Da stimmt doch was nicht! Es war nicht so anstrengend heute, also darf ich auch nicht so viel essen!« Doch ertappte ich solche Denkmuster immer öfter und wollte sie ignorieren, musste aber frustriert feststellen, sie nicht wegschieben zu können. Zwecklos. Sie würden immer und immer wieder versuchen, sich einzunisten. Also drehte ich den Spieß einfach um. Was, wenn ich aufhörte, sie verdrängen zu wollen, und sie stattdessen einfach mal existieren ließ? Was, wenn ich ihnen bewusst andere Gedanken entgegensetzte? Mich mit aller Kraft auf das Zielführendere konzentrierte? Anfangs ein einziges Ping-Pong-Spiel, ich nahm kaum wahr, was um mich herum passierte, ich war zu beschäftigt mit meiner Gedanken-Lenkerei. Doch so schaffte ich es trotz der bleibenden Unsicherheit, endlich anders zu handeln als früher. Es war unheimlich mühsam, denn essgestörte Gedanken und Verhaltensmuster waren immer noch nahezu ständig anwesend. Doch ich bekam es immer öfter hin, während des Sports nicht an potenziell verbrannte Kalorien zu denken, sondern an das gute Körpergefühl, die Stärke und Zufriedenheit, die ich dadurch aufbaute. Mehr und mehr wurde mir klar, dass mein Körper für mich früher nur eine Hülle gewesen war. Eine Hülle, die ich krampfhaft zu verändern versucht habe und es nie zufriedenstellend auf die Reihe bekam. Der Groschen fiel so langsam. Meine Einstellung änderte sich. Niemals, wirklich niemals würde ich mein Äußeres exakt so hinbekommen, wie ich es in meiner Vorstellung gerne hätte! Ich würde immer was zu mäkeln haben. Und fragte mich: Wie relevant war das auf mein ganzes Leben gesehen? Musste ich zu 100 Prozent perfekt sein? Oder reichten nicht auch 80? Musste ich überhaupt irgendeinem Idealbild entsprechen? Wer oder was gab mir denn vor, wie ich auszusehen hatte? Wer oder was bestimmte, was »schön« war? Das entschied einzig und alleine ich. Was wäre, wenn ich genau so, wie ich bin, schön bin? Es hatte sich etwas geändert, zum ersten Mal in meinem Leben fühlte ich meinen Körper wirklich, nahm ihn wahr und spürte: Ich war am Leben. Nicht mehr halb tot. Und ich wollte auch nicht mehr tot sein.

Über Training und Ernährung recherchierte ich nach wie vor fleißig weiter, probierte dies und jenes aus und blieb letztendlich bei der Ernährungsweise hängen, mit der ich mich am wohlsten fühlte. Der Therapeut von damals hatte also doch recht gehabt. *Du musst deine eigene Art des Essens finden.* Natürlich gab es auch hier wieder Skeptiker und Kritiker, die mir meine Logik ausreden wollten, doch das war mir egal. So egal. Sollten sie doch schreien, wie sie wollten. Es ging mir gut damit, sogar besser als jemals zuvor, das war das Einzige, was für mich zählte. Ich hatte Power für meinen Alltag, konnte mich sattessen, ohne mich restlos überfressen zu fühlen, war zufrieden und suchte nicht mehr jeden Morgen vor dem Spiegel nach irgendeinem imaginären Bauchspeck. Es gab keinen Grund dazu, denn ich fühlte mich weder aufgebläht noch unendlich schwer vom Essen des letzten Tages. Es würde funktionieren, da war ich mir mehr als sicher. Ich würde es ihnen allen beweisen. Aber so was von! Moment, das war die falsche Motivation. Ich musste niemandem auch nur irgendwas beweisen. Ich tat das alles für mich und für niemand anders sonst! Lange genug hatte ich auf andere gehört, immer versucht, es ihnen recht zu machen, und doch gemerkt, dass es für mich selbst nie wirklich passte. Damit war jetzt ein für alle Mal Schluss!

Was konnte ich erreichen? Was war möglich, wenn ich versuchte, so viel wie möglich richtig zu machen? Zum ersten Mal in meinem Leben hielt ich mich für zwei Monate zu 100 Prozent in einem Coaching an einen konkreten Trainingsplan plus die dazugehörige Ernährung und bekam prompt die Resultate: Drei Kilo mehr in acht Wochen, und ich fühlte mich weder fett noch aufgedunsen oder sonst irgendwas, sondern einfach nur stark. Diesen Plan hatte ich gebraucht, auch wenn ich theoretisch vorher schon wusste, worauf es wirklich ankam. Doch ich war mir noch zu unsicher, mir etwas Eigenes zu schreiben, und stellte fest: Ich musste noch sehr viel Erfahrung sammeln und dazulernen.

Ich hörte auf damit, mich oder meine Leistungen mit anderen zu vergleichen. Wenn ich eins gelernt hatte, dann dass mich das absolut nicht weiterbrachte. Ganz im Gegenteil. Bei mir selbst musste ich anfangen, mit dem arbeiten, was ich hatte und schon konnte. Natürlich hatte ich Vorbilder, doch bei dem Gedanken »Ich wünschte, ich sähe so aus wie sie!« setzte ich sofort einen Stopp. »Du wirst nie so aussehen wie diese Person, sondern einfach nur wie du.« Es war doch okay, in anderen Menschen eine Inspiration und Richtung zu sehen, wo ich hin wollte. Doch niemand konnte mir sagen, wie ich letztendlich aussehen würde, wenn ich durch Muskelaufbau wieder ein einigermaßen »normales« Gewicht auf die Waage brachte. »Sei die beste Version deiner selbst«, diesen Satz las ich immer öfter auf den Social-Media-Kanälen. Früher hatte ich das stets belächelt, doch so langsam kapierte ich, dass da was dran war. Hör auf, so sein zu wollen wie eine andere Person. Sei du selbst, mach das Beste aus dir. Alles, was ein anderer Mensch hat, sieht an dir schon wieder ganz anders aus. Deshalb bleib bei dir, vergleiche dich nicht, gib dein Bestes, arbeite mit dem, was du hast, und setze dir realistische Ziele. Frage dich in jeder Situation: Was wäre das Beste, was ich jetzt tun könnte?

Ich spürte mehr denn je, dass mein Körper das Essen für mein Krafttraining brauchte, aber vor allem, um sich zu erholen. Hörte auf mit dem »Ich-muss-mir-mein-Essen-verdienen«-Gedanken. Das war doch völliger Schwachsinn. Mein Körper brauchte es, egal wie viel ich geleistet hatte! Jeden. Einzelnen. Tag. Mein Essen per App zu tracken hatte mir enorm geholfen, dauerhaft am Ball zu bleiben und wirklich jeden Tag genug zu essen. Hätte ich mich nur auf mein Gefühl verlassen, wäre meine Energiezufuhr von Tag zu Tag wieder Zickzack gefahren und ich weiter vor mich hin gedümpelt, ohne Ergebnisse. Mein Hunger- und Sättigungsgefühl waren nun mal eben noch nicht so weit, um mich guten Gewissens darauf verlassen zu können! Natürlich nervten das Abwiegen und die ständigen Überlegungen irgendwann, was und wie viel ich denn morgen nun essen würde. Doch langsam, aber sicher entwickelte ich ein Gefühl dafür, schrieb mir am Wochenende wieder einen groben Plan für die nächste Woche, begann vorzukochen und mich selbst zu organisieren, auch wenn ich immer noch bei meinen Eltern wohnte. Mein Leben und meinen Erfolg musste ich komplett selbst in die Hand nehmen, das hatte ich kapiert.

Die Vorher-Nachher-Bilder meines achtwöchigen Plans erstaunten mich. Das hatte ich geschafft? Ernsthaft? Ich sah komplett verändert aus! Aber vor allem fühlte ich mich auch komplett verändert. Klar, da war noch mehr als viel Luft nach oben, aber der Fortschritt war unverkennbar. Stolz. Ich war einfach nur stolz auf mich, diesen so wichtigen ersten Schritt ganz alleine und nur von mir aus gegangen zu sein.

Rückschläge? Natürlich. Tage, an denen miese Gedanken die Oberhand gewannen. Tage, an denen ich mich mal wieder selbst mit Nicht-Essen oder sehr wenig Essen bestrafte für vermeintliche Fress-Eskapaden am Tag zuvor. Tage, an denen ich mich absolut unrealistisch im Spiegel sah und mir dauernd in die nicht vorhandenen Fettpolster zwickte, mich wie verrückt unter der Lampe drehte und wendete, nur um hinterher festzustellen, dass es doch eher nur Haut war. Tage, an denen ich wegen einer Erkältung nicht trainieren konnte und Angst bekam, durch den geringeren Kalorienverbrauch sofort Fett anzusetzen und mein hartes Training zunichte zu machen.

Trotz aller Besserungen war der Hunger an manchen Tagen mal wieder schlichtweg übergroß, und es war unheimlich schwer für mich, sogar nahezu unmöglich, da gegenzuhalten, obwohl ich genau wusste, meine Soll-Kalorien inklusive Überschuss für den Muskelaufbau schon längst alle drin zu haben. Es stimmte also tatsächlich, der Körper holte sich alles doppelt und dreifach zurück. Mindestens. Sei es Schlaf oder ein zu großes Energiedefizit über einen viel zu langen Zeitraum. Mein Körper hatte wohl kapiert, dass er wieder etwas bekam, dauerhaft und regelmäßig. Er begann mir wieder zu vertrauen und sich an mir zu rächen, indem er sich alles, was ich ihm so lange vorenthalten hatte, auf Biegen und Brechen zurückholen wollte. Widerstand? So gut wie zwecklos. Ablenkung? Keine Chance, meine Gedanken kreisten nur darum, wo noch irgendwas Essbares aufzutreiben war. Wieder fühlte ich mich verzweifelt gefangen im Käfig der Essstörung, wenn auch auf eine etwas andere Art und Weise. Hörte das denn niemals auf? Sollte ich meinem Körper geben, nach was er gerade laut schreiend verlangte, oder war das schlichtweg eine hormonelle Spinnerei, was er da mit mir abzog? Hier noch einen Apfel, da noch zwei Handvoll Nüsse. Ein Stück Käse, noch mal Nüsse. Hm, die Packung war fast leer, dieser letzte Rest machte den Bock jetzt auch nicht mehr fett! Ach, da war ja noch ein Rest vom Vortag. Vielleicht noch eine Orange? Urplötzlich war ich pappsatt, frustriert und panisch. Würde ich jetzt fett werden?! Morgen eine Speckrolle am Bauch haben?! Das waren doch jetzt locker 1000 Kalorien mehr, als ich eigentlich brauchte! Es machte mir Angst, über meinen ohnehin schon hoch angesetzten Energiebedarf hinaus zu essen, und doch tat ich es immer öfter. Fühlte mich danach furchtbar ekelhaft, wie eine Sklavin meiner Hormone. Und bereute mal wieder, damals die typischen Abnehmfehler begangen zu haben: exzessives Ausdauertraining in Kombination mit sehr wenig Kalorien bis hin zu starkem Untergewicht. Es stimmte. Irgendwann kam die Quittung dafür doppelt und dreifach, ob ich wollte oder nicht. Was für eine Wahl hatte ich? Keine. Ich musste da jetzt durch. Regelmäßig plagte mich das schlechte Gewissen stundenlang, jedes einzelne Mal nahm ich mir vor, es am nächsten Tag besser zu machen, doch meistens klappte es nicht. Und wenn doch mal, dann nur mit allergrößter Disziplin. Hatte ich jetzt etwa Binge-Eating-Anfälle? Ich recherchierte und kam zu dem Schluss: nein, nicht wirklich. Denn ich stopfte nicht alles willkürlich in mich hinein, was mir unter die Finger kam, vor allem kein Junkfood und auch nicht in diesen riesigen Mengen, wie es da beschrieben wurde. Puh, ich atmete auf. Das hatte mir ja gerade noch gefehlt!

Doch ich war mir mehr als bewusst, dass es genau in diese Richtung ging, wenn ich nicht ernsthaft aufpassen würde. Das hatte ich auch recherchiert, nicht selten verlagerte sich das Krankheitsbild einfach. Man ersetzte das Alte durch etwas Neues, war aber keine Spur befreiter als vorher. Das durfte mir auf gar keinen Fall passieren! Ich wollte raus aus dem Mist und mir nicht irgendwas anderes anlachen, verdammt noch mal! Glücklicherweise waren auch das nur Phasen von ein paar Tagen oder Wochen, in denen ich mich ziemlich überaß. Jeden einzelnen Tag versuchte ich mir klarzumachen, dass das so überhaupt nicht ideal war und meine Beziehung zum Essen dadurch nicht gerade besser, sondern eher wieder schlechter wurde. Ich musste lernen, dass Erfolg und Fortschritt nicht linear verlaufen konnten. So spielte das Leben nun mal einfach nicht. Trotz der regelmäßigen Fresseskapaden nahm ich nur langsam zu. Schleppend mühsam. Doch genau so musste es sein, wenn ich mich daran gewöhnen und es auch langfristig halten wollte. Muskelaufbau ging eben nicht so schnell, das musste ich wohl oder übel akzeptieren. Mich einfach nur fett fressen? No way. Nur um dann wieder unzufrieden zu sein und wieder den Rückwärtsgang einzulegen? Nicht um alles in der Welt!

So begann ich mein duales Sportstudium zum Wintersemester 2018 und blieb eisern am Eisen. Lernte immer mehr über das Krafttraining und mich selbst, schrieb mir eigene Trainingspläne, probierte immer wieder Neues aus. Feierte weitere Fortschritte. Tappte auch mal ins falsche Loch, ruderte wieder zurück. Erweiterte meinen Horizont, las Bücher, Blogs, hörte Podcasts und schaute Videos von denen, die mir seriös erschienen, jedoch nicht ohne kritisch zu hinterfragen. Ich verglich diese Informationen mit denen aus der Uni, fragte meinen Profs und Dozenten Löcher in den Bauch, suchte immer weiter nach dem vermeintlich »besten« Training und der »besten« Ernährungsweise. Und kam letztendlich zu dem Schluss: Es war doch irgendwie immer eine individuelle Frage der Balance. Und die sah für jeden Menschen anders aus. In Extremen zu leben konnte auf Dauer einfach nicht gesund sein, das spürte ich mittlerweile deutlich.

Es war unheimlich schwer herauszufinden, was für mich selbst wirklich gut funktionierte, denn ich musste eine Zeit lang geduldig und konsequent bleiben, um wirklich zu sehen, was mit mir passierte. Doch nur so konnte es gehen. Die manchmal schmerzliche Wahrheit ist: Es gibt keine Abkürzung zum wahren Fortschritt und Erfolg. Niemals. Und es wird sie auch nie geben. Die Kunst liegt darin, die notwendigen Dinge mit einer Portion gesundem Menschenverstand alltagstauglich und mit der nötigen Regelmäßigkeit anzuwenden. Und zwar so, dass es Spaß macht. So, dass ich das Gefühl habe, es geht vorwärts. So, dass ich mir vorstellen kann, mein Leben in dieser Art und Weise weiterzuleben. Für immer. Und ich kann jedem versichern: Die Zeit, danach zu suchen, womit ich mich am wohlsten fühlte, war nichts gegen die Zeit, in der ich halbherzig und gezwungen auf irgendwelche Ratschläge und Richtlinien anderer hörte oder in irgendwelche Therapiekonzepte gepresst wurde.

Und mich immer wieder aufs Neue wunderte, weshalb es mir nicht besser ging.

Die Zeit vergeht sowieso. Nutze sie. Für dich.

Langsam entwickelte sich in mir ein Gefühl dafür, was und wie viel ich an Essen wirklich brauchte. Es mag auf den ersten Blick langweilig und total stupide klingen, was es aber auf den zweiten Blick eigentlich gar nicht ist: Mein Essen abzuwiegen und zu tracken war das beste Werkzeug gewesen. Doch ich wusste ganz genau, ich musste dieses Werkzeug mit den richtigen Hintergedanken nutzen, ohne mich innerlich verrückt machen zu lassen, ob ich denn alle Werte genau getroffen hatte. Denn es ging nicht um passgenaues Treffen irgendwelcher im Voraus festgelegten Werte und Zahlen, sondern darum, mich in die richtige Richtung zu bewegen. Einen Anhaltspunkt zu haben. Und da gab es durchaus Spielraum, nichts musste in Stein gemeißelt sein. Genauso wie die Waage im Bad waren Küchenwaage und App nichts anderes als Werkzeuge, die mir dabei helfen konnten, der richtigen Richtung zu folgen. Doch diese Hilfsmittel ergaben für mich nur Sinn, weil ich mittlerweile wusste, mit ihnen umzugehen. Weil ich mich emotional von den Zahlen distanzieren konnte und ihnen nicht mehr die Macht gab, über mich und mein Leben zu bestimmen. Ganz bewusst ließ ich das Abwiegen und Tracken auch hin und wieder einige Tage und Wochen bleiben, denn mir war klar, den Drang, mein körperliches Erscheinungsbild und mein Gewicht zu kontrollieren, gerade nur in die andere Richtung zu steuern. Und auch das konnte mit Sicherheit irgendwann krankhafte Züge aufweisen, auch wenn ich gerade Fortschritte machte. Ich musste also aufpassen. Hatte ich mir das nicht schon mal geschworen? Auf mich aufzupassen? Dünn und abgemagert war out. Stark und muskulös war ab sofort angesagt.

Oft fragte ich mich, ob ich denn noch krank war. War ich noch magersüchtig? War ich immer noch süchtig danach, magerer zu werden? Nein. Definitiv nicht. War ich immer noch essgestört? Nein. In den Augen mancher Menschen vielleicht, denn es scheint sicherlich absolut »unnormal«, phasenweise täglich das eigene Essen grammgenau abzuwiegen und sich ein paar Tage im Voraus zu überlegen, was man denn essen würde. Und es gab Nahrungsmittel, die ich konsequent und tunlichst mied, denn ich wusste, was sie mit mir anstellten, dass sie absolut nicht zielführend für mich waren und ich mich nach dem Essen mehr als mies fühlen würde. Ich wollte diese Dinge aber auch gar nicht mehr. Hatte kein Verlangen danach, wollte bestimmte Nahrungsmittel einfach nicht mehr essen. Es war zu meiner Einstellung geworden, mit der ich mich pudelwohl fühlte. Also verzichtete ich auch nicht. Verzicht und ein »verbotenes Lebensmittel« bedeuteten für mich: »Ich würde ja gerne, aber ich darf das nicht essen.« Unter Verzicht zu leiden, dauerhaft gegen sich anzukämpfen und seinem Körper nicht das zu geben, was er wirklich brauchte, aus Angst vor Kalorien und einer Gewichtszunahme, das bedeutet für mich eine Essstörung, unabhängig vom Körpergewicht. Darüber lässt sich streiten, das ist mir klar.

Doch es lässt sich auch darüber streiten, was »normal« und »unnormal« ist. Stellt ein übergewichtiger Mensch seinen Lebensstil auf den Kopf, geht auf einmal regelmäßig zum Sport, achtet auf seine Ernährung, organisiert sich, erreicht seine Ziele und wird glücklicher dadurch, wird derjenige gelobt. Dafür, dass er sein Leben endlich in die Hand genommen hat. Macht man als ehemals Magersüchtige dasselbe, wird man, zumindest von den meisten, sofort in die Schublade »Immer noch krank« gesteckt. Und ich fragte mich: Was war denn bitte so schlimm daran, einen anderen Weg anstatt der konventionellen Therapiemethoden eingeschlagen zu haben? Nämlich meinen ganz eigenen Weg, auch wenn er noch so ungewöhnlich erschien und es mir noch niemand so recht glauben konnte? Mein Kopf war so weit, bereit für die Veränderung, und mein Körper würde nachziehen. Vielleicht noch nicht sofort, aber ich wollte mir die Zeit geben. Ich wusste, es würde funktionieren. Und alle anderen würden es irgendwann auch wissen. Auch Mama und Papa würden in mir wohl immer einen Teil Krankheit sehen und mich ständig hinterfragen, wenn vielleicht auch unbewusst. Diese Geschichte würde mir auf ewig ankleben wie ein Kaugummi an der Schuhsohle. Wir hatten uns auseinandergelebt, kamen einfach nicht mehr richtig miteinander aus. Oftmals gab ich mir die allergrößte Mühe, die liebe Tochter zu spielen und es ihnen irgendwie doch recht zu machen, doch ich spürte immer mehr: Das war nicht ich.

So traurig es auch zu lesen ist, ich nahm eine Zeit lang körperlich und emotional Abstand von ihnen, um jedem möglichen Streitpunkt aus dem Weg zu gehen. Denn ich musste jetzt erst mal bei mir bleiben, und zwar nur bei mir, ohne Rücksicht auf andere, so egoistisch es auch schien. Wenn ich jemals wieder mit ihnen klarkommen wollte, musste ich erst mal mit mir selbst im Reinen sein. Natürlich ging auch dieses Verhalten nicht ohne Konflikte vonstatten, doch darauf war ich vorbereitet. Sollten sie doch meckern, ich feierte meine Fortschritte, war endlich auf meinem Weg angelangt. Wurde langsam wieder glücklicher, zufriedener, lebte wieder. Und das war mir wichtiger als alles andere.

Einige Zeit verging. Wochen. Monate. Und siehe da – langsam, ganz langsam, näherten wir uns einander wieder an. War da plötzlich so etwas wie Akzeptanz für meinen neuen Lebenswandel? Immer wieder kamen konfliktbehaftete Gespräche auf, manchmal völlig grundlos. Immer wieder kleine Rückschläge, und die Hoffnung, alles würde eines Tages wieder gut werden, war oftmals schneller im Keim erstickt, als sie aufflammen konnte.

Doch manchmal waren auch gute Tage dabei. Unterhaltungen, frei von Essstörungs-Hintergrundgedanken. Von einer Bilderbuch-Familien-Beziehung konnte bei Weitem noch keine Rede sein, aber es war okay so.

Manchmal muss man nur weit genug voneinander entfernt sein, um wieder zusammenzufinden.

MAMA

Es ist schwer, einen geliebten Menschen zu verlieren. Diesen Satz kennt man eher in anderem Zusammenhang. Jedoch trifft er hier auch zu. Wir haben unser Kind verloren – an die Magersucht, eine unheilvolle Krankheit.

Niemand, absolut niemand, kann sich vorstellen, was es bedeutet, wenn ein Kind an Anorexia nervosa erkrankt. Es ist die Hölle und betrifft letztendlich die ganze Familie. Das Familienleben wird komplett auf den Kopf gestellt, nahezu zerstört. Nichts ist mehr, wie es war. Es ist eine Zeit des Leidens, der Ohnmacht und der absoluten Hilflosigkeit.

Und nach jahrelangem Hin und Her, Anbieten von Hilfe in jeglicher Form, sich ständig zurücknehmen, immer wiederkehrenden Streitigkeiten, Traurigkeit, ab und an aufflammender Hoffnung, darauffolgender Verzweiflung, Frustration und Desillusioniertheit wird irgendwann klar: Es gibt erst einen Weg aus dieser Krankheit, wenn der Betroffene es auch selber erkennt und wirklich will.

Lea-Sophie hat nach langen Jahren des Leidens einen Weg für sich gefunden. Darüber sind wir sehr froh. Wenn auch unser Leben sich sehr verändert hat und nichts mehr so ist, wie es einmal war – wir wissen, dass es endlich positiv für unsere Tochter weitergeht und dass ihr Weg auch für uns ein Weg der Annäherung, Begegnung und auch Hoffnung ist.

Wir haben sie durch die Magersucht verloren, jedoch auch auf ihrem neu gefundenen Weg aus der Krankheit heraus wiedergefunden.

EPILOG

In diesem Moment, in dem ich diese Zeilen hier schreibe, bin ich noch immer nicht am Ziel angelangt. Bis zu einem für mich »normalen« Gewicht fehlen noch zwei Kilo. Wann ich dort ankommen werde, ob ich jemals wieder völlig unbedarft und ohne Hintergedanken essen werde, weiß ich nicht. Doch ich habe gelernt, mit all dem umzugehen, sodass es mich nicht mehr todkrank macht. Ich weiß, ich bin auf dem richtigen Weg, und ich muss ihn langsam gehen, um nachhaltig voranzukommen. Als würde ich auf Eis laufen.

Es ist gut so, wie es ist, und ich bin unendlich dankbar, es schon bis hierher geschafft zu haben, mehr oder weniger ganz alleine, ohne irgendwelche therapeutische Hilfe von außen. Ich bin nicht der Typ Mensch, der jahrelang Therapiestunden absitzt, nur um dann irgendwann festzustellen, dass es noch keinen Meter vorwärts ging. Ich musste mein Schicksal selbst in die Hand nehmen, so dramatisch es auch klingen mag. Heute ist mir klar, dass ich zu lange Zeit die Verantwortung über mich und mein Leben abgegeben habe. An eine Klinik, mehrere Therapeuten und schließlich an einen Sportwissenschaftler. Ganz nach dem Motto »Die werden mich schon wieder richten«. Ich weiß, alle meinten es zu jeder Zeit nur gut mit mir, doch jegliche konventionelle Therapiemethoden waren bei mir misserfolgsversprechend. Ich muss mein eigener Herr sein, mit starren Vorgaben und Regeln von außen fühle ich mich eingesperrt, wie in einem bösen Spiel, blocke ab und rebelliere gegen den mir künstlich aufgezwungenen Käfig. Der erste Schritt zur wahren Veränderung war für mich das Eingestehen, mein Leben in der unendlich einsamen und traurigen Magersuchtswelt definitiv nicht weiterleben zu wollen. Nur zu existieren und mehr zu leiden, anstatt zu leben. Doch leben will gelernt sein, und wenn ich nur einen Ratschlag geben kann, dann wäre es dieser: Gib niemals auf. Wirklich niemals. Steh immer wieder auf und mach weiter. Lange Zeit war ich der Überzeugung, der endgültige Klickmoment wäre auf dem Chorwochenende gewesen, doch später stellte ich fest, dass es ab diesem Zeitpunkt doch eher noch mal ein sehr langer Prozess des Erkennens war. Immer wieder musste ich auf die Nase fallen, um wiederholt in aller Deutlichkeit zu spüren, mein Dasein in dieser Form doch mehr als leid zu sein und dass die Sehnsucht nach einem lebenswerten Leben größer und größer wurde. So groß, bis sie irgendwann den verlockenden, trügerischen Wunsch nach weniger besiegte.

Anorexia nervosa ist eine ernst zu nehmende, heimtückische Krankheit, in die man fast unbemerkt hineingleitet. So auch ich. Niemals hätte ich mir vorstellen können, mit meinem einst so harmlosen Wunsch nach fünf Kilo weniger Gewicht auf der Waage schließlich Opfer eines solchen Psychen-Terrors zu werden. Wo genau die Ursachen bei mir lagen? Ich weiß es bis heute nicht genau. Letztendlich vermute ich ein Zusammenspiel aus mehreren Faktoren: die aufkommende Unsicherheit durch meine sehr frühe Pubertät und die Angst vor Veränderung. Die Überforderung in der Schule, das ständige Vergleichen mit anderen schlankeren Mädchen. Die Gewohnheit, in allem irgendwie gut zu sein, und daraus resultierend meinen Hang zum Perfektionismus. Alles Dinge, über die ich damals plötzlich die Kontrolle zu verlieren glaubte. Wenn ich also äußere Einflüsse nicht kontrollieren konnte, so blieben aber noch ich und mein Körper. Mein Essverhalten, mein Gewicht, mein Erscheinungsbild. Durch das Erschaffen meiner eigenen kleinen essgestörten Scheinwelt mit allen selbst auferlegten verrückten Regeln und Gewohnheiten entfloh ich all meinen wahren Problemen, lenkte mich erfolgreich ab, nur um irgendwann doch wieder von ihnen eingeholt zu werden. Die Magersucht war nichts anderes als ein Vorwand, aufkommende Gefühle und Schmerz zu ignorieren, um nicht mit ihnen umgehen und hadern zu müssen. Perfektion, Unnahbarkeit, Gefühlskälte und Härte, so als könne mir nichts und niemand etwas anhaben, bestimmten mich jeden Tag immer wieder aufs Neue. Der stetige, mehr oder weniger unterschwellige Hunger als Bestätigung meines selbstzerstörerischen Vorhabens permanent an meiner Seite. Der Therapeut nach der Klinik hatte recht. Ich war hochsensibel und nahm mir alles sehr zu Herzen. Dementsprechend interpretierte ich zu viel, las mehr zwischen den Zeilen als darin, fühlte mich immerzu kritisiert und angegriffen, oftmals völlig grundlos. Ich hatte versucht, das für mich Unerträgliche durch die Magersucht zu betäuben, erträglich zu machen, nur um irgendwann mit voller Wucht wieder und wieder dagegenzuprallen.

Doch die Schuldfrage stellt sich nicht. Niemals. Natürlich rate ich jedem Betroffenen zur Ursachenforschung, doch letztlich sind auch das nur Vermutungen, die niemals hundertprozentig bestätigt werden können. Neulich bin ich auf folgenden Satz gestoßen: »Wem du die Schuld gibst, dem gibst du die Macht.« Etwas Treffenderes gibt es in diesem Zusammenhang wohl kaum. Sucht man die Schuld in einer Person oder Situationen, so gibt man die Verantwortung für sich selbst ab. Denn das wahre Problem ist in meinen Augen nicht die »Schuldperson« oder die »Schuldsituation«. Sondern wie du damit umgehst. Was andere tun oder was um dich herum passiert, kannst du nur zu einem winzigen Grad beeinflussen. Doch es liegt in deiner Hand, wohin du deinen Fokus richtest und wie du handelst. Ob du dich davon tangieren lässt oder nicht. Der wahre Knackpunkt ist allerdings, dass man das oft erst sehr viel später erkennt. Meistens dann, wenn der Karren schon im Dreck steht und man sich selbst schon in die gefährlichen Fänge einer Essstörung begeben hat.

Mit der Zeit wurde mir immer klarer bewusst: Ich konnte die Verantwortung über mich und mein Leben einfach nicht länger abgeben, auch wenn das die bequemere Variante war. Dieses Verhalten würde mich niemals dahin bringen, wo ich eigentlich hin wollte. Ich musste das Ruder selbst in die Hand nehmen. Die Reise nach Neuseeland war der Sprung ins eiskalte Wasser. Natürlich hatte ich Angst. Verdammt große Angst sogar. Doch ich wusste es ganz genau, tief in meinem Inneren: Ich musste einfach eine Zeit lang weg von zu Hause, mir selbst beweisen, dass ich fähig war, selbstständig zu sein und Verantwortung für mich zu übernehmen. Denn wenn ich mich am anderen Ende der Welt durchschlagen konnte, dann konnte ich alles erreichen.

Das Buch in deinen Händen ist meine Geschichte und mein persönlicher Weg. Es ist kein Erfolgsgeheimnis, und ich möchte auch niemandem meine Art und Weise als die ultimative Lösungsstrategie im Kampf gegen eine Essstörung verkaufen. Jedoch möchte ich dich ermutigen, darüber nachzudenken, ob es für dich nicht auch etwas gibt, was du wagen könntest, auch wenn du monstermäßig Schiss davor hast. Wie wirst du dich danach fühlen? Wie fühlt sich für dich Leben an?

Mein Leidensweg hat mich einiges gelehrt. Wir sind alle vergänglich, dafür gemacht, um zu lachen, zu weinen, zu wachsen und älter zu werden. Zu leben. Die einzige Konstante im Leben ist die Veränderung. Also wieso sollten wir nicht jeden Tag alles uns Mögliche geben, das Beste aus uns und jeder Situation rauszuholen? Ich glaube, das Schlimmste, was ich am Ende meines Lebens denken könnte, ist, etwas verpasst zu haben. Ich hätte es besser machen können. Mehr erleben können, wenn ich mich nur getraut hätte. Viel mehr sein können. Für mich selbst und damit auch für andere. Hätte. Könnte. Wäre. Irgendwann ist die Zeit abgelaufen, für jeden von uns. Auf was für ein Leben willst du zurückschauen? An was willst du dich erinnern? An graue, hungrige Zeiten voller Zwänge, Abhängigkeiten und Selbstzerstörung? Oder an ein buntes Abenteuer, voller Dankbarkeit für alle Erinnerungen, wenn sie auch nicht alle wie im Märchenfilm sind?

Oft genug habe ich mir eingeredet, ich sei nichts wert, wenn ich nicht einen bestimmten Bauchumfang hätte, irgendeinem Idealbild entspräche oder ein nicht noch niedrigeres Gewicht auf die Waage brächte. Das ist nichts als eine verdammte Falle, denn du bist immer wertvoll, egal wie viel du wiegst oder wie du aussiehst. Und nein, das ist keine Honig-ums-Maul-Schmiererei. Ich meine das aus tiefstem Herzen todernst. Versteh mich nicht falsch: Sich realistische und gesunde Ziele zu stecken ist super, den eigenen Körper zu bekriegen, bis er nicht mehr kann, definitiv nicht. Kannst du dich erst lieben lernen und akzeptieren, wenn du deinen vermeintlichen Traumkörper erreicht hast? Oder geht das nicht schon vorher? Ich weiß, wie verdammt hart und schwer es ist, endlich damit anzufangen, was dich zum Ziel führen wird. Geschweige denn wie schwierig es ist, herauszufinden, was du wirklich willst. Ich weiß, wie es sich anfühlt, wenn du »gesunde Ernährung« oder »Sport« als pures und spaßloses Mittel zum Zweck siehst. Ich weiß, wie es sich anfühlt, sich zum wiederholten Male ganz fest vorzunehmen, die eigenen Baustellen endlich anzugehen, nur um ein paar Tage später frustriert wieder aufzugeben. Es ist ein Marathon, kein Sprint. Sei geduldig. Ich verstehe dieses furchtbare Gefühl, wenn du nur den endlos langen Weg vor dir siehst, das Ziel scheinbar so unendlich weit weg und nahezu unerreichbar wie der letzte Stern von der Sonne. Ich weiß aus tiefstem Herzen, wie furchtbar schmerzhaft es sich anfühlt, dem eigenen Körper ausschließlich negativ, vielleicht sogar mit Hass und Ekel gegenüberzustehen und einer Zahl auf der Waage, einem Klamottenetikett oder einem Maßband die Macht über dich zu geben, dir deinen Wert aufzuzeigen. Ich kenne das schneidende Gefühl, sich automatisch immer wieder mit »schöneren« und »besseren« Menschen zu vergleichen und immer, wirklich immer das Gefühl zu haben, nie genug zu sein. Immer den Kürzeren zu ziehen. Ich habe den Großteil meiner Jugend verpasst, stand traurig, frustriert und wütend vor dem Spiegel, hasserfüllt von mir und meinem Aussehen. Negative Einstellungen bringen negative Ergebnisse, das musste ich auf die harte Tour lernen. Ich weiß auch, wie einschüchternd, entmutigend und zwanghaft das Wort »Fitness« wirken kann. Wie viele Menschen immer noch nicht verstehen können, was Fitness wirklich ist, was es sein kann und vor allem, was es sein sollte. Wie viele Menschen leben mit dieser furchtbaren Einstellung, die ich hatte? Zu viele. Dafür brauche ich keine Daten und Statistiken, das sehe ich, wenn ich mich nur umschaue. Doch was ist Fitness? Keine Einschüchterung, keine Entmutigung und schon gar kein Zwang. Es ist deine Möglichkeit, mit dir und aus dir das Beste herauszuholen. Dich kennenzulernen. Weiterzukommen. Es ist eine Chance. Deine Chance. Es liegt einzig und allein an dir, sie richtig zu nutzen.

Auch wenn bei mir noch Luft nach oben ist, bin ich doch unglaublich stolz darauf, was ich bisher erreicht habe. Doch am stolzesten bin ich tatsächlich nicht auf meine körperliche Veränderung, sondern auf die, die von außen nicht sichtbar ist. Meine Sichtweise und Gedanken haben sich durch all die Schwierigkeiten und Hindernisse auf meinem Weg zum Positiven geändert. Noch schaffe ich es nicht jeden Tag, aber die guten Tage überwiegen immer mehr. Endlich habe ich erkannt, dass das Innere das ist, was wirklich zählt. Alles andere folgt dann automatisch. Habe ich eine positive Einstellung zu mir selbst, so bin ich zufrieden mit dem, was ich schon erreicht habe, und motiviert, an meinen Schwachstellen weiter zu arbeiten. Sehe ich stattdessen immer die Makel und versteife mich nur auf diese, werde ich sauer, unzufrieden und sehe es als lästige Pflicht, sie auszubügeln. Körperlich wie mental.

Es mag auf den ersten Blick lächerlich klingen, aber das Krafttraining ist meine eigene, persönliche Therapie. Es macht mir Spaß, in dieser Art an mir und meinem Körper zu arbeiten. Ich gehe wieder aufrechter durchs Leben ohne Rückenschmerzen, habe zu einem für mich neuen und wunderbaren Körpergefühl gefunden und gelernt, mit Schmerz, Stress und Problemen anders umzugehen als mit bloßer Unterdrückung und versuchter Ignoranz. Krafttraining macht mich nicht nur äußerlich stärker, sondern vor allem innerlich. Der äußere Schein trügt, denn die wahre Veränderung findet wirklich und wahrhaftig in mir selbst statt. Abgeschlossen ist sie mit Sicherheit noch lange nicht, doch ich trainiere schon lange nicht mehr gegen mich, sondern mit mir. Fordere mich heraus, akzeptiere und respektiere aber meine Grenzen. Bestrafe mich nicht mehr. Empfinde Dankbarkeit und Zufriedenheit für das, was ich geschafft habe. Nein, nicht jeder Tag ist rosarot, im Gegenteil, das sind sogar die wenigsten. Und nein, auch meine Motivation ist nicht immer am Höhepunkt. Doch in jedem Moment gibt es mindestens eine winzige Kleinigkeit, für die ich dankbar sein kann, und wenn sie mir noch so banal erscheint. Du bist am Leben. Du atmest. Hast du daran mal gedacht? Ich lebe nicht, um zu trainieren. Ich trainiere, um zu leben. Um mich um meine Gesundheit zu kümmern. Um mich mit meiner Seele zu verbinden. Gesund und fit zu sein ist ein Geschenk – eins, das ich niemals wieder für selbstverständlich ansehen werde und mit all meiner Kraft zu beschützen versuche. Ja, Fitness ist ein großer Teil meines Lebens, denn es hat auch etwas mit meinem Beruf zu tun, den ich aus dieser Leidenschaft heraus gewählt habe. Aber ich verbringe nicht mehr jeden Tag mit stundenlangen, zwanghaften Sporteinheiten und werde es auch niemals wieder tun. Ich kenne meinen Körper, gehe mit ihm und nicht mehr gegen ihn, trainiere hart, aber mit Spaß und bin konsistent in dem, was ich tue.

Vorher-Nachher-Bilder sind toll, motivierend und ein großes Stück harte Arbeit. Doch die wahre Veränderung, die wirkliche Transformation passiert nicht äußerlich. Das ist ein netter Nebeneffekt und allermeistens der Grund, weshalb man überhaupt mit Fitness anfängt, und dagegen ist auch überhaupt nichts einzuwenden. Doch um was es wirklich geht, ist die sich verändernde, innere Einstellung hin zu mehr Selbstliebe, Selbstverantwortung und Selbstfürsorge. All das ist nicht egoistisch, sondern absolut notwendig. Stell dir vor, was du für deine geliebten Menschen sein könntest, wenn es dir besser ginge. Wenn du eins mit dir selbst bist. Zufriedener bist. Nicht perfekt. Zufrieden sein mit dem Unperfekten, denn perfekt gibt es nicht. Niemals. Punkt.

Wenn du all dem eine Chance geben willst, dann wirf deine negative Selbsteinstellung über Bord. Fang an, dich aus Selbstliebe,

Selbstverantwortung und Selbstfürsorge zu motivieren und dankbar für dich, dein Leben und deine Gesundheit zu sein. Wirf sie nicht einfach so weg. Starte mit dem, was du hast, tu, was du kannst, geh Schritt für Schritt. Egal wie klein sie auch sind. Ein Fuß vor den anderen. Und hab Geduld. Fang bei dir und in dir selbst an, alles andere wird nachziehen. Selbstfürsorge bedeutet aber nun mal auch, Arbeit in einen gesunden Körper und Geist zu stecken. Doch ich kann dir versichern: Es wird sich fünf- und zehnfach lohnen. Mindestens.

Mir fällt das auch nicht jeden Tag leicht. Die negativen Gedanken verschwinden wahrscheinlich nie ganz, doch sie existieren irgendwann nur noch, ohne mich zu beherrschen.

Kein Therapeut der Welt kann dir diese Arbeit abnehmen. Nur du kannst dir helfen, zu einer inneren Einstellung zu gelangen, mit der du dich wohl in dir selbst fühlst. Sodass du dich eines Tages anschaust und aus tiefem Herzen ganz ehrlich sagen kannst: »Ich bin glücklich, ich zu sein.«

Ich habe Ja zum Leben gesagt. Und du?

DANKE

Oliver: Dass meine Geschichte tatsächlich den Weg nach draußen findet, ist immer noch unglaublich für mich. Ich danke dir von Herzen für deine Geduld und das Verlegen dieses Buchs!

Maja: Danke für dein Sonnenschein-Lachen an jedem grauen Tag und dein offenes Ohr zu jeder Zeit! Was wäre die Klinik wohl ohne dich gewesen?

Hannah: Danke für viele unbeschwerte Jahre und den mordsmäßigen Spaß in unserer Kindheit, für die langen Wochenenden, den Bananenweitwurf, die kreativen Basteleien, unsere Lachanfälle und all unsere verrückten Aktionen!

Meike & Benny: Danke für eure Zeit, eure enorme Hilfsbereitschaft, Anteilnahme und eure unglaublichen Bemühungen um mich mit meinen Eigenarten. Ich weiß heute, dass das alles nicht selbstverständlich war!

Daniel: Danke für alles, was ich von dir lernen durfte. Ich werde wohl nie erfahren, welchen Schalter du in meinem Kopf gefunden hast, aber ich danke dir aus tiefstem Herzen dafür. Wer weiß, wo ich ohne deine Standpauke gelandet wäre?

Hans: Wenn ich nicht weiterweiß, jemanden zum Reden brauche, egal über welches Thema: Du bist da. Immer. Jederzeit. Danke!

Georg & Ute: Ich bin euch so dankbar für euer überraschend großes Engagement, eure investierte Zeit und die grandiosen Ergebnisse unserer Foto-Session. Das war nicht selbstverständlich! Danke!

Cara: Mein kleiner Vielfraß und meine treue Begleiterin, wie hätte ich ohne dich die unzähligen Kilometer durch den Wald bei Wind und Wetter durchgestanden?

UND LAST BUT NOT LEAST ...

Mama & Papa: Ein einfacher Dank reicht nicht. Eine Entschuldigung auch nicht. Trotzdem will ich es versuchen. Ich kann mir wahrscheinlich niemals vorstellen, welche Ängste, Verzweiflung und Hilflosigkeit ihr durchleben musstet. Wie ratlos ihr wart. Wie unglaublich nervenzerrend und energieraubend ich war. Für euch waren die letzten Jahre vermutlich sogar um einiges schlimmer als für mich.

Ich kann nicht in Worte fassen, wie unglaublich leid es mir tut, euch so viele Sorgen bereitet und euch so oft belogen zu haben. Ich weiß, dass das alles nicht spurlos an euch vorübergezogen ist und wahrscheinlich niemals wieder irgendwas so wird wie zu »guten, alten Zeiten«. Aber vielleicht gibt es irgendwann »gute, neue Zeiten«?

Danke für euer Durchhalten und eure Liebe, wenn ich sie auch nicht immer gleich sehen konnte. Ihr habt zu jeder Zeit nach eurem besten Wissen gehandelt, das weiß ich ganz sicher. Ich liebe euch.

LUFT NACH UNTEN

WIE ICH MIT MEINER MAGERSUCHT
ZUSAMMENKAM UND MIT IHR LEBTE

LUFT NACH UNTEN
WIE ICH MIT MEINER MAGERSUCHT
ZUSAMMENKAM UND MIT IHR LEBTE
Von Aron Boks
224 Seiten, Paperback
ISBN 978-3-86265-777-3 | Preis 14,99 €

»Irgendwann gibt es nur noch ein Ziel: immer weniger, weiter nach unten. Mir passiert nichts, wieso gerade mir? Weniger – nur so funktioniert es.« Eine behütete Kindheit. Eine Wohnung in seiner Wahlheimat Berlin und – extrem essgestört. Anorexia nervosa. Und das als Junge!

Ein junger Mensch (ein Mann!), der eigentlich Bilderbuchbedingungen genießen sollte, entscheidet sich fürs Leiden. Für die Begrenzung. Für die Sucht. Dazwischen Fragebögen, Anrufe, nachhakende Medizinstudentinnen, Therapeuten, wütende Fleischverkäuferinnen – und viele Gespräche mit einem inzwischen vergifteten Spiegelbild.

Aron Boks zeigt hier, wie eine privilegierte Gesellschaft auf eine Essstörung herabblickt, deren Ernsthaftigkeit für sie nur schwer nachvollziehbar ist und die einen jungen Menschen komplett verwandelt. Am Ende bleibt die eigene Entscheidung – für oder gegen das Leben.

WWW.SCHWARZKOPF-SCHWARZKOPF.DE

FRISS ODER STIRB

EIN SCHOCKIEREND EHRLICHER TATSACHENBERICHT ÜBER MAGERSUCHT, ERZÄHLT MIT DER NÖTIGEN PORTION HUMOR

FRISS ODER STIRB
WIE MIR DIE MAGERSUCHT AUF DEN MAGEN SCHLUG
UND ICH IHR INS GESICHT
Von Larissa Sarand
224 Seiten, Taschenbuch
ISBN 978-3-86265-667-7 | Preis 9,99 €

»Sie mögen Tabu-Brüche? Sie haben schwarzen Humor? Dann sind Sie hier richtig. In meinem Buch FRISS ODER STIRB erzähle ich von meiner Magersucht – ohne jede Scham, aber mit umso mehr Galgenhumor.

Ich verrate die unzähligen Tricks, mit denen ich mein Umfeld an der Nase herumgeführt habe, um meine Krankheit geheim zu halten. Da Lügen aber bekanntermaßen kurze Beine haben, musste ich mich ganz schön abstrampeln, damit meine ›Verrücktheiten‹ unentdeckt blieben. Und sobald ich ohne Aufsicht war, erfuhr der Wahnsinn freilich noch ganz andere Dimensionen.

Was Sie hier über Magersucht lesen, ist Ihnen in dieser Form mit Sicherheit noch nicht begegnet. Fragen Sie sich nicht, ob man darüber lachen darf. Tun Sie es einfach.«

Larissa Sarand

WWW.SCHWARZKOPF-SCHWARZKOPF.DE

LEBENSHUNGRIG

MEIN WEG AUS DER MAGERSUCHT
ERWEITERTE NEUAUSGABE

Laura Pape
LEBENSHUNGRIG
Mein Weg aus der Magersucht
288 Seiten, mit vielen Fotos, Taschenbuch
ISBN 978-3-86265-710-0
Preis 12,99 €

Krank bleiben oder gesund werden? Hungern oder leben? Spätestens, wenn ihre Essstörung einen kritischen Punkt erreicht hat, müssen Betroffene sich mit diesen Fragen auseinandersetzen. So auch Laura Pape. Über eine »harmlose« Diät gerät sie mit 17 Jahren in die Magersucht, und schnell wird ihr bewusst, dass sie der gefährlichen Krankheit ohne fremde Hilfe nicht mehr entkommen wird. In »Lebenshungrig« zeichnet die junge Autorin ihre Krankheits-, aber vor allem ihre Genesungsgeschichte nach, um andere Betroffene zu ermutigen, sich für das Leben zu entscheiden. Diese erweiterte Neuausgabe enthält darüber hinaus Eindrücke aus Lauras Alltag, wie er sich sechs Jahre nach der Magersucht gestaltet. Inzwischen lebt sie mit ihrem Freund und betreibt, ein gesundes Körpergewicht haltend, leidenschaftlich Kraftsport. Erweiterte Neuausgabe mit Einblicken in den Alltag der Autorin, sechs Jahre nach ihrer Magersucht!

WWW.SCHWARZKOPF-SCHWARZKOPF.DE

Lea-Sophie Steiff wurde 1997 in Rheinland-Pfalz nahe der südlichen Weinstraße geboren, wo sie noch heute lebt. Während ihrer Schulzeit erkrankte sie an Magersucht und verbrachte einige Monate in einer Klinik. Nach jahrelangen Rückschlägen und Fehlversuchen, die Essstörung loszulassen, brach sie jegliche Form der konventionellen Therapie ab und suchte sich ihren eigenen Weg. Nach ihrem Abitur 2017 verbrachte sie ein halbes Jahr als Freiwilligenhelferin in Neuseeland. Mit ihrem anschließenden Sportstudium lernte sie das Krafttraining für sich zu nutzen und entwickelte ein neues Körpergefühl, was mitunter wesentlich zu ihrer Genesung beitrug. »Wie viel wenig ist genug? Mein Ausbruch aus der Magersucht« ist ihr erstes Buch.

Lea-Sophie Steiff
WIE VIEL WENIG IST GENUG?
Mein Ausbruch aus der Magersucht

ISBN 978-3-86265-826-8 | © Schwarzkopf & Schwarzkopf Verlag GmbH, Berlin 2020.

VERLAG
Schwarzkopf & Schwarzkopf Verlag GmbH
Kastanienallee 32 | 10435 Berlin

INTERNET | E-MAIL
www.schwarzkopf-schwarzkopf.de
info@schwarzkopf-schwarzkopf.de
www.facebook.com/schwarzkopfverlag